新版

Q&A
法人税
微妙・複雑・難解
事例の
税務処理判断

税理士 安藤 孝夫
　　　 野田扇三郎　著
　　　 山内 利文

清文社

新版発刊にあたって

　我々税理士は、日頃顧問先からの質疑の内容や税務調査の際に指摘された事実認定について、税理士の立場としてどう対応すべきかを迷うことがたびたびあります。そのような現実の中で、本書は、国税当局内で税務調査に従事した経験を持つ3人の税理士が、実例をベースにした事案を取り上げ、Q&A形式で解説をしたものです。本書の初版を平成29年に上梓して以来、早くも7年が経過しました。

　お陰様で税理士及び当局の職員の方々からご好評をいただきました。今般、この7年の間になされた改正等やまた実務上の新たな課題などを織り込み加筆し、新版としてリニューアルいたしました。ご活用いただければ幸いです。

　最後に、本書新版の刊行にあたり、多大なご助力や助言をいただいた、㈱清文社取締役編集局長東海林良氏、移転価格税制研究の第一人者であられる大橋時昭先生に御礼を申し上げます。

　令和6年11月

執筆者を代表して
野田　扇三郎

は し が き
（初版時）

　今般、株式会社清文社のご協力を得て『Q＆A 法人税〈微妙・複雑・難解〉事例の税務処理判断』を出版することとなりました。本書は過去に国税局調査部で机を並べ、大企業の税務調査に挑んだ経験をもち、現在は税理士として活動する３人が主に法人税関係について執筆したものです。Q＆A形式になっておりますが、すべて実際の質疑事例に基づいたものです。

　昨今、企業はますますグローバル化し、海外現地法人やＰＥを活用し効率的な業務の展開をはかって、為替や時々の環境リスクを回避しようと知恵を絞っています。

　また個人の富裕層では、財政悪化や少子高齢化の進む日本の将来を憂い、税率や相続税の有無を検索分析した結果を踏まえて国外脱出をはかっている現状があり、また国家はそれらに対応すべく規制を厳しくする国外財産調書制度や国外出国税の取扱いを本格化してきました。

　併せて、法人番号やマイナンバーの今後の運用展開も注目されています。

　その意味で、本書にもその税務処理の判断にあたって読者諸氏が「微妙・複雑・難解」だと思われるような国内取引や、いまや企業の経理実務担当者や会計士・税理士等が避けて通ることのできない国際取引についても、事例を多く盛り込みました。

　いつもながらになりますが、ここに収録した事例は、発生する個別案件毎の税務判断の指針としてご活用いただければ幸いです。

＊　　　　　　＊

　最後に、今回も本書の刊行にあたり、多大なご助力や助言をいただいた清文社取締役編集第三部長東海林良氏、大久保彩音さん、国際課税問題研究の第一人者であられる大橋時昭、吉川保弘両先生に厚く御礼を申し上げます。

平成29年１月

執筆者を代表して
野田　扇三郎

目次 CONTENTS

新版発刊にあたって
はしがき（初版時）

第1章 収益・費用計上（受取配当金・棚卸資産を含む）をめぐる税務判断

1. 代金未確定工事における収益の計上······3
2. 部分完成基準を適用する場合の条件······5
3. 工事進行基準の適用と原価の中に資本的支出があった場合の処理······7
4. 工事進行基準により確定した決算で経理している場合におけるリベートの取扱い······9
5. 任意適用工事進行基準における見積工事原価の取扱い······11
6. 請負工事の売上計上基準······14
7. 工事進行基準の適用における工事の選択······17
8. 期末完成工事と手直し工事、事後費用との関係······19
9. 業務の請負に関する売上の計上······21
10. リベート収入の計上時期······23
11. 固定資産売買損益の計上時期······25
12. 雇用保険法、雇用対策法、障害者の雇用の促進に関する法律等により交付を受ける助成金の収益計上時期······27
13. 時効の援用と収益の計上······29
14. 不動産仲介料収入の計上時期······31
15. 生命保険金の収益の計上時期······34
16. 不動産投資法人（J-REIT）からの分配金と受取配当の益金不算入の適用······36

17 配当金権利落後の上場株式を売却した場合、後日受け取った配当金の益金不算入計算・・・・・・38

18 関連法人からの受取配当金の益金不算入計算における支払利子の控除・・・・・・40

19 海外子会社からの配当金の益金計上・・・・・・44

20 外国子会社から受ける配当金の益金不算入・・・・・・47

21 共同企業体（JV）の幹事会社（スポンサー）におけるスポンサーメリットの収益の計上時期・・・・・・49

22 売上原価の未確定部分における適正な原価の見積り・・・・・・51

23 特許権とそれに付帯するノウハウを使用許諾開示した場合の収益計上時期・・・・・・54

24 日影補償を店子に負担させた場合・・・・・・57

25 関連法人の受取配当金と益金不算入・・・・・・59

26 使い込みと損害賠償金の収益計上時期・・・・・・61

27 大家から立退料をもらった場合の収益計上時期・・・・・・63

28 損害賠償金の収益計上時期・・・・・・65

29 製造業等を営む法人での本社一括仕入における棚卸資産の取得価額への経費配賦・・・・・・68

30 贈与を受けたバイクの取得価額（贈与を受けた側）・・・・・・70

31 火災保険契約の締結と1年分の保険料の未払計上・・・・・・72

32 リース料2年分の前払処理・・・・・・73

33 建築工事と役務提供業務における収益の計上時期・・・・・・75

34 同族グループ会社間の業務委託の費用と収益・・・・・・80

35 代表者が社長就任祝いとして受けた贈答品・・・・・・82

36 信用保証料の前払処理・・・・・・84

37 製造原価中の消耗品等の取扱い・・・・・・88

38 短期前払費用には契約書は必要か、口頭契約でもよいか・・・・・・91

39 盗難と保険収入との関係・・・・・・93

第2章　給与・報酬等をめぐる税務判断

- 40 役員への土地の簿価譲渡……99
- 41 役員の分掌変更に伴う役員退職金の取扱い……101
- 42 使用人部分退職金の未払計上……103
- 43 出向者が出向元法人を退職した際の出向先法人の出向期間に係る部分の支出と出向先法人での継続勤務との関係……109
- 44 役員分掌変更と役員報酬の関係……111
- 45 使用人兼務役員が使用人兼務役員とされない役員になった後、支給される賞与の取扱い……116
- 46 新規に役員に就任したときにおける株主総会月の役員報酬の日割り計上……118
- 47 使用人兼務役員に対する賞与の支給時期……120
- 48 定期同額給与とその改定の時期……123
- 49 事前確定届出給与……126
- 50 期末における使用人への賞与の未払計上……130
- 51 退職給与の打切支給……132
- 52 経営危機に陥っている子会社への経営支援……135
- 53 使用人兼務役員と賞与……137
- 54 使用人兼務役員の賞与算定……139
- 55 子会社出向社員の賞与分を支給した場合……141
- 56 子会社出向社員への較差補填金……144
- 57 有料介護施設に入所した非常勤取締役の役員報酬……146
- 58 役員報酬（定期同額支給）の業況悪化に伴う期中減額の適否……149

第3章 減価償却資産等及び資本的支出・修繕費をめぐる税務判断

59 建物新築における汚染土壌の除去費用・・・・・・155
60 土地建物の売却と建物を先行して取り壊した場合の処理・・・・・・157
61 賃借した土地における整地費用の取扱い・・・・・・159
62 集中生産を行うための機械装置の移設費用・・・・・・161
63 建物取得後に発生した補償費用・・・・・・163
64 工事遅延期間について生じた費用の原価性・・・・・・165
65 資産取得についての和解金の処理・・・・・・167
66 建物新築のためにする古い建物の店子に対する立退料の支払いは一時の損金か・・・・・・169
67 建物新築と上棟式費用、落成式費用・・・・・・172
68 立退料と土地の取得価額・・・・・・174
69 PR用映画（ビデオ）フィルムは損金か資産か・・・・・・176
70 中古マンションの床、壁紙、張替費用とフローリング費用・・・・・・178
71 ユニットバスの交換は修繕費か・・・・・・181
72 物理的に付加した場合は資本的支出か・・・・・・187
73 毀損した部分の修繕と資本的支出・・・・・・189
74 修繕費と資本的支出の具体的区分計算・・・・・・192
75 自家製造の備品、機械等の原価差額の調整は必要か・・・・・・193
76 備品と建物附属設備の違い（キッチンセット、換気扇）・・・・・・195
77 車両に後付けしたカーナビの取扱い・・・・・・198
78 少額減価償却資産の取得価額の判定・・・・・・200
79 他社の門と塀の改良費用・・・・・・202
80 減価償却資産の取得価額と一取引一セットの関係・・・・・・204
81 災害等による毀損資産の修繕費・・・・・・206
82 有姿除去はどうしたら認められるか・・・・・・208

- 83 構築物の判定における土台とその上部構造・・・・・・210
- 84 自動ドアの開閉装置とドアの関係・・・・・・212
- 85 太陽光発電装置の耐用年数（売電か、自家使用か）・・・・・・213
- 86 デモ機器の取得価額・・・・・・215
- 87 デモ機器の耐用年数・・・・・・217
- 88 昭和の名優の遺品購入は減価償却資産として償却可能か・・・・・・220
- 89 改良工事における使用可能期間の延長は修繕費か資本的支出か・・・・・・223
- 90 修繕費の典型的な例・・・・・・225
- 91 アパート改装工事の取扱い・・・・・・228
- 92 中古資産を取得して事業の用に供したときの注意事項・・・・・・230
- 93 中古の減価償却資産の耐用年数の見積りについて・・・・・・231
- 94 修繕費か資本的支出か、新たな資産の取得か？・・・・・・234
- 95 中古の建物の取得における耐用年数と事業の用に供するための費用・・・・・・236
- 96 建物建築のためにした土地の盛り土・・・・・・238
- 97 土地建物の一括取得と建物の除却損解体費用・・・・・・240
- 98 所有権移転リースか所有権移転外リースか・・・・・・242
- 99 無償返還の届出を提出済みの土地とその上に建つ建物の取得と取壊し・・・・・・246
- 100 賃借建物への内部造作の耐用年数・・・・・・248

第4章　交際費・寄附金等をめぐる税務判断

- 101 JV工事における原価中の交際費処理・・・・・・253
- 102 社内飲食費は接待飲食費・・・・・・255
- 103 債務超過の状態にない債務者への債権放棄等と寄附金認定の境界・・・・・・257

- 104 関係会社への書籍贈与の取扱いは？……259
- 105 金銭債権の包括承継により、一人の相続人が「所在不明」になった場合、貸倒れは認められるか？……261
- 106 子会社工事の不手際に関する責任の範囲……263
- 107 グループ会社間の取引単価変更による精算金……265

第5章　その他の損金（外貨建取引・圧縮記帳を含む）をめぐる税務判断

- 108 未成工事支出金と使途秘匿金……269
- 109 満期保有目的の社債の処理……270
- 110 長短外貨預金の評価損益……272
- 111 期末に取引先が倒産して失踪―貸倒処理……274
- 112 出向に係る確定給付企業年金の掛金の損金計上時期……276
- 113 確定給付企業年金の掛金の未払計上……279
- 114 雇用保険料等の一括損金計上……280
- 115 建物と建物を交換するときの同一の用途……282
- 116 等価交換と圧縮記帳……283
- 117 二筆の土地合筆に伴う交換圧縮の可否……288
- 118 売買目的外の有価証券の売却損……291
- 119 グループ会社の有価証券の評価損……294
- 120 弁護士に渡した期末契約の着手金……298
- 121 「委託料」として海外子会社に支払った親会社社員給与……300
- 122 自己株式の社員持株会への低額譲渡の適否……302
- 123 海外出向者に対する子女教育費負担は出向元法人の損金と認められるか……303
- 124 間接補助金と圧縮記帳の関係……305
- 125 国庫補助金の収入計上すべき時期及び圧縮記帳……308
- 126 宝飾販売謝礼金の支払いの税務上の適否……313

127 代表者からの借入金に対する資本金への振替（DES）処理の適否 ・・・・・・315
128 貸付金を現物出資する場合の課税関係・・・・・・317
129 国庫補助金の交付を受けて建物を取得。その後、事業の用に供せずに期末を迎えた場合の圧縮記帳・・・・・・321
130 子会社の経営危機・・・・・・323
131 全額回収不能の事実認定・・・・・・325
132 売掛債権を過年度に回収不能と判断したが、会社都合上担保物を処分しないまま会計上不良債権（貸倒引当金計上）とし、時効成立後の事業年度に、書面による債権放棄通知書送付完了をもって行う別表4減算は認められるか？・・・・・・327
133 貸付債権について代物弁済されたときの処理・・・・・・329
134 法人税額から控除される特別控除額・・・・・・331

第6章　グループ法人及び組織再編成をめぐる税務判断

135 兄弟関係にある会社同士のグループ法人税制の適否・・・・・・335
136 短期外貨建預金を適格合併により引き継いだときの処理・・・・・・337
137 組織再編成税制における行為又は計算の否認・・・・・・339
138 グループ法人間での業務委託料の支払い・・・・・・341
139 グループ親法人の資本金等額が5億円を超える場合、子法人の交際費の定額控除制度の適用・・・・・・343
140 適格分社型分割における移転資産の中古耐用年数の適用・・・・・・345
141 無対価合併における適格判定の注意点・・・・・・348
142 株主が個人である場合の無対価合併による取扱い・・・・・・350
143 適格分社型分割により移転を受けた土地等の固定資産税の負担・・・・・・353
144 適格合併により移転を受けた減価償却資産・・・・・・355

- 145 適格分割型分割における資産・負債等の引継ぎ‥‥‥358
- 146 適格分社型分割における一括償却資産の引継ぎ‥‥‥360

第7章 繰延資産をめぐる税務判断

- 147 贈与した広告宣伝用資産の贈与側の処理‥‥‥367
- 148 入札価格をゼロとして落札した場合の原価相当額の処理‥‥‥369
- 149 繰延資産の償却開始時期‥‥‥371
- 150 寄附金と繰延資産‥‥‥373
- 151 賃貸建物に借主が敷設した建物附属設備の取扱い‥‥‥375

第8章 国際取引をめぐる税務判断

- 152 海外子会社移転価格税制適用による
  親会社修正経理の適否‥‥‥379
- 153 移転価格課税に係る減額更正を受けた場合の
  還付加算金等‥‥‥381
- 154 製品等貸付けの場合のPE認定リスク‥‥‥383
- 155 国外勤務中の給与に係る外国所得税の負担に対する
  源泉徴収‥‥‥386
- 156 日印租税条約「技術上の役務に対する料金」の解釈‥‥‥390
- 157 海外出張と海外子会社技術支援における寄附金認定‥‥‥393
- 158 外国子会社等の業態の変更‥‥‥395

※本書の内容は令和6年10月1日現在の法令に基づいています。

[凡 例]

文中（　）内表示：法人税法第22条第3項第一号　　法法22③一

法人税法	法法
法人税法施行令	法令
法人税法施行規則	法規
法人税基本通達	法基通
所得税法	所法
所得税法施行令	所令
所得税基本通達	所基通
租税特別措置法	措法
租税特別措置法関係（法人税編）通達	措通
相続税法	相法
相続税法基本通達	相基通
消費税法	消法
消費税法施行規則	消規
消費税法基本通達	消基通
減価償却資産の耐用年数等に関する省令	耐用年数省令
耐用年数の適用等に関する取扱通達	耐用年数通達
地方税法	地法
国税通則法	通則法
民法	民
会社法	会

第1章

収益・費用計上
（受取配当金・棚卸資産を含む）

をめぐる

税務判断

▶ Q1～Q39

1 代金未確定工事における収益の計上

 当社はＡ社から建築工事４億円を受注し、期末までに完成して引渡しを完了しました。
　その際、当初契約に含まれていなかった内装工事についても、追加工事として請負本体と同時に引き渡しました。
　Ａ社から工事の発注は受けましたが、工事代金については当社に損はさせないという口約束で、まだ正式な発注書ももらっていないうちに、申告時期が到来してしまいました。ただ、期末までに完成引渡しが済んでいる工事ですので、売上に計上すべきものと考えています。いくら計上したら税務調査の際、指摘を受けないか教えて下さい。
　なお、本体工事は粗利率が20％でした。また追加工事の期末での未完成支出金残高は2,000万円でした。当社の当期の完成工事に係る粗利率は18％でした。

 法人税基本通達では、請負による収益の帰属の時期は物の引渡しを要する請負契約にあっては「…その収益の額は、原則として引渡し等の日の属する事業年度の益金の額に算入される」とされています（法基通２－１－21の７（請負に係る収益の帰属の時期））。追加工事についても引渡しが完了していますので、収益に計上しなければなりません。
　　　　　　　　　　＊　　　　　　　　　＊
　追加工事の受注金額が発注者であるＡ社との間で未確定であっても、当該事業年度終了の日の現況により、その金額を適切に見積もるものとされています（法基通２－１－１の10（資産の引渡しの時の価額等の通則））。
〈本体追加工事の場合〉
　工事原価として2,000万円が発生していますので、貴社の年間工事完成高

の粗利率である18％を使って、

　　2,000万円 ÷ （1－0.18） ≒ 2,400万円

を算出し、工事完成高2,400万円と計上すれば合理的な適正見積額として計上したといえるものと考えます。なお、100万円未満については、本件工事の規模や取引慣行を考慮して切捨てにしています。

▶ポイント

計上方法としては合理的に算出することが肝心です。
本件では貴社の当該事業年度の平均粗利率をその基準としています。
翌期以降、追加工事の代金が確定した時は、見積金額との差額は、確定した時の損金または益金となります。

参考法令等

法人税基本通達2―1―1の10（資産の引渡しの時の価額等の通則）、2―1―21の7（請負に係る収益の帰属の時期）
民法（請負）第632条、第633条
法人税法第22条の2第1項
企業会計原則「損益計算書原則」A、同B
企業会計基準第29号「収益認識に関する会計基準」（以下、本書では「収益認識会計基準」という）

参考判決例等

平成5年11月25日最高裁判決（税務訴訟資料第199号944ページ）（輸出取引に関して為替取組日基準は公正妥当な会計基準でないとした事例）
平成24年3月6日国税不服審判所裁決（工事は完了したが代金が未確定の場合、事業年度終了の日の現況によりその金額を適正に見積もるとした事例）

▶ Q1～Q39

2 部分完成基準を適用する場合の条件

 A社から事業年度内に、A社ビルの3階までの各フロアについて内装工事を1,000万円／階として一契約で受注しました。工事は部分完成として1、2、3階部分について完成毎に引き渡しする予定でしたが、A社からの要請により、1階については引渡しの時に1,000万円を受領し、3階フロアが完成した時点で2、3階について引渡しを同時にするように依頼されました。

そこで、2階部分については事業年度内に完成していたのですが引渡しをせず、翌事業年度の3階フロア完成時に一緒に引き渡しました。この場合、1階部分は部分完成基準を適用して、収益の計上をしなければならないのでしょうか。

 建設請負（工事進行基準の適用工事を除く）による収益は物の引渡しを要する請負契約による工事であれば、すべてが完成し、引渡しした場合は売上に計上することが原則になります（法基通2－1－21の7（請負に係る収益の帰属の時期））。

しかし、法人税基本通達2－1－1の4（部分完成の事実がある場合の収益の計上の単位）では、次のような事実がある場合には請負契約による建設工事等の全部が完成しないときにおいても、その事業年度において引き渡した建設工事等の量または完成した部分に区分した単位毎にその収益の額を計上するとされています。

(1) 一の契約により同種の建設工事等を多量に請け負ったような場合で、その引渡し量に従い工事代金を収入する旨の特約または慣習がある場合
(2) 1個の建設工事等であっても、その建設工事等の一部が完成し、その完成した部分を引き渡した都度、その割合に応じて工事代金を収入する

旨の特約または慣習がある場合

以上の事実がある場合には、区分した単位毎に収益を計上することになります。

*　　　　　　　　*

本件の契約上の取決内容が明確ではありませんが、各フロア毎に完成の都度引渡し分について代金が支払われていることから完成引渡しの都度、代金が支払われる特約があると考えられ、本件請負工事契約は上記部分完成基準により収益の帰属時期を判断する必要があります。

したがって、1階部分については契約どおり、完成引渡しが済んでいますので完成工事高に計上することになります。

また2階部分については完成はしていますが、引渡しが翌期完成の3階部分と同時にされていますので、引渡しの時に、すなわち翌事業年度完成工事高として収益計上して差し支えないでしょう。

ここで注意しなければならないのは、完成した段階で引渡しが済んでいる場合は、代金収受の有無に関係なく完成工事高に計上して収益を認識することになる点です。

▶ ポイント

部分完成基準においては、部分引渡しが完了していれば売上を計上しなければなりません。

参考法令等

法人税法第22条の2第1項

法人税基本通達2-1-1の4（部分完成の事実がある場合の収益計上の単位）、2-1-21の7（請負による収益の帰属の時期）

▶ Q1〜Q39

3 工事進行基準の適用と原価の中に資本的支出があった場合の処理

法人税法第64条第2項の工事進行基準を適用して収益を計上してきた工事において、当期末になって、前年度の工事実行予算書における見積工事原価の中に資本的支出として処理すべきであったものが修繕費として処理されていたことが判明しました。そこで当社では、当期の見積工事原価での修繕費の計上をやめ、減価償却費を計上することにしましたが、よろしいでしょうか。またその結果、前期の収益も異なることになってしまったので、修正申告が必要になるのでしょうか。

工事原価総額たる見積工事原価は法人税法施行令第129条第3項の規定にあるように「当該事業年度終了の時の現況によりその工事につき見積もられる工事の原価」と規定されていますので、本件のように計上方法に誤りがあったことが判明した事業年度の終了の時において、「適正な数値」で計上し直すことについては問題ありません。

修繕費が資本的支出になると判明した理由は分かりませんが、当期に工事原価総額が適切に見積もられて正しい収益計上額に是正されていれば、過年分の修正申告は必要ありません。

▶ ポイント

　工事進行基準においては工事原価の見積りは各期末に行いますので、仮に過去に誤りがあったとしても、判明した時点の期末において訂正すれば、結果的に誤りが治癒されることになります。
　工事進行基準における当該事業年度の収益及び費用の額は、工事の請負の対価の額及びその工事原価の額に工事進行割合を乗じて計算した金

額から、それぞれ当該事業年度前の各事業年度の収益の額とされた金額及び費用の額とされた金額を控除した金額とされています。

参考法令等

法人税法第64条第1項、第2項
法人税法施行令第129条第3項

4 　工事進行基準により確定した決算で経理している場合におけるリベートの取扱い

鋼材業者とは取引数量に応じたリベートを支払う契約をしていますが、契約には、その年の12月末の鋼材相場が変動し１トン当たりにつき１万円以上の当初契約単価が高ぶれしたときは、リベートがないものとするとの条項が入っています。この場合、原価を見積もる際に、工事原価総額におけるリベートの取扱いはどのように考えたらよいでしょうか。

なお、当年12月末の鋼材相場は１トン当たりの単価が１万円以上値上がりしており、リベートは発生していません。

工事進行基準によって確定した決算経理をしている場合において、その工事進行割合の把握をするには、工事原価総額の事業年度末の見積りが不可欠です。税法上は「その工事につき見積られる工事の原価の額」と規定されているにとどまりますが、見積方法の詳細については法人税法第22条第４項の「一般に公正妥当と認められる会計処理の基準」に委ねられることになります。

〈企業会計基準第15号〉
　工事契約に関する会計基準（平成19年12月27日付企業会計基準委員会）に定められている用語の定義
　　「(6)　『工事原価総額』とは、工事契約において定められた、施工者の義務を果たすための支出の総額をいう。工事原価は、原価計算基準に従って適正に算出する。」
　また、

「12. 信頼性をもって工事原価総額を見積るためには、工事原価の事前の見積りと実績を対比することにより、適時適切に工事原価総額の見積りの見直しが行われることが必要である。」

と規定されていることから、リベートの有無については決算期末における適時適切な見直しが必要となります。

鋼材の仕入割戻しについては、法人税基本通達2―5―1（仕入割戻しの計上時期）に記載のあるとおり、その算定基準が契約その他の方法により明示されている仕入割戻しについては、購入した日の属する事業年度に計上することとされています。

本件の場合、契約よりリベートが事業年度末に発生しないことが確定しているので、その工事につき見積もられている工事の「原価」には反映しないことになります。

▶ポイント

条件付きリベートであれば、期末にその条件に従って確定しているかどうかを判定し、確定していなければリベートはないもの、との取扱いになります。

参考法令等

法人税法第22条第4項、第64条第1項、第2項
法人税法施行令第129条第3項
企業会計基準第15号「工事契約に関する会計基準」
（企業会計基準適用指針第30号・162項により、工事損失引当金については企業会計基準15号を踏襲していると説明されていることから、本基準を参照する。）
法人税基本通達2―5―1（仕入割戻しの計上時期）

5 任意適用工事進行基準における見積工事原価の取扱い

当社では、前年から工事進行基準を適用して以下の工事について収益を計上してきましたが、今期末に見積工事原価を再計算したところ、労務費、材料単価の高騰により工事全体が赤字に転落することが明らかになりました。このまま工事進行基準を適用してもよろしいでしょうか。

〈工事の内容〉

受注金額	8億円
施工期間	3年
当初の実行予算	6億4,000万円
当初年度の工事原価	1億9,200万円
初年度の工事利益	4,800万円
当期末の変更後実行予算	8億1,000万円
当期中の発生工事原価	4億8,600万円

税務上、工事進行基準が強制適用される法人税法第64条第1項の長期大規模工事における請負の対価の額は10億円以上とされていますから（法令129①）、ご質問の工事については法人税法第64条第2項に規定する「任意に工事進行基準を適用した工事」といえます。それに添って検討します。

① 赤字工事になった場合でも工事進行基準は適用できます。

平成20年度改正前法人税法第64条第2項では、工事進行基準の範囲から「損失が生ずると見込まれる」工事については工事進行基準の適用が除外されていましたが、平成20年度改正法人税法において、その除外する措置が廃

止されましたので、赤字工事と見込まれる場合でも工事進行基準の選択適用ができるようになっています。

そこで本件の工事について、工事進行基準を適用継続した場合、
・前事業年度では
 進行割合は 1億9,200万円÷6億4,000万円＝0.3（30％）
 工事未収入金 8億円×0.3＝2億4,000万円
 工事原価 1億9,200万円
 前期の工事利益 2億4,000万円－1億9,200万円＝4,800万円
・当事業年度では
 進行割合は （4億8,600万円＋1億9,200万円）÷8億1,000万円
      ＝0.837（83.7％）
 工事未収入金 8億円×0.837＝6億6,960万円
      6億6,960万円－2億4,000万円＝4億2,960万円
 工事原価 4億8,600万円
 当期の工事損失 4億2,960万円－4億8,600万円＝△5,640万円

となり、当期工事において損失が5,640万円発生し計上されます。

平成30年3月30日付収益認識に関する会計基準の適用指針「90 工事契約等から損失が見込まれる場合の取扱い」及び同162「工事契約等から損失が見込まれる場合の取扱い」、さらに同設例32「工事損失引当金」では、工事における原価が増加して工事損失が見込まれるときは、廃止された企業会計基準第15号「工事契約に関する会計基準」における工事損失引当金の定めを踏襲して、「本適用指針における工事損失引当金の認識の単位は、工事契約会計基準と同様に、工事契約の収益認識の単位と同一である。」とされていますが、税務上の取扱いでは法人税基本通達2―4―19（損失が見込まれる場合の工事進行基準の適用）に規定されているとおりとなります。

つまり会計基準に添って経理処理すれば、
 前期に計上した工事利益   4,800万円

当期の見積原価から算出された工事損失　1,000万円(＝8億円－8億1,000万円)
△5,800万円（＝△1,000万円－4,800万円）－（△5,640万円）＝△160万円
を当期の損失として計上する処理となり、△160万円を工事損失引当金として計上することになりますが、この160万円は次年度工事完成引渡し後に損失が確定すると見込まれることから当期の工事の請負に係る費用の額には含まれません。このことは法人税基本通達2－4－19（損失が見込まれる場合の工事進行基準の適用）に規定されています。

▶ポイント

　工事進行基準における見積原価は、「当該事業年度終了の時の現況により、その工事につき見積られる工事の原価の額」になりますので、工事収益の赤字、黒字には関係ありません。

参考法令等

法人税法第22条第4項、第64条第2項
法人税基本通達2－4－19（損失が見込まれる場合の工事進行基準の適用）
収益認識に関する会計基準の適用指針90、162、同設例32

第1章　収益・費用計上（受取配当金・棚卸資産を含む）をめぐる税務判断

6　請負工事の売上計上基準

Q このたび当社が受注した工事契約において、完成図書（設計図）を納品することまで建設請負契約条項に入れています。契約の納期までに建物は完成し、すでに引渡しは終わっていますが、完成図書の製本が翌期の納品になってしまいました。当面完成図書は使わないため、施主の了解の下、建物の鍵の引渡しはしています。

この場合、売上については請負契約書にて取り決めたすべての業務が完了していないので、翌期の完成図書の納品時に売上計上してもよろしいでしょうか。なお、期末までに契約どおりの契約金額の請求書は提出済みです。また当社は、鍵の引渡しを売上計上基準としています。

A 契約では、契約納期までに完成図書の納品も完了することになっていると考えられますが、法人税基本通達2—1—21の8（建設工事等の引渡しの日の判定）において、建設工事等を行うことを目的とするものであるときはその建設工事等の引渡しの日がいつであるかについて契約の内容等に応じその引渡しの日として合理的であると認められる日のうち、法人が継続してその収益計上を行うこととしている日によるものとされていますから、貴社が継続的に売上計上日として採用している鍵の引渡し日にその収益を計上することになります。

たまたま完成図書の引渡しが建物の鍵の引渡し日に間に合わなかったとしても、建物の引渡しの事実は変わりません。

＊　　　　　＊

民法上、請負契約においては、取決めどおり作業が完了し引渡しが行われていなければ、当事者である発注者は代金の支払を拒否し納期の遅れを理由として損害賠償などができることになっています（民633・637）。

しかし本件では、鍵の引渡しは完了し完成図書の納品が納期までにされないことについて発注者側の了解も得た上で代金の請求も行っていること、引渡しを受けた発注者は自ら使用収益に供している状況にあり、また本件建物請負工事においては完成図書の作成は付随的なもので完成図書がなければ完成した建物が使用に供し得ないものではないことが明らかですので、鍵の引渡しの時をもって売上に計上すべきものといえます。

　昭和54年11月15日神戸地裁判決でも、「一部が未完成となつた場合において、右未完成部分が全工事中の極めて僅かの部分割合にすぎず、かつ、付随的、仕上的な内容のもので、極めて僅かの時間内に処理することができ」るものについては、工事収益は当該事業年度に計上すべきであると判示しています。

　また、昭和35年直法1―60「四」の旧通達においても「明らかに引渡しの完了した建設工事等については、その後において一部補修もしくは仮設物の撤去を要することまたは契約において保証期間の定めがあるというようなことは原則として引渡し日の判定には関係がない」とされていました。

　平成30年3月30日付企業会計基準第29号収益認識会計基準「2　収益の認識基準(5)履行義務の充足による収益の認識」では、「資産が移転するのは、顧客が当該資産に対する支配を獲得した時」とされており、企業会計基準を適用する際の指針として定められた収益認識に関する会計基準の適用指針（以下、「適用指針」という）「5　重要性等に関する代替的な取扱い『93　顧客との契約の観点で重要性が乏しい場合の取扱い』」において「会計基準第32項の定めにかかわらず、約束した財又はサービスが、顧客との契約の観点で重要性が乏しい場合には、当該約束が履行義務であるのかについて評価しないことができる。」とされていることから、完成図書の納品は、契約の主目的である建設工事から見て相対的に重要性が乏しい点で履行義務ではないと評価することができ、その意味で建設工事の履行義務の充足が完成図書の納品に左右されることはありません。その前提で、税務上も法人税基本通達2―1―21の8により貴社が採用している「鍵の引渡し」をもって売上計上

第 1 章 収益・費用計上（受取配当金・棚卸資産を含む）をめぐる税務判断

することになります。

> ▶ ポイント
>
> 　建設請負契約においては、契約の目的物たる建設物の大部分が完成され引渡しがされているかどうかが売上計上の時期の判断基準になります。「引渡しの日」の判定は付随的なものには左右されません。

参考法令等

法人税法第22条の 2 第 2 項
法人税基本通達 2 ― 1 ―21の 8 （建設工事等の引渡し日の判定）
民法第633条（報酬の支払時期）～民法第637条（目的物の種類又は品質に関する担保責任の期間の制限）
昭和35年直法 1 ―60「四」通達
収益認識に関する会計基準の適用指針（令和 3 年 3 月26日改正）・93

参考判決例等

昭和54年11月15日神戸地裁判決（理由　第 1 中「 2 」(4)芦谷プリンスホテル工事について・第 3 段落）（TAINS・Z109-4500）

▶ Q1～Q39

工事進行基準の適用における工事の選択

当社は、工期が3年以上にわたる工事を3件受注しました。受注額は各々10億円未満のものですが、すべて工事完成引渡基準を適用すると2年間は売上が激減してしまうことから、3件のうち2件の工事について工事進行基準を適用し、残り1件は、工事完成引渡基準を採用して、利益調整を図る予定です。税務的に問題はないでしょうか。

貴社の工事案件は、3件とも工事進行基準を強制的に適用する工事ではありませんので、税務的には問題ありません。

*　　　　　　　　　　*

　工事進行基準には、法令により適用が強制される工事と任意に適用できる工事があります。
① 強制適用工事（法法64①、次のいずれにも該当するもの）
　(1) 引渡しまでの期間が1年以上（法法64①）
　(2) 請負金額が10億円以上（法令129①）
　(3) 契約上請負の対価の額の1／2以上が引渡し期日から1年を経過する日後に支払われることが定められていないもの（法令129②）
② 任意に適用できる工事（法法64②）
　(1) 工事の着工事業年度中にその目的物の引渡しが行われないもの
　(2) 強制適用工事に該当しないもの
　(3) 着工事業年度から確定した決算において工事進行基準の方法により経理していること
　工事進行基準の適用に関して、以上が法令上規定されていますが、ご質問の工事は、上記①の条件は満たしておらず②の条件を満たしていますので、工事進行基準を任意に適用できる工事と考えられます。このことから、3件

いずれの工事についても工事進行基準を採用することができます。貴社では3件のうち2件のみについて同基準を採用するとのことですが、工事進行基準の適用可否は工事の案件毎に判断しますので、特に問題ありません。

また着工事業年度後の事業年度において利益調整を図るため、あえて工事進行基準を取りやめても税務的には何の問題も生じません。ただし、一度取りやめた工事は取りやめた事業年度以降、再び工事進行基準を採用することはできません（法法64②）。

▶ポイント

工事進行基準の強制適用工事に該当するもの以外は納税者が自由に選択できます。

参考法令等

法人税法第64条第1項、第2項
法人税法施行令第129条第1項、第2項、第3項、第5項

▶ Q1～Q39

期末完成工事と手直し工事、事後費用との関係

 当社は、工事完成引渡基準を収益の計上基準にしていますが、期末までに完成した工事において引渡し後、施主から傷や汚れがあるとクレームがあり手直し工事をしなければならないことになりました。工事は翌期にずれ込むことになりましたが、これらの工事費用は期末に見積もって費用として計上してもよろしいでしょうか。

 期末までに完成工事として収益に計上した工事ではありますが、引渡し後、傷や汚れがあったことから手直しする場合、翌事業年度に費用が発生することが見込まれます。しかし、傷や汚れのクレームに対する費用は単なる事後的費用であり期末における見積計上は認められません（法基通2―2―1）。

取扱通達（法基通2―2―1）においては「…売上原価等となるべき費用かどうかは、…契約の内容、当該費用の性質等を勘案して合理的に判断する」とされているところ、「単なる事後的費用の性格を有するものはこれに含まれない」と規定されています。

ただ、単なる事後的費用の性格を有するものかどうかの判断基準、例示は国税庁HP等にも示されておらず、現状、次の判決などから類推することになります。

＊　　　　　＊

本件に類似の判決として、昭和46年6月29日東京地裁の判決では、「原告は、建設工事等に関するクレーム請求に対応する賠償金引当額を経費として計上することは、企業会計上の原則として一般に是認されている妥当な会計処理であり法人税法上も許容されるべきであると主張するが原告が計上した賠償見返経費の金額は原告において、相手方のクレーム請求を認めたもので

19

はないから、結局予想損失の見積り計上をしているか、又は損失見込額の引当てをしたものと認められるが、右のように任意の金額を各事業年度の所得の金額の計算上、損金として計上し、あるいは任意の金額を引当金勘定として計上することは法人税法上も一般に妥当と認められる会計処理の上でも認められていない。」と判示しています。

▶ポイント

工事完成引渡基準を収益の計上基準として採用している場合、引渡しにより収益に計上した工事に関する手直しや、補修工事が発生することが見込まれたとしても、これらは事後費用として、支出した時の費用になり、期末において完了していない手直し工事等について見積計上することは認められません。

参考法令等

法人税基本通達２－２－１（売上原価等が確定していない場合の見積り）

参考判決例等

昭和46年6月29日東京地裁判決
昭和57年11月17日大阪地裁判決（TAINS・Z062-2750）

9 業務の請負に関する売上の計上

 設計業務を請け負いましたが、その図面について最終的にはCDにて納品する契約になっていたところ、CDへのダウンロードが遅れ当期末直前になってようやく納品することができました。また取引先からも受領書を頂戴しましたので請求書を送付しましたが、翌期になって電気設備関係の図面が一枚CDから漏れていたので再提出の依頼があり、新たにCDを作成して納品しました。

なお、CDに納められた図面は前もってメールにて納品済みです。この場合、手直しの納品日は翌期ですが当期の売上として計上して問題ありませんか。なお当社は、最終成果物であるCDを納品した時をもって売上とすることを通例としています。

 民法の請負契約条項（民632）で「請負は、…仕事を完成することを約し、相手方がその仕事の結果に対してその報酬を支払うことを約することによって、その効力を生ずる」ことになっています。請負契約に基づいて、最終的には成果物であるCDという磁気記録媒体で納めることになっていますが、当事者間で、CDが完成品として納品され相手方たる取引先も完成品としてCD引渡しを受けた事実に何の異議もないことから、当該契約は適正に履行されたといえます。

請負による収益の帰属の時期を規定した法人税基本通達2─1─21の10（技術役務の提供に係る報酬の帰属の時期）では「目的物の全部を完成して相手方に引き渡した日」とされているところ、「全部」については設計図面はすでにメールにてCD納品前に送付していることから、実態として本請負契約の主体となる設計図の作成引渡し業務は終了していると考えられ、請負契

約は適正に履行されているといえるでしょう。ＣＤへ一部図面の収録が漏れていた契約不適合があっても軽微なものですから、実態として請負契約が未履行とはいえません。

　よって本件の売上は、当期中に計上すべきものと考えます。

　なお、納品先の税務調査において再納品されたＣＤの作成日が翌期であることを理由にして、まだ請負業務が完了していないと指摘を受ける可能性がありますので、契約不適合による再納品ＣＤであることを明記し、当初納品したＣＤを保管しておくように関係者にアドバイスすると好印象でしょう。

▶ポイント

　民法の請負契約条項も仕事の目的物の引渡しに契約の内容に適合しないケースを想定した規定となっており、このことは、一部契約の内容に適合しない目的物の引渡しがあったとしても、契約の履行に影響させない趣旨であると解され、売上計上時期の判定には関係ありません。

　あくまで、完成品として契約当事者において引き渡された事実に基づいて判定されます。注意したいのは、完成品と仮装してあたかも引渡しが済んだように意図することは、納品先において重加算税が課せられる可能性がありますので注意が必要です。

参考法令等

法人税基本通達２－１－21の10（技術役務の提供に係る報酬の帰属の時期）
民法第９節（請負）第632条以下

▶ Q1〜Q39

10 リベート収入の計上時期

当社は今まで、仕入先からの一方的な振込みにてリベートを受け取っていましたが、金額も張ることから仕入先との間で、仕入金額の一定額についてリベートとすることとし、契約を締結することになりました。

期末にあたり、仕入金額から当期のリベートを計算したところ、800万円が算出されました。

取引先からはまだ何の連絡もありませんが、この800万円のリベートは収益に計上すべきでしょうか。

仕入先との契約により、仕入割戻金（リベート）が貴社でも計算できますので、購入した日の属する事業年度に益金として計上することになります（法基通2—5—1（仕入割戻しの計上時期））。

　　　　　　＊　　　　　　　＊

リベートを仕入高から控除する経理方法もありますが、リベート収入を雑収入として収益計上する方法もあります。税務上の取扱いとしては、後に触れる法人税基本通達2—5—3の規程振りから益金算入を原則としているように窺われます。

しかし、雑収入として計上しますと、期末に当該仕入れたものが、棚卸品として計上してある場合は仕入金額が減少しないので、課税所得がリベート分だけ多くなります。

財務諸表等規則第79条及び財務諸表等規則ガイドライン第79号において、仕入割戻金は仕入高からの控除科目として計上することができることになっています。仕入高から控除すれば、期末に仕入商品が棚卸しに残っていれば当然に仕入高が減少した分だけ棚卸残高に反映されるので、課税利益が仕入

商品を販売しない限り算出されません。したがって会社にとってはメリットがあります。

しかし、これを税務調査でリベートの計上漏れと指摘されると、棚卸残高に残っているかどうかに関係なく益金に計上される可能性がありますが、仕入高からの控除も認められていることから、棚卸に残っている場合に計上しなかったことになるとの判断には疑義があります。計上しなかった場合には、仕入高から控除しないで益金の額に算入されます（法基通２－５－３（法人が計上しなかった仕入割戻しの処理））。

▶ポイント

契約によりリベート金額が算出できるときは、受ける方では購入した日の属する事業年度の益金に計上することになりますが、仕入高からの控除も認められます。

ただし、計上しなかった場合は、税務調査で指摘されると雑収入として処理されます（法基通２－５－３）。

参考法令等

財務諸表等規則第79条
　　同　　　ガイドライン第79号
　　〃　　　ガイドライン第72号―１―２
法人税基本通達２－５－１（仕入割戻しの計上時期）、２－５－３（法人が計上しなかった仕入割戻しの処理）

11 固定資産売買損益の計上時期

Q 当社は、当事業年度中に固定資産である土地2筆（A、Bという）をそれぞれ別個の第三者に売却する契約を締結しました。A、Bの土地引渡しはいずれも翌期になっています。Aの土地は簿価が高く、譲渡損が発生するので契約日に譲渡損を計上し、Bの土地は譲渡利益が発生するので翌期の引渡し時に利益を計上しようと考えています。異なる計上基準で処理することになりますが、問題ありませんか。

A 税務調査において否認される可能性があります。
　　　　　　　　＊　　　　　　　　＊
　資産の販売等に係る収益の額については、目的物の引渡しまたは役務提供の日（法法22の2①）、あるいは、契約の効力が生ずる日の属する事業年度の益金の額に算入するとされています（法法22の2②）。
　固定資産の譲渡に係る収益の額についても、上記法人税法第22条の2第1項あるいは第2項により益金の額に算入するわけですが、固定資産の譲渡に係る収益の帰属の時期については、その引渡しがあった日の属する事業年度の益金の額に算入することを原則としつつ、契約の効力発生の日において収益計上することも認められています（法基通2―1―14）。
　ここで、同一事業年度内に複数の譲渡案件があった場合に、案件毎に引渡し日基準と契約の効力発生日基準とを選択適用することができるかどうかが本問の焦点です。
　法人税基本通達2―1―14は、上記のとおり、例外として契約の効力発生日基準を認めているわけですが、その規定は「法人が当該固定資産の譲渡に関する契約の効力発生の日において収益計上を行っているときは、当該効力発生の日は、その引渡しの日に近接する日に該当するものとして、法第22条

の２第２項《収益の額》の規定を適用する」ですから、法人として一部でも契約の効力発生の日において収益計上を行っていない場合は、この例外扱いは認められないと考えられます。

　つまり、貴社はＢ土地について契約の効力発生日基準によっていないわけですから、法人として契約の効力発生日において収益計上を行っているとはいえず、Ａ土地についても原則どおり引渡し基準により収益計上すべきと考えられます。

　また、本問とは離れますが、事業年度毎に計上基準を選択適用可能かどうかについては、引渡し基準において、引渡しの日がいつであるかについて継続的にその収益計上を行うこととしている日によるとされていることとの権衡を考慮すると、やはり引渡し日基準、あるいは、契約の効力発生日基準の適用についても同様に継続適用を求められると考えます。

　なお、法人税法第22条第４項の「一般に公正妥当と認められる会計処理の基準に従って計算されるものとする」との規定に照らして判断するとしても、別個の基準で計上することを容認した「一般に公正妥当と認められる会計処理の基準」はないと思われます。

▶ ポイント

　結果であっても同種の取引について、異なる収益計上基準を用いることは利益調整につながる、あるいは利益調整をはかったと見られる要素となり、税務調査では否認される可能性が高いと考えて下さい。

参考法令等

法人税法第22条第４項、第22条の２第１項、第２項
法人税基本通達２―１―14（固定資産の譲渡に係る収益の帰属の時期）

12 雇用保険法、雇用対策法、障害者の雇用の促進に関する法律等により交付を受ける助成金の収益計上時期

当社は雇用保険法の助成金を受けるため、必要書類を添付して助成金の申請をしています。このたび該当者が出たので休業を実施し、助成金の受給を申請しました。まだ入金はないのですが、期末になりましたので申請した2,400万円については、収益に計上しなければなりませんか。

貴社は提出した休業等実施計画に沿って休業を実施し、該当者には休業手当を支給していると考えられますので、2,400万円の助成金は収益に計上する必要があります。

＊　　　　　　＊

　厚生労働省は、雇用保険法第62条（雇用安定事業）及び同法第63条（能力開発事業）に基づき、各種助成事業を行っています。厚生労働省のパンフレット・雇用調整助成金ガイドブック（令和6年8月1日版）で雇用調整助成金についてその内容を見てみますと、雇用計画の策定・届け、雇用調整の実施後、必要書類を添付した支給申請などの受給手続きを経て、休業を実施した場合に支給対象者に対して支払われた休業手当相当額に一定の助成率を乗じた額が助成されることになっています。法人税基本通達2―1―42（法令に基づき交付を受ける給付金等の帰属の時期）には、休業、就業、職業訓練等の事実があった日の属する事業年度終了の日において、その交付を受けるべき金額が確定しない場合であっても、その金額を見積もり、当該事業年度の益金の額に算入するものとすると規定されています。通常、助成金の交付は受給申請書の提出後であることから、期を跨ぐことが想定されますので注意が必要です。

第1章 収益・費用計上（受取配当金・棚卸資産を含む）をめぐる税務判断

　なお、法人税基本通達2―1―42の(注)により、支給決定があった日の属する事業年度の益金の額に算入する奨励金等もあり、経費の補塡でないものがこれに当たります。

▶ポイント

　助成金を申請する際、支出した費用について、費用の補塡の性質を有するものを申請する場合は費用と助成金収入とを対応させる必要があるため、通達のような取扱いとなっています。
　助成金申請者が人事部で、入金管理が経理部のときなどは相互に連絡を取り合うことが重要です。

参考法令等

雇用保険法第62条、第63条
雇用調整助成金ガイドブック（厚生労働省・令和6年8月1日版）
法人税基本通達2―1―42（法令に基づき交付を受ける給付金等の帰属の時期）

▶ Q1～Q39

13 時効の援用と収益の計上

当社は日雇労働者を雇用していますが、日雇の給与については半月毎に現金で支給しています。時々支払日に給与を取りに来ない者がおり、給与袋に入れた現金が100万円を超えて金庫に入っています。確認したところ、すでに1年以上音沙汰がない者の残高は、そのうち80万円ありました。このまま現金として保管しておいてよろしいでしょうか。

債権・債務の消滅時効による利益について、国税の基本的な考え方は時効を援用した時の益金としているように思われますが（国税庁タックスアンサー・No.1493）、日雇労働者が受取りに来ないような状況が常態である場合は、労働基準法上の時効5年経過時点で益金としておくことも選択肢でしょう。

なお、5年時効に合わせて益金とした賃金未払債務は時効を援用しない限り消滅しませんので、後日、日雇労働者がいったん益金とした未払分を受取りに来た際に、時効を援用せず支払った場合は、支払った時の損金に計上して差し支えないと考えられます。

▶ ポイント

多額の現金を保管していることは税務調査において要らぬ誤解を受ける可能性があります。管理も煩雑なので、未払者の氏名対象年月等を記載した給与袋に保管するなどして、1年乃至5年を経過したら雑収入にしてはいかがでしょうか。ただし益金計上後に受取りに来た場合に備えて、管理上、益金に計上した未払賃金の明細を作成しておくことは必要でしょう。なお、税務調査において時効5年を経過したことを理由に直

第1章 収益・費用計上（受取配当金・棚卸資産を含む）をめぐる税務判断

ちに時効を援用したと認定して更正することはありません。

参考法令等 ・・

法人税法第22条第2項
民法第145条（時効の援用）、第166条（債権等の消滅時効）
労働基準法第115条
国税庁▶タックスアンサー・No.1493（土地等の財産を時効の援用により取得したとき）

14 不動産仲介料収入の計上時期

当社は宅地建物取引業を営んでいますが、不動産の仲介にあたって収受する仲介手数料の額については宅地建物取引業法に定められたとおり収受しています。今般、仲介業務において契約成立時に半分、引渡し完了時に残りの半分の手数料を受け取ることとした契約案件について、たまたま期を跨ぐ事態になりました。

この場合、仲介契約が成立した当期中に仲介手数料全額について収入にすべきでしょうか。また本件仲介にあたり、下請に使った他の不動産仲介業者に支払った仲介料などの費用は、いつ計上すべきでしょうか。なお当社は、期中取引はすべて取引が完了した日に収益に計上しています。

法人税法第22条の2第2項の適用にあたって、法人税基本通達2―1―21の9（不動産の仲介あっせん報酬の帰属の時期）では、仲介手数料について「原則としてその売買等に係る契約の効力が発生した日の属する事業年度の益金の額に算入する。ただし、法人が、売買又は交換の仲介又はあっせんをしたことにより受ける報酬の額について、継続して当該契約に係る取引の完了した日（同日前に実際に収受した金額があるときは、当該金額についてはその収受した日…）において収益計上を行っている場合には、当該完了した日は、その役務の提供の日に近接する日に該当するものとして、法第22条の2第2項《収益の額》の規定を適用する。」と規定していますので、本件の場合、継続適用を条件としてすでに受領した半分の仲介手数料は当期中に収益に計上し、残りの半分は取引が完了した時に収益に計上することとして差し支えありません。

次に下請に使った不動産仲介業者への支払手数料については本件仲介業務を行うにあたっての直接の原価と認められますので、売上に計上した額に対

応する手数料は当期の損金になると考えます。仲介業務に係る原価、費用及び損失の額をどの事業年度に計上すべきかについて、法人税法では明文の規定がありませんが、原価については、法人税法第22条第3項第一号において、当該事業年度の損金の額に算入すべき金額は、当該事業年度の収益に係る売上原価と規定しています。この規程振りから、原価の計上については、費用収益対応の原則によると読むことも可能でしょう。

昭和48年8月31日東京高等裁判所の判決では、「当該納税義務者が相手から受取る代金その他の収益の対価として相手方に給付する資産を取得するために直接に支出した額を『原価』とするのである。しかし本件の如き、宅地建物取引業者の外務員に支払われる具体的な取引ごとに定まる歩合給債務は販売商品や製品の原価とは異なるが具体的な不動産売買に際し、仲介人である宅地建物取引業者が役務を提供し仲介料請求権を取得するのに伴って負担することになるし、また実質的には当該取引仲介のための外務員の実務が仲介という役務の一部を構成しているので、右の原価に準ずるものとして扱うのを相当とする。

従っていわゆる費用収益対応の原則により、当該収益を計上する年度に右歩合給債務を計上するのが相当であるといえる。」と判示しています。

▶ ポイント

　不動産仲介手数料収入は、契約の効力が発生した日の属する事業年度の益金の額に算入するのが原則になりますが、継続適用を条件として契約に係る取引が完了した時に収益に計上することもできます。当該原価の計上は費用収益の対応の原則により判断するものと考えます。

参考法令等

法人税法第22条の2第1項、第2項
法人税基本通達2－1－21の9（不動産の仲介あっせん報酬の帰属の時期）

▶Q1〜Q39

昭和48年8月31日東京高裁判決

第1章 収益・費用計上（受取配当金・棚卸資産を含む）をめぐる税務判断

15 生命保険金の収益の計上時期

同族会社である当社では、前社長が死亡したことから前社長を被保険者とした生命保険金1億円について、死亡診断書及び所定の請求書とともに保険会社に送付請求しました。ただ、期末直前であったため入金がないまま決算を迎えましたが、この1億円は当期の収益に計上すべきでしょうか。

保険会社から翌期首の1週間後に支払通知と入金がありました。

保険金の収益計上については法人税法上明文の規定はありません。確定した収益を認識する日が収益の計上時期であると考えられ、保険会社から支払通知があった時に益金の額に算入することになると考えられます。

＊　　　　　　＊

本件の場合を検討しますと、保険会社へ死亡診断書と保険金請求書とを提出した事実は認められますが、通常、約款では死亡の事実が生じた後に保険金受取人から所定の方式により保険金請求の手続きをしてから一定の期間内に保険金を支払うべき旨、定めてあるのが通常であること。また保険契約は双務契約であり、保険法第2条に定められている「一定の事由が生じたことを条件として財産上の給付…を行うことを約し」たもので、保険金受取人の債権が確定するのは保険会社が保険法第52条に規定する「保険事故、保険者が免責される事由その他の保険給付を行うために確認をすること」が了するまでは債権が確定したとはいえないことから、保険会社からの支払通知などがあった時に保険金受取人の債権が確定するものといえます。収益の計上もこの時が法人税法第22条第4項の「一般に公正妥当と認められる会計処理の基準に従って計算」されたものになると考えます。

▶ Q1〜Q39

▶ ポイント

　収益の計上は、保険金の通知があった時がその計上すべき時になると考えます。

参考法令等 ・・

法人税法第22条第4項
保険法第2条第一号、第52条

第1章 収益・費用計上（受取配当金・棚卸資産を含む）をめぐる税務判断

16 不動産投資法人（J－REIT）からの分配金と受取配当の益金不算入の適用

Q 当社では利回りがよいということで、年利10％の不動産投資法人に出資しました。おかげで毎年500万円が配当として入金されています。この配当について、法人税法第23条に規定する受取配当の益金不算入の適用は受けられますか。

A 受取配当の益金不算入の適用は受けられません。
　　　　　　　　　＊　　　　　　　　＊
　法人税法第23条第1項第二号において「投資信託及び投資法人に関する法律第137条（金銭の分配）の金銭の分配の額」は益金不算入の対象となっていますが、租税特別措置法第67条の15第4項において「法人が投資法人から支払を受ける配当等の額については、法人税法第23条第1項の規定は、適用しない。」とされています。

▶ ポイント

　配当あるいは分配金と名が付いているものであっても、すべてが受取配当の益金不算入になるわけではありませんので注意が必要です。
　受取配当金の益金不算入にならないものとしては、
・外国法人の配当（ただし法人税法第23条の2に該当のものは別計算があります）
・公益法人等または人格のない社団等から受けるもの
・適格現物分配に係るもの（以上、法人税法第23条第1項）
・配当の基準日以前1月以内に取得しかつ基準日後2月以内に譲渡した株式の配当（法人税法第23条第2項）

- 自己株式の取得によって発生するみなし配当のうちあらかじめそのあることを予定して取得した元本に係るもの（法人税法第23条第3項）
- 外国株価指数連動型特定株式投資信託の配当（租税特別措置法第67条の6第1項）
- 特定目的会社からの配当（租税特別措置法第67条の14第4項）
- 投資法人から支払を受ける配当等（租税特別措置法第67条の15第4項）
- 公社債投資信託の利益の分配金（法人税法第23条に規定なし＝原資に株式の配当がない）
- 名義書換え失念株の配当（法人税基本通達3－1－2）
- 保険会社の契約者配当金（法人税法第60条）
- 協同組合等の事業分量配当金（法人税法第60条の2）

参考法令等

法人税法第23条第1項、第2項、第3項、第60条、第60条の2
租税特別措置法第67条の6、第67条の14、第67条の15
法人税基本通達3－1－2（名義書換え失念株の配当）

17 配当金権利落後の上場株式を売却した場合、後日受け取った配当金の益金不算入計算

当社では上場株式を所有していましたが、相場が低迷していることから配当権利落後の1か月後に当該株式について売却しました。その後、配当金が入金されました。入金した時はすでに株主ではなくなっていたのですが、当期末に受取配当の益金不算入計算は適用できますか。

なお、当該株式は数年前に購入したもので持分割分は5％以下です。

貴社の所有している株式は非支配目的の株式と認められますのでその前提で検討しますと、法人税法第23条第2項において「内国法人がその受ける配当等の額…の元本である株式等をその配当等の額に係る基準日等…以前1月以内に取得し、かつ、当該株式等又は当該株式等と銘柄を同じくする株式等を当該基準日等後2月以内に譲渡した場合におけるその譲渡した株式等」に該当する場合は受取配当の益金不算入の適用はないことになっていますが、貴社が所有していた株式は配当基準日以前1月以内に取得したものでなければ上記株式に該当しないことから益金不算入の適用ができます。

すなわち、法人税法第23条第6項に規定する非支配目的株式に該当することから、受取配当金の100分の20に相当する金額が益金不算入額となります。

なお配当基準日以前に譲渡したものの、名義書換えが行われなかったために配当を受領した場合は、益金不算入の適用はありません（法基通3―1―2（名義書換え失念株の配当））。

▶ Q1〜Q39

▶ポイント

　法人税法第23条第2項の株式に当たらないことを前提として、配当基準日に所有していれば、配当受領日に株主でないとしてもその受取配当は正当な株主の権利として受け取るものであり、益金不算入の適用を受けることができます。ただし、外国株式については益金不算入の対象にはなりません。

参考法令等

法人税法第23条第1項、第2項、第6項
法人税基本通達3—1—2（名義書換え失念株の配当）

第1章 収益・費用計上（受取配当金・棚卸資産を含む）をめぐる税務判断

関連法人からの受取配当金の益金不算入計算における支払利子の控除

Q 当社は3分の1以上100％未満の出資となる関連会社を国内に3社、海外に1社ほど所有していますが、今回国内の関連会社であるA社（資本金2,000万円、当社の出資額1,000万円）から500万円の配当がありました。他の2社からは配当はありません。また関連会社側の出資の持ち合いはありません。
　今回申告にあたり支払利子の控除額を計算する際に、どのように計算すべきでしょうか。なお、当社の利子等の額は100万円でした。

配当から控除する支払利子等の額は、原則として、配当の額の100分の4に相当する金額ですが（法令19①）、貴社の場合、配当から控除する支払利子等の控除額は、

　　　500万円（配当額）× 4％ ＝ 20万円……(1)
　　　100万円（支払利子等額）× 10％ ＝ 10万円……(2)

(1)、(2)のうち少ない金額10万円が関連法人からの配当から控除する金額になります（法令19②）。
　なお、支払利子控除額の実際の計算は、別表8(1)において銘柄別に行いますので、上記計算で、(1)は、銘柄毎の金額、(2)は、

$$100分の10に相当する金額 \times \frac{当該受取配当等の額}{関連法人株式等に係る配当等の額の合計額}$$

となります。本問の場合、分子、分母とも500万円となり、支払利子等の額の100分の10に相当する金額は10万円に変わりありません。
　この計算にあたって、支払利子等については、法人税法施行令第19条第2項において法人が支払う負債の利子、手形の割引料、金銭債務償還差損益及

びその他経済的な性質が利子に準ずるものとされており、また、法人税基本通達3－1－3、3－1－3の3において、預り金の利子、割賦購入資産等の取引価額に算入しない利息相当額なども支払利子等の額に含まれるとされていますので、留意が必要です。

▶ポイント

　関連法人の受取配当益金不算入額の計算にあたっては、支払利子等の控除があり、いわゆる支払利子の他に、手形の割引料、預り金の利子などもこれに含まれますので留意が必要です。

参考法令等

法人税法第23条第1項、第4項
法人税法施行令第19条第2項
法人税基本通達3－1－3（支払利子等の額の範囲）、3－1－3の3（割賦購入資産等の取得価額に算入しない利息相当額）

第1章 収益・費用計上（受取配当金・棚卸資産を含む）をめぐる税務判断

［参 考］受取配当等の益金不算入に関する明細書

事業年度　令6・4・1　令7・3・31　法人名

別表八(一)　令六・四・一以後終了事業年度分

項目	番号	金額
完全子法人株式等に係る受取配当等の額（9の計）	1	円
関連法人株式等に係る受取配当等の額（16の計）	2	5,000,000
その他株式等に係る受取配当等の額（26の計）	3	
非支配目的株式等に係る受取配当等の額（33の計）	4	
受取配当等の益金不算入額 (1)＋((2)−(20の計))＋(3)×50%＋(4)×(20%又は40%)	5	4,900,000

受取配当等の額の明細

完全子法人株式等

法人名	6	
本店の所在地	7	
受取配当等の額の計算期間	8	・　・　　・　・
受取配当等の額	9	円

計

関連法人株式等

法人名	10	A社
本店の所在地	11	
受取配当等の額の計算期間	12	令5・4・1　・　・
保有割合	13	50%
受取配当等の額	14	5,000,000円
同上のうち益金の額に算入される金額	15	0
益金不算入の対象となる金額 (14)−(15)	16	5,000,000
(34)が「不適用」の場合又は別表八(一)付表「13」が「非該当」の場合 (16)×0.04	17	200,000
同上以外の場合 (16)／(16の計)	18	5,000,000
支払利子等の10%相当額 (((38)×0.1)又は(別表八(一)付表「14」))×(18)	19	100,000円
受取配当等の額から控除する支払利子等の額 (17)又は(19)	20	100,000

計

その他株式等

法人名	21
本店の所在地	22
保有割合	23
受取配当等の額	24
同上のうち益金の額に算入される金額	25
益金不算入の対象となる金額 (24)−(25)	26

非支配目的株式等

法人名又は銘柄	27
本店の所在地	28
基準日等	29
保有割合	30
受取配当等の額	31
同上のうち益金の額に算入される金額	32
益金不算入の対象となる金額 (31)−(32)	33

支払利子等の額の明細

項目	番号	金額
令第19条第2項の規定による支払利子控除額の計算	34	ⓐ適用・不適用
当期に支払う利子等の額	35	1,000,000円
国外支配株主等に係る負債の利子等の損金不算入額、対象純支払利子等の損金不算入額又は恒久的施設に帰せられるべき資本に対応する負債の利子の損金不算入額（別表十七(一)「35」と別表十七(二の二)「29」のうち多い金額）又は(別表十七(二の二)「34」と別表十七(二の二)「17」のうち多い金額)	36	
超過利子額の損金算入額（別表十七(二の三)「10」）	37	円
支払利子等の額の合計額 (35)−(36)＋(37)	38	1,000,000

別表八（一）の記載の仕方

1　この明細書は、法人が法第23条《受取配当等の益金不算入》（措置法第67条の6第1項《特定株式投資信託の収益の分配に係る受取配当等の益金不算入の特例》の規定により読み替えて適用する場合を含みます。）の規定の適用を受ける場合又は通算法人が当該事業年度（当該通算法人に係る通算親法人の事業年度終了の日に終了するものに限ります。）において令第19条第2項《関連法人株式等に係る配当等の額から控除する利子の額》の規定の適用を受ける場合（他の通算法人が同日に終了する事業年度において同項の規定の適用を受ける場合を含みます。）に記載します。

2　「受取配当等の益金不算入額5」の欄は、措置法第67条の7《保険会社の受取配当等の益金不算入の特例》の規定の適用を受ける場合にあっては「20％又は」を消し、その他の場合にあっては「又は40％」を消します。

3　「同上のうち益金の額に算入される金額15」、「同上のうち益金の額に算入される金額25」及び「同上のうち益金の額に算入される金額32」の各欄は、法第23条第2項（措置法第67条の6第1項の規定により読み替えて適用する場合を含みます。以下3において同じです。）又は法第23条第3項の規定により計算した金額を記載します。この場合において、同条第2項の規定により計算した金額については、その金額の計算に関する明細を別紙に記載して添付します。

4　措置法第67条の6第1項に規定する特定株式投資信託の収益の分配の額がある場合の当該特定株式投資信託については、「本店の所在地28」の欄には「特定株式投信」と記載し、「基準日等29」及び「保有割合30」の各欄は記載を要しません。

5　「保有割合30」の欄は、法第23条第6項に規定する他の内国法人から受ける同条第1項に規定する配当等の額に係る令第22条の3第1項《非支配目的株式等の範囲》に規定する基準日等において有する当該他の内国法人の株式又は出資のうちに同条第2項に規定する短期保有株式等がある場合には、当該短期保有株式等を有していないものとして記載します。

6　「令第19条第2項の規定による支払利子控除額の計算34」が「不適用」である場合には、「35」から「38」までの各欄は、記載しません。

19 海外子会社からの配当金の益金計上

Q 当社は3年前からシンガポールに100％出資の子会社を所有しており、東南アジアの販売の拠点としています。今般、親会社である当社の利益が低迷しているので、シンガポールの子会社から配当を受けて当期利益を黒字にすることを企図し、同社から10万シンガポールドルの配当を受領することになりました。法人税法上は10万シンガポールドルのうち95％が課税されないと聞いていますが、適用できるのでしょうか。

A この配当は、外国関係会社配当益金不算入制度の対象となります。100％出資しているシンガポール子会社の配当については、法人税法第23条の2第1項及び同施行令第22条の4第2項において配当等の額から100分の5に相当する金額を控除した金額（100分の95相当）は益金に算入しないと規定していますので、9万5,000シンガポールドルは課税されません。なお、シンガポールでは支払配当金について源泉税が課税されないので、配当された金額の95％はそのまま外国関係会社配当益金不算入制度の対象になります。なお、源泉税が課された場合、この外国源泉税（外国法人税）は損金不算入となります（法法39の2）。

*　　　　　　　　*

　ここで注意したい点として、貴社の場合は100％の出資子会社で数年前から同株式を所有していることから法人税法第23条の2の規定を適用できますが、通常は出資25％以上の保有要件が配当等の額の支払義務が確定する日以前6月以上継続しているかどうかの判定が必要であることと確定申告要件があることを追記しておきます。

　また、国によっては保有要件について租税条約上緩和条項があり、25％未満でも適用できる場合があります（法令22の4⑦）。

例えば、米国租税条約では第23条（二重課税の排除）第１項(b)において、議決権のある株式の10％以上とされています。したがって、米国子会社の場合、議決権株式の10％以上を支払義務確定日以前６月以上継続して保有していれば適用があります（**Q20**参照）。

なお、シンガポールの法人税率は目下17％と考えられるところ、本問シンガポール子会社は経済活動基準をすべて満たしており、かつ、受動的所得は有していない、すなわち、外国子会社合算税制の適用対象ではないことを前提としています。

▶ ポイント

原則25％以上の株式等保有割合を有する場合は外国子会社から受ける配当等の益金不算入ができますが、租税条約を確認することによって保有割合が25％未満でもできる場合があります。

参考法令等 ・・・・・・・・・・・・・・・・・・・・・・・・・・・・・・・・・

法人税法第23条の２
法人税法施行令第22条の４第１項、第２項、第７項
法人税基本通達２—１—27（剰余金の配当等の帰属の時期）
日米租税条約第23条第１項(b)

第1章　収益・費用計上（受取配当金・棚卸資産を含む）をめぐる税務判断

外国子会社から受ける配当等の益金不算入等に関する明細書　別表八(二)　令六・四・一以後終了事業年度分

事業年度	令6・4・1〜令7・3・31	法人名	

外国子会社の名称等				
名称			1	B社
本店又は主たる事務所の所在地	国名又は地域名		2	シンガポール
	所在地		3	シンガポール
主たる事業			4	統括会社
発行済株式等の保有割合			5	100 %　　%　　%　　%
発行済株式等の通算保有割合			6	%　　%　　%　　%

益金不算入額等の計算			
支払義務確定日	7	令6・7・1　　・・　　・・　　・・
支払義務確定日までの保有期間	8	12
剰余金の配当等の額	9	(S$100,000) (　　) (　　) (　　) 10,702,000円　　円　　円　　円
(9)の剰余金の配当等の額に係る外国源泉税等の額	10	(　　) (　　) (　　) (　　) 円　　円　　円　　円
法第23条の2第2項第1号に掲げる剰余金の配当等の額の該当の有無	11	有・**無**　有・無　有・無　有・無
法第23条の2第3項又は第4項の適用の有無	12	有・**無**　有・無　有・無　有・無
益金不算入の計算の対象とならない損金算入対応受取配当等の額の計算	(9)の元本である株式又は出資の総数又は総額につき外国子会社により支払われた剰余金の配当等の額	13	(　　) (　　) (　　) (　　) 円　　円　　円　　円
	(13)のうち外国子会社の所得の金額の計算上損金の額に算入された金額	14	(　　) (　　) (　　) (　　) 円　　円　　円　　円
	損金算入対応受取配当等の額 $(9) \times \frac{(14)}{(13)}$	15	(　　) (　　) (　　) (　　) 円　　円　　円　　円
	益金不算入の対象とならない損金算入配当等の額 (9) 又は (15)	16	(　　) (　　) (　　) (　　) 円　　円　　円　　円
	(16)に対応する外国源泉税等の額 (10) 又は $((10) \times \frac{(14)}{(13)})$	17	(　　) (　　) (　　) (　　) 円　　円　　円　　円

益金不算入額等の計算		
剰余金の配当等の額に係る費用相当額 $((9)-(16)) \times 5\%$	18	
法第23条の2の規定により益金不算入とされる剰余金の配当等の額 (9)-(16)-(18)	19	S$95,000 10,171,650
措置法第66条の8第2項又は第8項の規定により益金不算入とされる剰余金の配当等の額 （別表十七(三の七)「23」＋「24」）	20	
(16)のうち措置法第66条の8第3項又は第9項の規定により益金不算入とされる損金算入配当等の額 （別表十七(三の七)「25」）	21	
(9)のうち益金不算入とされる剰余金の配当等の額 (19)＋(20)＋(21)	22	
法第39条の2の規定により損金不算入とされる外国源泉税等の額 (10)-(17)	23	S$95,000 10,171,650
(23)のうち措置法第66条の8第14項の規定により損金不算入の対象外とされる外国源泉税等の額 （別表十七(三の七)「28」）	24	
(10)のうち損金不算入とされる外国源泉税等の額 (23)-(24) （マイナスの場合は0）	25	
益金不算入とされる剰余金の配当等の額の合計 （(22)欄の合計）	26	S$95,000　円 10,171,650
損金不算入とされる外国源泉税等の額の合計 （(25)欄の合計）	27	

▶ Q1〜Q39

外国子会社から受ける配当金の益金不算入

 当社は、3年前から出資しているアメリカにあるA社から、配当金5万ドルを受けることになりましたが、出資割合は100分の20となっています。この場合、法人税法第23条の2の外国子会社から受ける配当金等の益金不算入制度の適用は受けられませんか。

 原則は所有割合100分の25以上ですが（法令22の4①）、読替規定（法令22の4⑦）により、本問の配当は法人税法第23条の2（外国子会社配当等益金不算入制度）の適用を受けることができます。

＊　　　　　＊

　法人税法施行令第22条の4第7項において「租税条約…の二重課税排除条項において第1項各号に掲げる割合として100分の25未満の割合が定められている場合には、同項及び前項の規定の適用については、第1項中『100分の25以上』とあるのは『第7項に規定する租税条約の同項に規定する二重課税排除条項に定める割合以上』と、『同項の』とあるのは『同条第1項の』と、『が外国法人』…とあるのは『が外国法人』と、前項中『100分の25以上』とあるのは『租税条約に定める割合以上』とする。」と読替されています。平成16年条約第2号の「所得に対する租税に関する二重課税の回避及び脱税の防止のための日本国政府とアメリカ合衆国政府との間の条約」第23条「二重課税の除去」中、第1項(b)の10％以上が上記読替規定の「条約に定める割合」に当たり、米国子会社の場合は、貴社が所有している出資割合20％のA社からの配当についても、法人税法第23条の2の適用を受けることができます。

　なお、平成16年日米租税条約第23条は、令和元年改正議定書で改正されていますが、10％以上所有要件には変更がありません。

第1章 収益・費用計上（受取配当金・棚卸資産を含む）をめぐる税務判断

> **▶ポイント**
>
> 　子会社所在地国との租税条約をよく確認すること。アメリカ合衆国以外にもオーストラリア、フランス、オランダ、カザフスタン、ブラジル等が10％〜20％の間で締結されています。
> 　また、親子間配当については、持株割合50％超は源泉地国課税（源泉税）が免税とされている条約もあります。

[参　考]

　令和元年改正議定書第23条第１項(b)の改正内容・条文は以下のとおり。
「(b)　合衆国内において取得される所得が、配当であって、合衆国の居住者である法人により当該法人の発行済株式の10パーセント以上を当該配当の支払義務が確定する日に先立つ６箇月の期間を通じて所有する日本国の居住者である法人に対して支払われるものである場合には、当該配当は、日本国の租税の課税標準から配当を除外することに関する日本国の法令の規定（株式の所有に関する要件に係る規定を除く。）に従い、日本国の租税の課税標準から除外される。」

参考法令等 ●●●

法人税法第23条の２
法人税法施行令第22条の４第７項
改正令和元年条約第８号
　「所得に対する租税に関する二重課税の回避及び脱税の防止のための日本国政府とアメリカ合衆国政府との間の条約を改正する議定書」

21 共同企業体(JV)の幹事会社(スポンサー)におけるスポンサーメリットの収益の計上時期

当社はJV(Joint Venture:共同事業体)の幹事会社・スポンサーとして、材料資材の仕入先からリベートを800万円受領しました。当社は経理上このリベートを当社の未成工事支出金から減額処理して決算期を迎えましたが、このまま決算処理をしてもよろしいでしようか。

スポンサーメリットとは、JVにおけるスポンサーが原料や資材を自社の他の工事などと集中購買するなどしてJVの協定単価よりも安く仕入れた際に、他の構成員には明らかにされずにスポンサー企業単独の仕入の割戻しとして受領されるものです。

仕入の割戻しではあるが本来的にはJV全体への割戻し等であるところ、スポンサー企業単独の収益として取り込んでいることから、税務上は実際に受領した時の収益に計上することになります。

法令上の取扱いは明らかにされていませんが、法人税基本通達2―5―3の規定振りから、法人税の取扱いとしては、収益としての認識は、スポンサー企業自身の仕入割戻し等以外にJV全体の仕入に係る割戻し分が含まれていることから原価のマイナスではなく、雑益に計上すべきもので、実際に割戻しを受領した時に権利が確定することになると考えられます。以上により、本問のように決算上、受領したリベート(割戻し)を収益に計上しなかったときは、申告の際、スポンサーメリット分を申告加算する必要があります。

なお、貴社の場合、翌期以降、会計上未成工事支出金に計上されたままになっていると、完成時スポンサーメリット分の利益がダブって計上されることになるので注意が必要です。

第1章　収益・費用計上（受取配当金・棚卸資産を含む）をめぐる税務判断

　税務的には、当期の処理は別表4で加算留保とし、別表5で未成工事支出金科目で処理し、翌期以降、工事が完成した時に減算を忘れないようにしたいものです。

▶ ポイント

　スポンサーメリットは受領した時に収益に計上することになります。未成工事支出金の減額では工事完成が翌期以降になると、収益の計上時期が遅くなりますので注意して下さい。

参考法令等

法人税基本通達2—5—3（法人が計上しなかった仕入割戻しの処理）
「相談事例」（TAINSコード　消費事例003136）（JV工事におけるスポンサーメリット）

22 売上原価の未確定部分における適正な原価の見積り

当社は、期末直前に請負工事を新規に受注しました。期末までに突貫工事で完成するように厳命された工事でありましたが、昼夜をとわず作業し何とか期末までに完成することができました。受注金額は3,000万円で決まっていましたが、原価については、急ぎの仕事でもあったため金額は決めずに取りあえず当社の協力会社に下請発注しました。

この場合、後日、下請先へ見積りを依頼し、提出された見積書を原価として計上する一方、翌期に発生する残務整理や手直し分も合わせて計上してよろしいでしょうか。

発注先下請工事は期末までに完了しているものの、下請代が期末までに確定していなかった状況と考えられます。この場合、法人税基本通達2—2—1（売上原価等が確定していない場合の見積り）において、期末の現況により適正に見積もるものとされているところ、自社で任意に見積もるのではなく下請先からの下請工事の工事代金にかかる見積書を徴して見積原価として計上することは適正な見積りと認められると考えられます。ただし、残務整理や手直し工事は期末までに完了、発生していません。このような翌期に発生するであろう未確認の残務整理や手直し工事にかかる労務費について見積原価として計上することができるかどうかは、当該費用の性質等を勘案して総合的に判断するとされています（法基通2—2—1）。

　　　　　　　　＊　　　　　　　　＊

事後的費用については、法人税基本通達2—2—1において「単なる事後的費用の性格を有するものはこれに含まれないことに留意する。」として、完成工事原価見積対象にはならないとしています。

ここで、発生そのものが不確定な手直し工事はともかく、一般的に発生が確実と思われる残務整理について、見積原価計上が許容されるかどうかは、以下の判例が参考となります。

① 昭和47年10月27日東京高裁の判決では「一般に公正妥当と認められる会計処理においても未確定の債務を損金に計上し、又は将来生ずるであろう負債で金額の確定しないものを引受金として計上することは認められていない」と判示しています。

② 昭和45年7月15日東京地裁の判決では「見積原価が認容されるためには少なくとも(1)具体的にその金額を見積り得ること、(2)継続的にその方法を用いることが健全な会計処理上必要であること」旨判示しています。

③ 昭和57年11月17日大阪地裁の判決では「法22条3項2号には当該事業年度終了の日までに債務の確定しないものを除く旨の括弧書があるのに同項1号にはこれがないので1号原価は、債務の確定を要しないのではないかという疑問が生じる。しかし損金として計上するためには、少なくともその金額を見積る必要があるから、1号原価についてもその金額見積りが可能な程度に債務の内容が特定していること、すなわち見積りの前提となる債務発生の原因たる事実（債務発生項目）は確定していることが必要であり、この意味での債務の確定を要すると解するのが相当である。」とされています。

▶ ポイント

見積原価の計上は期末の現況により適正な見積りができることが必要です。また、事後的費用は計上が認められていませんので、注意が必要です。

参考法令等

法人税法第22条の2第4項
法人税基本通達2－2－1（売上原価等が確定していない場合の見積り）

参考判決例等

昭和47年10月27日東京高裁判決
昭和45年7月15日東京地裁判決
昭和57年11月17日大阪地裁判決

第1章 収益・費用計上(受取配当金・棚卸資産を含む)をめぐる税務判断

23 特許権とそれに付帯するノウハウを使用許諾開示した場合の収益計上時期

当社は、A社との間で、原材料の加工に関する特許権の使用許諾とノウハウの開示に関する契約を締結しました。契約では、対価として3億円を収受することにしましたが、契約の時点で3億円を一時の収益に計上しなければならないのでしょうか。

なお、契約では、対価として、特許権使用許諾料は1億円、ノウハウの開示料は2億円とし、2年に分割して収受することになっており、都合3億円の対価の収受時期に関しては、契約後速やかに1億円、1年後に1億円、2年後に1億円を収受することになっています。ノウハウの開示については、1年目にすべて行うものとしています。

特許権使用許諾やノウハウの開示にかかる収益の計上については、法人税基本通達(以下、「法基通」)2—1—30、30の2、30の3、30の4、30の5に取扱いが示されています。貴社の場合も、これらの取扱通達に沿って収益計上することになります。

なお、ノウハウの頭金等の収益の計上単位については、法基通2—1—1の6に定めがあります。また、収益計上時期の通則的な定めとしては、法基通2—1—21の2及び2—1—21の3がありますが、特許権の使用許諾料等についてはこれら通則的な取扱いに優先して取り扱われます。追って、工業所有権(特許権を含む)の譲渡に係る収益の計上時期に関しては法基通2—1—16に規定されていますが、本件のケースは譲渡ではありませんので適用がありません。

　　　　　　　　＊　　　　　　　　＊

さて、貴社のケースでは、特許権の使用許諾とノウハウの開示とは異なる履行義務ですので、収益計上時期も分けて検討します。

まず法基通2―1―16において工業所有権とは、「特許権、実用新案権、意匠権及び商標権並びにこれらの権利に係る出願権及び実施権をいう」とされており、特許権は工業所有権に含まれますので、本件、特許権の使用許諾の収益計上時期は、工業所有権の実施権の設定に係る収益の帰属の時期について取扱いを定めた、法基通2―1―30の2により判断することになります。

　契約の詳細は不明ですが、この取扱通達によると、特許権使用許諾料1億円は、次のいずれかの日の属する事業年度に一時の収益として計上することになります。

(1)　その設定に関する契約の効力発生の日
(2)　その設定の効力が登録により生ずることとなっている場合におけるその登録の日

　次にノウハウの開示に係る対価2億円の収益計上時期については、ノウハウの頭金等の帰属の時期について定めた法基通2―1―30の3の取扱いによることになります。

　本問のケースでは、ノウハウ開示の対価2億円の支払いは1億円ずつ2回の分割払いとされていますが、開示自体は分割でなく、契約1年目にすべて完了とされていますので、本通達の取扱いにより、開示の対価2億円は開示が完了した1年目の事業年度で全額収益に計上することになります。

　なお、分割開示ではなく、また、一定の期間毎にその金額を確定させて支払いを受けることにもなっておらず、選択権の提供もないので、法基通2―1―1の6の適用はありません。

　もっとも、契約の詳細は不明ですが、支払いを受ける一時金または頭金が返金不要なものであれば、法基通2―1―40の2により、本件特許権の使用許諾料及びノウハウ開示料は原則として取引開始時の収益に計上することとなります。

第1章 収益・費用計上（受取配当金・棚卸資産を含む）をめぐる税務判断

● 参考法令等 ●●●●●●●●●●●●●●●●●●●●●●●●●●●●●●●●●●●●●

法人税法第22条の2（収益の額）

法人税基本通達2―1―1の6（ノウハウの頭金等の収益の計上の単位）、2―1―21の2（履行義務が一定の期間にわたり充足されるものに係る収益の帰属の時期）、2―1―21の3（履行義務が一時点で充足されるものに係る収益の帰属の時期）、2―1―30（知的財産のライセンスの供与に係る収益の帰属の時期）、2―1―30の2（工業所有権等の実施権の設定に係る収益の帰属の時期）、2―1―30の3（ノウハウの頭金等の帰属の時期）、2―1―30の4（知的財産のライセンスの供与に係る売上高等に基づく使用料に係る収益の帰属の時期）、2―1―30の5（工業所有権等の使用料の帰属の時期）、2―1の40の2（返還不要の支払の帰属の時期）

企業会計基準第29号・収益認識会計基準

企業会計基準適用指針第30号・収益認識会計基準の適用指針

24 日影補償を店子に負担させた場合

 当社は、ビル一棟を是非賃借したいとの強い要請を受けて、所有する土地に賃貸用オフィスビルを建築中です。建築にあたっては近隣住民・事業者との間に日影補償等の問題が生ずると見込まれ、建設会社、賃借予定者とともに近隣住民・事業者との折衝を行っています。

この建築の経緯から、賃貸借の条件として、日影補償はこの賃借予定者が負担することを約しました。したがって、日影補償は当社から支出することはなく、賃借予定者が当社名義で対象の近隣住民・事業者に支払うことになります。

当期中に補償問題は決着する見込みで賃借予定者から補償費を支払いますが、約定により当社はこれを支出しないことから、当期の建設仮勘定にはこの支払いを計上しませんが、問題があるでしょうか。

なお、賃借予定者においては支払った補償費は借家権として処理する予定だと聞いています。

 当期中に支払いが行われるなら、貴社の当期決算において経済的利益（債務免除益）として益金計上することになります。

＊　　　　　　　　＊

仕訳を示せば、次のようになるでしょう。
　　借方　建設仮勘定（日影補償費）　／　貸方　未払費用（日影補償費）
　　借方　未払費用（日影補償費）　　／　貸方　雑益（債務免除益）

日影補償は、一般的には建物の建築主が負担すべきものと考えられており、どのような事情があれ、建築主が負担せず建物賃借人が負担した場合は、建築主は建物賃借人から経済的な利益を得たものと考えられます。

なお、この日影補償費支払いの流れは、建築主が権利金（借家権）の一部

支払いを受けてそれを日影補償費の支払いに充てたと見ることも可能でしょう。そう見れば、貴社は益金としてこの金額を受取権利金に充当・計上すべきであるともいえますが、権利金の授受として合意していない以上、日影補償費支払債務が消滅した債務免除益として計上するのが妥当と考えられます。

　もっとも、時間的なタイミングのずれはあっても、低額な賃料とするなど建築主が負担していると認められる場合は、当然、経済的利益は発生しません。

▶ポイント

本来負担すべきものを、他人に負担させたときは経済的利益の供与を受けたこととなり、益金として計上する必要があります。

参考法令等

法人税法第22条第2項

参考判決例等

昭和60年6月21日国税不服審判所裁決

▶ Q1〜Q39

25 関連法人の受取配当金と益金不算入

 当社自身の持株は25％である関連会社（A社）ですが、当社の子会社（当社の持株100％）であるB社の持株を加味すると50％を超える場合、A社株式は関連法人株式等に該当するのでしょうか。

 関連法人株式等に該当します。この場合、配当金から一定の計算による負債利子控除額を差し引いた金額が益金不算入となります（法令19）。

　　　　　　　　＊　　　　　　　　＊

　関連法人株式等については、法人税法第23条第4項にて「第1項に規定する関連法人株式等とは、内国法人（当該内国法人との間に完全支配関係がある他の法人を含む）が他の内国法人…の発行済株式又は出資の総数又は総額の3分の1を超える数又は金額の株式等を有する場合の株式等」と規定されています。当社100％出資の子会社B社とは完全支配関係があるので、子会社B社の所有するA社の持株数を加味して関連法人株式等に当たるかどうかを判断することになり、したがって、A社は貴社の関連法人に該当します。

　なお、関連法人株式等に関して、持株割合の判定にあたって配当する関連会社が自己株式等を所有しているときは分母から自己株式分を差し引いて持株割合を算定することとされています（法法23④）。

▶ ポイント

　株式の持株割合は、内国法人の完全子会社が有する株式を含めた持分で判断します。

第1章　収益・費用計上（受取配当金・棚卸資産を含む）をめぐる税務判断

参考法令等

　　法人税法第23条第4項
　　法人税法施行令第19条、第22条

26 使い込みと損害賠償金の収益計上時期

Q 当社は同族会社ですが、前社長の退任を機に、前社長が愛人を作って手当を支給するために、取引先の社長と結託して仕入金額を水増しし、水増した分を社長の銀行口座に振り込ませていたことが判明しました。そこで取締役会で、前社長への損害賠償金を請求することにしました。この場合、前社長への損害賠償金を当期の収益として計上しなければなりませんか。

A 収益に計上しなければなりません。
＊　　　　　　　　＊
前社長が仕入金額を水増しして水増し分を個人口座へ入金させて費消していたとすると、確かに前社長の使い込みと考えられます。税務調査において発覚すれば、水増し分の仕入金額の否認と前社長への定期同額以外の給与として処分されるものと考えられます。今回のような法人サイドでの前社長に対してする損害賠償金の請求は、役員としての背任横領という不法行為が原因ですので損害賠償請求をすることは当然と考えられますが、同時に、貴社は当該背任横領に伴う特別損を計上することになりますので、その仕訳は、

　　借方　特別損失　×××円　／　貸方　仕入過大　×××円
　　　　　未収入金　×××円　／　　　　損害賠償金収入　×××円

になると考えられます。
　損害賠償金収入については、法人税基本通達2—1—43（損害賠償金等の帰属の時期）において「他の者から支払を受ける損害賠償金…の額は、その支払を受けるべきことが確定した日の属する事業年度の益金の額に算入するのであるが、法人がその損害賠償金の額について…」とされています。これ

は「他の者から」の支払いを受けるものであって、本件のように当事者の代表者が自ら行った「不法行為による損害賠償請求権については、通常損失が発生した時には損害賠償請求権も発生し確定しているからこれらを同時に損金と益金に計上するのが原則であると考えられる」と東京高裁平成21年2月18日判決で判示されているように、収益に計上することになります。また過年度分についても同様に考え、修正申告をすることが必要になることを申し添えます。

> ▶ ポイント
>
> 　社長や役員、経理部長などの役職者の使い込み等に対する損害賠償請求額は、損失が判明した時点で損失の計上と同時に益金に計上することになります。なお、この損失計上は仕入過大否認と見合いですので、この損失計上によって、課税所得が減少することはありません。

▶ 参考法令等

法人税基本通達2―1―43（損害賠償金等の帰属の時期）

▶ 参考判決例等

昭和43年10月17日最高裁判決
平成21年2月18日東京高裁判決
平成26年1月29日広島高裁判決（平成26年12月4日最高裁不受理決定）

27 大家から立退料をもらった場合の収益計上時期

当社は、大家さんからの要請で現在借りているビルを退去することになりました。退去にあたって交渉の末、当社の期末までに立ち退くことを約して立退料3,000万円を期中に受領しましたが、期末になってもまだ明渡しが済んでいません。引越しするとなると転居先への引越費用や入居関係費が相当かかるものと見込まれますので、預り金のまま期末を迎えましたが、引越しするまでこのままの処理でよろしいでしょうか。収益を計上する場合は、引越し代や礼金、仲介料を見積もって計上してもよろしいでしょうか。

貴社は3,000万円を受領していますので、収益は受領した時に確定したものとして益金の額に算入すべきものと考えます。

　　　　　　　　＊　　　　　　　　＊

昭和54年3月30日東京地裁の判決では「本件建物に関する賃貸借契約が昭和46年11月4日訴訟上の和解により合意解除され、同月9日本件2,000万円を原告がK商店から受領したことは当事者に争いがなく、また本件2,000万円の性格が本件の建物の明渡しの代償として支払われた立退料であることは、先に確定したところである。そうであるならば、本件2,000万円は建物の明渡しの履行を待つまでもなく、本件事業年度の益金に属するものというべきである。」と判示しています。

このような判決がある以上、本問の3,000万円は実際の建物明渡しの履行を待つまでもなく、受領した日の属する事業年度の益金の額に算入することになります。ただ、明渡しの代償として支払われたものとしながら、なぜ「明渡しの履行を待つまでもなく」とされるのか、分かりにくいところですが、立退料の支払いは「建物の明渡しと引換えに建物の賃借人に対して財産

上の給付をする旨の申出」(借地借家法28)による支払いである以上、そもそも明渡しの履行を前提とした支払いではないことが(立ち退かなければ支払わないとの条件ではない)、その判断の根底にあると推測します。また、立退料の内容はケースに応じて千差万別と思われますが、一般的には、将来の引越費用や逸失利益などであることを勘案すると、法人税基本通達2－1－40(将来の逸失利益等の補塡に充てるための補償金等の帰属の時期)の内容に類似しており、この点からも受領した時の益金と扱われるのは妥当と考えられます。

　なお、引越し代金や礼金・仲介料については法人税法第22条第3項第二号に該当し、収益に対する原価ではありませんから費用収益対応の原則は適用されず、債務が確定していない限り損金とはならず、見積計上もできません。

▶ポイント

　立退料は、明渡しの代償であっても、明渡しの履行を条件として授受されるものではありませんから、受領した時に収益に計上すべきものとされます。債務が確定していない引越費用等の見積計上は認められません。

参考法令等

法人税法第22条第2項、第3項第二号
法人税基本通達2－1－40(将来の逸失利益等の補塡に充てるための補償金等の帰属の時期)
借地借家法第28条

参考判決例等

昭和54年3月30日東京地裁判決

28 損害賠償金の収益計上時期

下請先である取引先の納期の遅れに対し、当方で突貫工事を行いそれにかかった追加費用1,500万円を損害賠償金として請求しました。交渉の結果、示談書及び金銭消費貸借契約書（以下、示談書等という）を交わし和解しました。この1,500万円の損害賠償金については一度に払う資金が下請先にないことから、今後当社から発注する工事の支払いの際に、発注額の2割を上限に分割して支払ってもらうことにしました。1,500万円の収益計上については、受領した時に収益に計上していくということでよろしいでしょうか。

なお、毎期末まで損害賠償金の残高に対して年1割の利息を付加するということでも合意しています。

1,500万円は、下請先と示談書等を取り交した日の属する事業年度の益金の額に算入すべきと考えられます。

＊　　　　　　　＊

損害賠償金の収益計上時期については、法人税基本通達2―1―43において「その支払を受けるべきことが確定した日の属する事業年度の益金の額に算入するのであるが、法人がその損害賠償金の額について実際に支払を受けた日の属する事業年度の益金の額に算入している場合には、これを認める」と規定されています。

したがって、本問においても、実際に支払いを受けた日の属する事業年度の益金の額に算入することも可能と考えられるところ、示談にあたって支払先の支払能力を勘案して、示談と同時に作成した消費貸借契約書は、工事発注を前提として発注額の2割を上限に外注代から控除（支払い・返済）する契約内容となっており、貴社が工事発注を継続する限り、貸付金（損害賠償

金)の回収(支払い・返済)は確実であることから、回収(支払い)に不確実な要素がない本問のようなケースでは、実際に支払いを受けた日に益金に算入する例外を認める理由はなく、原則どおり、支払いを受けるべきことが確定した日の益金に算入すべきであると考えられます。

支払いを受けることは、示談書等の取り交わしにより、下請先が工事遅れの責を負うこと、及び、損害額が1,500万円であることを認め、これを消費貸借契約に従って支払いをすることを約した時に確定したと考えられますので、上記のとおり、示談書等を取り交した日の属する事業年度の益金の額に算入すべきと考えられます。

以上を整理して仕訳で示せば、以下のとおりです。

  示談書等取交し日　　借方：貸付金1,500万円／貸方：雑収入1,500万円
  買掛金100万円支払時　借方：買掛金　100万円／貸方：現預金　80万円
                   貸付金　20万円

発注を取り止めた場合は、支払い(返済)を受けることができなくなりますが、それは貸倒損失計上可否の問題でしょう。

▶ポイント

> 法人税基本通達2―1―43(損害賠償金等の帰属の時期)において「法人がその損害賠償金の額について実際に支払を受けた日の属する事業年度の益金の額に算入している場合には、これを認める。」とされていますが、支払い(返済)に不確実な要素がない本問のようなケースでは、原則どおり、支払いを受けるべきことが確定した日の属する事業年度の益金の額に算入すべきであると考えられます。**Q39・平成16年4月20日大阪地裁判決参照。**

参考法令等

法人税基本通達2―1―43(損害賠償金等の帰属の時期)

参考判決例等

平成16年4月20日大阪地裁判決

第1章　収益・費用計上（受取配当金・棚卸資産を含む）をめぐる税務判断

29 製造業等を営む法人での本社一括仕入における棚卸資産の取得価額への経費配賦

当社は製造業を営んでいますが、各工場で使用する原材料は本社で一括購入しています。購入にかかる購入事務費等は、原材料等の取得価額に算入しなければなりませんか。

法人税法施行令第32条第1項第一号において購入した棚卸資産については、

「イ．当該資産の購入の代価（引取運賃、荷役費、運送保険料、購入手数料、関税…その他当該資産の購入のために要した費用がある場合には、その費用の額を加算した金額）

ロ．当該資産を消費し、又は販売の用に供するために直接要した費用の額」

と規定し、イ．ロ．の合計額が取得価額とされていることから、購入事務費も購入のために要したものであることは明らかであるので、取得価額に加算することになります。

ただし、法人税基本通達5―1―1（購入した棚卸資産の取得価額）において買入事務等に要した費用の額が、購入の代価の概ね3％以内の少額である場合には、取得価額に算入しないことができると規定しています。購入事務費は通常それほどのウエイトを占めるものではないので、棚卸資産の取得価額には算入しなくても問題はないといえます。

▶ Q1〜Q39

▶ ポイント

購入事務が概算で購入代価の3％以内かどうか検証しておいて下さい。

参考法令等 ••

法人税法施行令第32条第1項第一号
法人税基本通達5－1－1（購入した棚卸資産の取得価額）

30 贈与を受けたバイクの取得価額（贈与を受けた側）

当社は、機械部品の卸売業者（資本金2億円）ですが、取引先から販売促進期間の取引高が好成績であったことより、バイク（市場価格20万円相当）の贈与を受け営業に使っています。このバイクの取得に係る税金や保険料及び登録手数料（3万円）については当社で負担しました。このバイクは20万円以下なので、法人税基本通達4─2─1を適用して経済的利益はないものと考えてよろしいでしょうか。バイクには特に、取引先の広告やロゴマークなどはありません。

貴社が受けたバイクは取引先の販売促進に対する一定の貢献度合から贈与を受けたものですが、法人税基本通達4─2─1（広告宣伝用資産等の受贈益）で規定する広告宣伝用の表示がないことから、広告宣伝用資産には該当しないものと考えられます。よって、30万円以下であっても、同通達前段の取扱いにより、受贈益を計上する必要があります。

＊　　　　　　＊

　同通達前段では、取得のために貴社が負担した3万円を控除した金額を経済的利益として、益金に算入するとされていますので、貴社の益金計上額は17万円になります。しかし、減価償却資産として贈与を受けたバイクは法人税法施行令第54条第1項第六号から、その取得価額は同号の「イ　その取得の時における当該資産の取得のために通常要する価額」については時価の20万円が帳簿価額に計上されることになります。法人税法第22条第2項、第4項及び同通達により、益金に加算する金額は、バイクの時価20万円から保険料及び登録手数料の3万円を控除した17万円になります。

　この金額でバイクを固定資産に計上し、通常の減価償却をしていくことになります。

〈仕訳〉

借方			貸方	
車輌運搬具	20万円	／	受贈益	20万円
登録手数料等	3万円	／	現　金	3万円
受贈益	3万円	／	登録手数料等	3万円

▶ポイント

　贈与を受ける場合、現金であっても、物であっても法人税法的には同じ取扱いになります。

　ただし、今回のケースとは違いますが、取扱高に応じて受け取る金銭の場合は、仕入の割戻しとしての取扱いから消費税の課税対象取引になることを付言しておきます（消費税法基本通達14―1―2）。

参考法令等

法人税法第22条第2項、第4項
法人税法施行令第54条第1項第六号
法人税基本通達4―2―1（広告宣伝用資産等の受贈益）
消費税法基本通達14―1―2（事業者が支払う販売奨励金等）

第1章 収益・費用計上（受取配当金・棚卸資産を含む）をめぐる税務判断

31 火災保険契約の締結と1年分の保険料の未払計上

Q 当社は新築した工場建屋について、保険会社との間で保険期間を1年とする火災保険契約を12月に締結しました。保険料は毎月の分割払いとし、初回支払いは12月、年間保険料は1,200万円です。契約書が届いた時点で未払費用として1,200万円について損金に計上し、毎月100万円ずつ支払っていますが、何か問題はありますか。当社の決算は3月です。

A まず、期末までに保険料全額が支払われていないことから、短期前払費用には該当しません（短期前払費用についてはQ32を参照）。また火災保険契約は契約を締結しただけでは保険料支払債務が確定せず、月払いの場合は契約で定められた支払月に支払債務が成立・確定します。翌期に確定する8か月分800万円は税務上、債務確定基準を充足していないため、当期の費用として損金に算入することは認められません。

▶ポイント

　一定の契約に基づき、継続的に役務提供を受けるために支出した費用で当期末までに提供を受けた役務に対応するもの以外（前払費用）は原則として、翌期以降の費用になります。まだ提供を受けていない役務に対応するものは、当期の損金に算入されません。ただし、1年以内に提供を受ける役務に係るものを支払った場合は、一定の条件の下に短期前払費用特例の対象となります。

参考法令等

法人税基本通達2—2—12（債務の確定の判定）、2—2—14（短期の前払費用）

32 リース料2年分の前払処理

当社は備品リース会社と5年リースで契約し、12月にリース料のうち2年分(3万2,400円×24か月＝77万7,600円)を支払いました。このうち1年分の38万8,800円を短期前払費用として損金に計上し、残りの1年分38万8,800円を前払費用に計上しました。何か問題はありますか。なお、当社は3月決算会社です。

短期前払費用として、税務上、損金算入が認められる支払いは支払った日から1年以内に提供を受ける役務に係るものの支払いです(法人税基本通達2—2—14(短期の前払費用))。

ご質問の場合、支払金額のうち、1年分を短期前払費用として損金に計上し残りの分を前払費用に計上していますが、本通達は企業会計上の重要性の原則に合わせて費用の期間対応処理を緩和した措置として、あくまで、1年以内に提供を受ける役務に係るものを支払った場合の取扱いですから、1年を超えて提供を受ける役務に係るものを合わせて支払った場合には適用がなく、原則的な処理をする必要があると考えられます。

法人税法第22条第4項に規定する「一般に公正妥当と認められる会計処理の基準」として位置づけられる「企業会計原則」の「注解」の[注5]経過勘定項目では、「(1)前払費用　前払費用は、一定の契約に従い、継続して役務の提供を受ける場合、いまだ提供されていない役務に対し支払われた対価をいう。従って、このような役務に対する対価は、時間の経過とともに次期以降の費用となるものであるから、これを当期の損益計算から除去するとともに貸借対照表の資産の部に計上しなければならない。」とされています。

この意味でも、支払った時点で77万7,600円全額を前払費用に計上し、期末に役務の提供を受けた4か月分を費用に計上することが税務上も求められ

第1章 収益・費用計上（受取配当金・棚卸資産を含む）をめぐる税務判断

ると考えます。

▶ ポイント

　支払った日からあしかけ1年以内に提供を受ける役務に係るものの支払いでない限り、短期前払費用には該当しません。企業会計上「重要性の原則」に基づく経理処理ともいわれます。

参考法令等

　法人税法第22条第4項
　法人税基本通達2—2—14（短期の前払費用）
　企業会計原則注解［注5］

▶ Q1～Q39

33 建築工事と役務提供業務における収益の計上時期

 当社は、建築工事等と工事現場における設計施工監理を業務としています。ご相談したい案件は、同一契約書の中で建築工事等と設計施工監理を同時に受注したものです。当社は、建築工事等の収益計上については通常の引渡し基準を採用し、設計施工監理については業務の完了基準を採用して収益に計上しています。建築工事等については、期末までに完成し、鍵の引渡しが終了したことから売上に計上する一方、設計施工監理契約の方は設計図書の製本が遅れ納品が間に合わないので、売上に計上しませんでした。何か問題はありますか。請求書は双方とも契約どおりに請求しています。

 貴契約は、一の契約に建築工事の請負と設計施工監理の請負とを規定したものとなっていると考えられますが、この場合、収益の計上単位をどう捉えるかが問題となります。

法人税基本通達（以下、「法基通」）2－1－1（収益の計上の単位の通則）によれば、個々の契約毎に計上することを原則としつつ、一の契約の中に複数の履行義務が含まれている場合には、それぞれの履行義務に係る資産の販売等毎に計上することになります。ただし、本通達（注）2を考慮する必要がありますが、本問の場合、契約の詳細は不明ですので、この（注）の適用はないものとします。

したがって、本問の場合、建築工事の請負と設計の請負、施工監理の請負とは別々の履行義務として収益計上時期を検討します。

請負に係る収益の帰属の時期については、法基通2－1－21の7に規定されており、原則として引渡し等の日の属する事業年度の益金の額に算入される取扱いとなっています。なお、本問の請負は、本通達但し書きの履行義務

が一定の期間にわたり充足されるもの（法基通2―1―21の4）には当たらないと考えられます。

　さらに、請負契約の内容が建設工事等を行うことを目的とするものであるときは、法基通2―1―21の8（建設工事等の引渡しの日の判定）により引渡しの日を判定することになりますので、本問の建築工事の請負についても、本通達により、作業を結了した日、相手方の受入場所へ搬入した日、相手方が検収を完了した日、相手方において使用収益ができることとなった日等当該建設工事等の種類及び性質、契約の内容等に応じその引渡しの日として合理的であると認められる日のうち法人が継続してその収益計上を行うこととしている日によることになります。

　具体的には、貴社は建築工事については継続して鍵の引渡しが完了した日の属する事業年度の収益としていますので、本問の建築工事についても、鍵の引渡しが完了した当期に収益に計上することになります。

　請負に係る収益の帰属の時期については、法基通2―1―21の7が一般原則ですが、技術役務（設計、作業の指揮監督、技術指導その他の技術役務）の提供については、法基通2―1―21の10によることになります。本問の設計施工監理は技術役務の提供ですので、法基通2―1―21の10により収益（報酬）の計上時期を判断します。そうすると、原則としてその約した役務の全部の提供を完了した日の属する事業年度の益金の額に算入することになります。

　ただし、技術役務の提供に係る収益の計上の単位については、収益の計上の単位の通則である2―1―1の特例として法基通2―1―1の5に定めがあるものの、本問の契約の詳細は不明ですので法基通2―1―1の5の適用はないものとします。

　そうすると、本問の場合、その約した役務の全部の提供を完了した日の属する事業年度の益金の額に算入することになりますが、当期末までに設計図書の納品を除いて完了しているものの、この設計図書の納品未了が、本契約の役務の提供が完了したかどうかの判断にどう影響するか検討する必要があ

ります。

　貴社が受注・契約したのは、設計施工監理です。一般的に、設計と施工監理とは性質の異なる役務提供であるから、この設計と施工監理とも、法基通２―１―１（収益の計上の単位の通則）(2)により、別個の履行義務と考えられます。

　施工監理については、建築工事が完了し引渡しも済んでいることから、当然、施工監理についても役務の提供は完了していると考えられるところ、法基通２―１―21の７（請負に係る収益の帰属の時期）の取扱いの原則により、引渡し等の日の属する事業年度の益金の額に算入されることになると考えられます。したがって、施工監理に係る収益は、当期に計上すべきです。

　設計請負の検討が後回しになりましたが、通常、設計役務提供は建築工事に先立って完了していると考えられるところ、建築工事の進行の中でいくらかの設計変更が行われるとしても工事が完了した時点では、当然、設計役務の提供も完了していると考えられます。本問の場合、この設計役務の中に設計図書の製本引渡しも含まれており、これが期末までに完了していなかった状況にあるようです。しかし、設計役務の中核は設計そのものであり、中核の役務提供は期末までに完了しており、当然、本問のケースでは設計図面の作成そのものは期末までに完了していたと認められるところ、付随的な製本及びその納品が期末までに完了しなかったというものですから、Ｑ６で引用した昭和54年11月15日・神戸地裁判決で「一部が未完成となつた場合において、右未完成部分が全工事中の極めて僅かの部分割合にすぎず、かつ、付随的、仕上的な内容のもので、極めて僅かの時間内に処理することができ、右事業年度に引続き容易に完成し得るものと認められるような場合にあつては右工事の収益は当該事業年度に帰属するものと解するを相当とする」と判示されているとおり、本設計役務提供の対価は当事業年度の収益に計上すべきものと考えます。なお、この判決は建築工事請負に関するものですが、本問の設計業務も請負ですから付随的なものの考え方は踏襲できるでしょう。

　なお、法令上、付随的なものかどうかについての判断基準は必ずしも明確

ではありません。この点、公正妥当と認められる会計処理の基準の一つと考えられている企業会計基準に沿って経理すれば是認され得ると考えられるところ、企業会計基準適用指針第30号・93項において「会計基準第32項の定めにかかわらず、約束した財又はサービスが、顧客との契約の観点で重要性が乏しい場合には、当該約束が履行義務であるのかについて評価しないことができる。顧客との契約の観点で重要性が乏しいかどうかを判定するにあたっては、当該約束した財又はサービスの定量的及び定性的な性質を考慮し、契約全体における当該約束した財又はサービスの相対的な重要性を検討する」とされていることから、本問における付随的な約束である設計図書の納品は、重要性に乏しく、履行義務ではないと判断することは公正妥当と認められる会計処理の基準に沿った判断であるといえます。

以上、建築工事、施工監理、設計、それぞれの請負について収益計上時期を検討しましたが、いずれも当期に計上すべきと考えられます。

▶ポイント

　一の契約に複数の履行義務が含まれている場合、原則として、それぞれの履行義務について義務の充足が判断されます。
　なお、売上の計上時期は取引相手の処理にも影響を与えることがあります。
　しかし、売上の計上は貴社が継続的に採用している計上基準ですべきであり、取引相手の仕入や資産計上基準と相違があっても継続して同じ計上基準を採用していれば、税務上否認されることはないと考えます。

▶Q1〜Q39

参考法令等

法人税法第22条第4項、第22条の2第1項

法人税基本通達2－1－1（収益の計上の単位の通則）、2－1－1の5（技術役務の提供に係る収益の計上の単位）、2－1－21の4（履行義務が一定の期間にわたり充足されるもの）、2－1－21の7（請負に係る収益の帰属の時期）、2－1－21の8（建設工事等の引渡し日の判定）、2－1－21の10（技術役務の提供に係る報酬の帰属の時期）

収益認識会計基準13項、同基準適用指針93

民法第632条、第637条、第624条第1項

参考判決例等

昭和54年11月15日神戸地裁判決（理由 第1中「2」(4)芦谷プリンス工事について・第3段落）・（TAINS・Z109-4500）

第1章 収益・費用計上（受取配当金・棚卸資産を含む）をめぐる税務判断

34 同族グループ会社間の業務委託の費用と収益

Q 当社では、グループ内100％子会社に業務委託費として年間600万円を支払っていました。内容は事務処理や決済代行などの委託です。
　今期親会社である当社の利益が増加すると見込まれたので、急遽同費用が年間1,800万円になるように値上げして、期の中途から毎月150万円を支払いました。その結果、今期合計600万円の費用が増加しました。この処理で問題ありませんか。

A 　グループ会社間の業務委託費等の取引については、第三者間取引と同様の適正な対価の受授であるかが問題になります。
　対価の算定には、経済合理性や対価の算出計算の妥当性が求められます。仮に、従前の年間600万円が妥当な金額であると仮定して、子会社への業務委託費を水増しして支払い、子会社へ利益を移転（贈与）した場合は、子会社への寄附を業務委託費に仮装して支払ったと認定される恐れがあります。親子会社間に完全支配関係（100％子会社等）がある場合には期中に水増しした600万円の寄附金は全額損金にならないことから同額所得加算されます。さらに仮装行為があったとして、重加算税の対象になりかねません。
　一方で、寄附を受けた子会社の方では業務委託収入として収益に計上されていますが、この受贈益は収益と認識されず、課税対象所得から除かれます。

▶ Q1〜Q39

> **ポイント**
>
> 　税務調査においては、グループ会社間での取引金額はその対価としての適正額かどうかが厳しく問われます。適正なものであることを説明できる資料を備えることが重要です。また取引金額が変動したときは、特に注目されることを念頭において、資料を備えることが肝要です。

参考法令等

法人税法第22条第2項、第4項、第25条の2、第37条第2項、第7項
法人税基本通達2―1―1の10（資産の引渡しの時の価額等の通則）

参考判決例等

平成26年5月28日東京地裁判決

第1章 収益・費用計上（受取配当金・棚卸資産を含む）をめぐる税務判断

代表者が社長就任祝いとして受けた贈答品

 代表者が、社長就任祝いとして取引先から受けた贈答品は会社のものでしょうか。

 何を受けたかは明らかではありませんが、取引先から品物（例えば時計、背広仕立券等）を贈与されたとすると、社長個人に対する取引先からの就任祝いであり、通常の社交儀礼上のものであれば会社とは関係ないものと判断されます。

受けたものが高額であれば、社長個人の所得税法上の問題は生じますが法人には直接関係ないものと考えます。ただし、会社主催の社長就任パーティーなどの場で受けた金品は、すべて会社にて受け入れる必要があります。

代表者は会社を代表していますが、自然人でもあります。

個人としての通常社会生活上の行為と会社からの委任を受けた代表者としての行為は当然に区分されるべきもので、会社から委任を受けた本旨に該当する行為のみが会社に属するものとなります。役員と会社との間の法律関係は委任関係といわれています。その委任に関する民法第646条では「受任者は、委任事務を処理するに当たって受け取った金銭その他の物を委任者に引き渡さなければならない。」とされていますが、代表者が代表に就任すること自体は委任事務を処理するための行為とはいえません。

> ▶ ポイント
>
> 個人的にお祝いを受けても、社会通念上、社交儀礼として妥当な範囲のものであれば、会社の委任事務を処理するにあたって受け取ったものには当たらないといえます。

▶Q1～Q39

民法第646条

36 信用保証料の前払処理

このたび信用保証協会の保証を付け、銀行から期間5年の借入れをしました。このときに支払った信用保証料は借入期間中の保証に対する対価ですから、支出の効果が1年以上に及ぶと考えられます。そこで繰延資産として処理したいと思いますが、いかがでしょうか。

繰延資産ではなく、前払費用として経理するのが妥当です。
この場合、前払費用となる金額は事業年度末において未経過の期間に対応する金額となります。

＊　　　　　　＊

　税務上、繰延資産とは「支出する費用のうち支出の効果がその支出の日以後1年以上に及ぶもの」で一定のものとされています（法法2二十四）。そうすると、1年以上の借入期間の保証に対する対価である信用保証料は繰延資産に当たるようにも見えます。
　しかし、この「支出する費用」からは資産の取得に要した金額とされるべき費用（筆者注：資産の取得費用）及び前払費用を除くとされており（法令14①）、信用保証料がこれらの費用に該当すれば繰延資産とすることはできません。
　そこで、信用保証料がこれらの費用に当たらないかどうか見極める必要があります。
　まず、本件の場合、資産の取得費用でないことは明らかでしょう。
　前払費用については、税務上、「法人が一定の契約に基づき継続的に役務の提供を受けるために支出する費用のうち、その支出する日の属する事業年度終了の日においてまだ提供を受けていない役務に対応するものをいう。」とされています（法令14②）。

この点、信用保証料は、「保証する債務の額と保証する期間に応じて算出されるものであって、保証金額の多寡のみならず保証期間の長短にも比例するものであり、また、最終返済日前に完済された場合及び保証条件が変更された場合に信用保証料が返戻される一方、（債務会社が）借入金債務の履行を延滞したときにはその延滞期間に応じて別途延滞保証料が徴収されることに照らすと、…信用保証料は、上記内容の信用保証という一定期間の継続的な役務の提供に対する対価としての性質を有する」として、一定の契約に基づき継続的に役務の提供を受けるために支出した費用であり、法人税法上の前払費用に該当すると判示した判例があります（平成17年1月12日名古屋高裁判決　平成16年（行コ）第2号）。
　したがって、信用保証料は前払費用と扱うのが妥当でしょう。
　この場合、支出した事業年度末において前払費用となる金額は「その支出する日の属する事業年度終了の日においてまだ提供を受けていない役務に対応するもの」となりますから、信用保証料の場合は、事業年度末における未経過期間に対応する金額あるいは事業年度末の未返済債務に対応する金額となります。
　上記判決においては、信用保証料は、「全保証期間を通じてのものとして算出された金額であるから、全保証期間分の信用保証料を保証期間月数で除して、これに未経過月数を乗じた額をもって…次年度以降の事業年度の費用となるべき信用保証料の額（筆者注：前払費用）であるとする計算方法は、その方法において合理的かつ簡便であって、一般に公正妥当と認められる会計処理の基準に合致する合理的な方法というべきである」として、期間按分により、未経過期間に対応する金額を前払費用とした処分庁の計算は法人税法第22条第4項所定の一般に公正妥当と認められる会計処理の基準を満たすものであると判示しています。未返済債務残高に対応する金額とする方法も合理性は否定していませんが、この方法は早期完済等により保証会社が負担する弁済のリスクが現実に消滅あるいは軽減されたことに伴って、これに対応する信用保証料額を算出しようとするものであって、法的、経済的に異な

る観点から収益に対応する費用である信用保証料の費用としての割り付けを計算する方法としては、期間按分がより合理的である旨滲ませています。

繰延資産の一つに「役務の提供を受けるために支出する権利金その他の費用」（法令14①六ハ）があります。これは支出の効果は1年以上に及ぶものの、権利の設定及びこれに類する行為の対価である点で継続的な役務の提供を前提とした前払費用と区分されます。

なお、信用保証料を繰延資産とした場合、税務上、償却費として損金経理をした金額のうち、支出の効果の及ぶ期間を基礎として計算した償却限度額に達するまでの金額が損金算入されます（法法32①）。具体的には、繰延資産の額を費用の支出の効果の及ぶ期間の月数で除し、事業年度の月数を乗じた金額を限度として損金算入することになりますから、事実上、各事業年度の損金に算入される金額は前払費用とした場合と大差はないでしょう。期間1年未満の短期借入に対する信用保証料については、繰延資産的に扱えば効果の及ぶ期間が1年未満ですから支払った事業年度の損金となりますが、短期前払費用の場合、収益の計上と対応させる必要があるときは、支払った事業年度の損金とする短期前払費用の扱いが認められませんので、違いが出てきます（法基通2―2―14（短期の前払費用））。

▶ポイント

繰延資産は「支出する費用のうち支出の効果がその支出の日以後1年以上に及ぶもの」で一定のものとされていますが、この「支出する費用」からは資産の取得費用及び前払費用が除かれています。

参考法令等

法人税法第2条第二十四号、第32条第1項
法人税法施行令第14条第1項、第2項
法人税基本通達2―2―14（短期の前払費用）

▶Q1～Q39

参考判決例等

平成17年１月12日名古屋高裁判決（平成16年（行コ）第２号）

第1章　収益・費用計上（受取配当金・棚卸資産を含む）をめぐる税務判断

　製造原価中の消耗品等の取扱い

　当社は機械メーカーですが、製造原価となる消耗品も棚卸資産に計上しています。計上の基準としては、開封、未開封をもって区分していますが、処理上問題があるでしょうか。

　製造原価となる消耗品も、原則として棚卸資産に計上することになります。計上基準として開封基準を採ることについては、その影響を重要性の観点から判断します。

＊　　　　　　　　　　　　　　＊

　企業会計において棚卸資産の範囲は、企業会計基準第9号「棚卸資産の範囲」28〜31に明らかにされていますが、会計基準は、「連続意見書第四　七　棚卸資産の範囲」を踏襲していますので、同意見書の該当部分を引用します。

　同意見書は、棚卸資産の範囲として、
　①　通常の営業過程において販売するために保有する財貨または用役
　②　販売を目的として現に製造中の財貨または用役
　③　販売目的の財貨または用役を生産するために短期間に消費されるべき財貨
　④　販売活動及び一般管理活動において短期間に消費されるべき財貨

と規定し、さらに、「工場の事務用消耗品は供用されるとともに間接費として製品に化体するから棚卸資産である。製品の実体の一部を構成する包装用品も棚卸資産である。その他の事務用消耗品、荷造用品は販売の対象たる製品に化体しないが、短期的費用財の性格をもつから棚卸資産である。」と解説しています（連続意見書第四　七　棚卸資産の範囲）。

　税務においては、法人税基本通達2—2—15（消耗品費等）で消耗品その

他これに準ずる棚卸資産の取扱いを明らかにしています。

　それによると、消耗品等棚卸資産の取得に要した費用の額は、当該棚卸資産を消費した日の属する事業年度の損金の額に算入するのを原則としつつ、会計上の重要性の原則と同様、各事業年度毎に概ね一定数量を取得し、かつ、経常的に消費するものに限り、その取得に要した費用の額を継続してその取得をした日の属する事業年度の損金の額に算入しているならば、その処理は認められます。ただし、製品の製造等のために要する費用としての性質を有する場合には、当該金額は製造原価に算入することになります。

　以上によると、製造原価となる消耗品も消費した事業年度の損金に算入するのが原則ですから、事業年度末において未使用（未消費）のものは棚卸資産に計上するのが原則です。しかし、重要性の原則から、毎期概ね一定数量を取得し、かつ、経常的に消費するものであれば取得時の損金とし棚卸資産計上を省略することも認められます。

　したがって、本問のように事業年度末において未使用（未消費）のものを棚卸資産に計上すること自体は全く問題がありませんが、計上基準として開封・未開封により仕分けしていることについては、上記通達等の趣旨から重要性の観点に立って妥当性を判断することになります。例えば、梱包の単位が大きく、開封済みであっても個数・数量引いてはその金額が利益に与える影響を無視できないようなケースでは、開封基準は妥当とはいえないでしょう。その線引きは業種業態、事業規模などに左右されますので明確に示された基準はありませんが、毎期同程度の開封済み個数・数量が残るような場合は開封基準も容認されると思われます。

▶ポイント

　製造原価となる消耗品も事務用消耗品等と同様、事業年度末に未使用（未消費）であれば、原則として棚卸資産に計上します。ただし、重要性の原則から利益に与える影響が少なければ、毎期概ね一定数量を取得

第1章 収益・費用計上（受取配当金・棚卸資産を含む）をめぐる税務判断

し、かつ、経常的に消費するものに限り棚卸資産に計上しなくても差し支えありません。

参考法令等

法人税基本通達2—2—15（消耗品費等）
企業会計基準第9号「棚卸資産の評価に関する会計基準」
企業会計原則と関係諸法令との調整に関する連続意見書
　「第四　棚卸資産の評価について」

38 短期前払費用には契約書は必要か、口頭契約でもよいか

  短期前払費用として経理処理するにあたって、支払いの基となる契約について、書面が必要でしょうか。口頭による契約の場合は、短期前払処理はできないのでしょうか。

  口頭契約でもその内容が短期前払費用の要件を充足していれば、その取扱いは認められます。

＊　　　　　　　　＊

　法人税基本通達2—2—14（短期の前払費用）は、短期の前払費用、つまり、前払費用の額でその支払った日から1年以内に提供を受ける役務に係るものを支払った場合において、その支払った額に相当する金額を継続してその支払った日の属する事業年度の損金の額に算入しているときは、これを認める、と規定しています。

　「前払費用」とは、法人が一定の契約に基づき継続的に役務の提供を受けるために支出する費用のうち、その支出する日の属する事業年度終了の日においてまだ提供を受けていない役務に対応するものをいう、とされています（法令14②、法基通2—2—14）。

　この取扱いを適用するにあたって、上記「一定の契約」が書面（契約書）であることを要するのかどうかのご質問です。

　契約を結ぶにあたって契約書が必要かどうかは、税務以前の民法等の法律によって判断する必要があります。一般的には法律上、契約は当事者間に合意（当事者の申込みと承諾の合致）があれば成立するとされ、契約書が必要とされているわけではありません（例：売買契約　民法第555条、賃貸借契約　民法第601条他）。

　税法はそれに特別の規定がない限り、このような私法上の要件を前提とし

ていますので、短期前払費用の取扱いについて契約書の存在を要件としていない以上、前払費用支払いの基となる契約についても契約書は必ずしも必要とはされないでしょう。しかし、そもそも契約書の作成は当事者間で後日のトラブルを防止するため、あるいはトラブルが起こったときの証拠として、当事者自身のために行われるもので、その意味で契約の成立、履行がその場で完結するようなケースを除いて契約書を作成することが一般的であるといえるでしょう。

　そのような社会一般の状況を踏まえると、契約成立の要件として契約書は必要がないとはいいながら、契約書が存在しないことは少なくとも契約そのものの存在を疑われることとなります。疑われても真実契約が存在するならば何らかの方法でその存在、内容は証明・説明可能でしょうが、当事者間はもとより課税当局との無用のトラブルを避ける意味でも、費用の支払いに際しては契約書の作成を心掛けたいものです。

▶ポイント

　口頭契約による支払いでも要件を充足すれば短期前払費用の取扱いは適用されますが、契約書がない場合は第三者からみて契約の存在が不明朗であり、無用の誤解を避ける意味でも契約書を作成しておくことが肝要です。

参考法令等

法人税基本通達2－2－14（短期の前払費用）
民法第555条、第601条

▶ Q1～Q39

  盗難と保険収入との関係

 今般、当社社有車が盗難に遭いました。幸い保険を掛けていたので保険金が支払われます。ただ、保険金の支払いが来期になる見込みなので、当期には盗難による特別損失のみ計上しますが、問題があるでしょうか。

 一般的に、盗難により車両保険に基づいて支払われる保険金は、盗難が発生した事業年度の収益に計上することになります。

＊　　　　　　　　　　＊

　ご質問の場合、盗難が発生したときに会社の財産（車両）が減少しておりその額も確定していますから、車両の未償却残高は盗難に遭った事業年度の損金の額に算入されます。

　一方、支払われる保険金については、法人税法第22条（各事業年度の所得の金額の計算）第2項により収益として認識され、同上第4項により一般に公正妥当と認められる会計処理の基準に従って計算されます。そして、法人税法上、収益は一般に公正妥当と認められる会計処理の基準により、いわゆる権利確定主義により計上すべきであるとされています（平成5年11月25日最高裁判決）。

　ご質問の場合について、権利が確定しているかどうか保険の内容が定かではありませんので一概には判断できませんが、一般的な車両保険のケースでいえば、盗難の発生と同時に保険金請求権が発生し、その金額も車両価額協定により確定している場合が多く、盗難に遭った事業年度で権利が確定しているといえますから、収益に計上すべきであると考えられます（平成16年4月20日大阪地裁判決）。

　ところで、不法行為に基づく損害賠償金については、支払いを受けた事業

年度で収益に計上することが認められていますが（法基通2―1―43（損害賠償金等の帰属の時期））、これは「責任の有無及びその賠償額について当事者の合意又は裁判の確定を待つことが必要な場合があり、その履行についても不法行為者の賠償能力等不確定な要素が多く、権利の確定に時間を要する場合が少なくない」ことから認められたものといわれ（同上大阪地裁判決）、本問のように損害賠償金ではなく権利が確定している場合には支払いを受けた事業年度に収益計上する取扱いは認められません。

　もっとも、損害保険金全般の収益計上については、契約によっては保険金請求権の発生、金額の確定時期等が損害の発生時期と異なることも考えられ個々の契約内容により判断することになるでしょう。上記大阪地裁判決では、盗難にあった事業年度で権利が確定しているとしていますが、盗難の場合は全損であることに疑いはないものの、盗難でなく、一般的な交通事故等の場合は必ずしも全損であるとはいえず、全損か分損か、査定を待つことになりますので、事故の時点で権利確定とはいえないでしょう。この意味で、保険事故として盗難の場合は特殊であるかも知れません。

▶ポイント

　車両保険で盗難を保険事故とする場合は、一般的には盗難の発生と同時に保険金請求権、保険金額とも確定しますので収益に計上する必要があります。

参考法令等

法人税法第22条
法人税基本通達2―1―43（損害賠償金等の帰属の時期）

参考判決例等

平成5年11月25日最高裁第一小法廷判決（民集47巻9号5278ページ）

平成16年4月20日大阪地裁判決（平成15年（行ウ）第42号）
昭和43年10月17日最高裁判決
平成21年2月18日東京高裁判決（役員の使い込み）

第2章

給与・報酬等をめぐる税務判断

▶ Q40〜Q58

役員への土地の簿価譲渡

役員が70歳になり、退職することになったので、退職前に無償返還の届出を提出して貸していた簿価1,000万円(時価2,000万円)の土地について、1,000万円で役員に譲渡することにしました。何か問題はありますか。

時価と譲渡対価との差額1,000万円は、役員に対する定期同額給与、事前確定届出給与、利益連動給与以外の臨時の給与と認定されます。

＊　　　　　　　　＊

　法人税法第22条第2項において「資産の販売、有償又は無償による資産の譲渡」は当該事業年度の収益の額とすると規定されています。さらに、同法第4項において「一般に公正妥当と認められる会計処理の基準に従って計算されるものとする。」とされています。

　平成7年12月19日最高裁判決では「譲渡時における適正な価額より低い対価をもってする低額譲渡は、法人税法22条第2項にいう有償による資産の譲渡に当たることはいうまでもないが、この場合にも当該資産には譲渡時における適正な価額に相当する経済的価値が認められるのであって、たまたま、現実に収受した対価がそのうちの一部のみであるからといって適正な価額との差額部分の収益が認識され得ないものとすれば前記のような取扱いを受ける無償譲渡の場合との間の公平を欠くことになる。したがって右規定の趣旨からしてこの場合に益金の額に算入すべき収益の額には当該資産の譲渡の額のほか、これと右資産の譲渡時における適正な価額との差額も含まれるものと解するのが相当である。」と判示しています。

　すなわち、時価と譲渡対価との差額は法人の譲渡益と認識され、同時に譲

第2章　給与・報酬等をめぐる税務判断

渡益が回収されないことからその相当額は役員への給与とされ、定期同額給与以外の給与であることから、損金として認められず（法法34①一）、法人所得に加算されます。

会計上の仕訳	現預金（または未収金）	×××	／	土地	×××
税務上の仕訳	現預金（または未収金）	×××	／	土地	×××
	役員給与	××	／	譲渡益	××
	別途利益	××	／	役員給与	××

▶ ポイント

　役員への譲渡は時価による取引が求められます。
　時価より低い価額で取引すると、源泉税や法人税に跳ね返りがあるので注意が必要です。

参考法令等

法人税法第22条第2項、第4項、第34条第1項第一号
法人税基本通達2－1－1の10（資産の引渡しの時の価額等の通則）

参考判決例等

平成7年12月19日最高裁判決

▶ Q40～Q58

41 役員の分掌変更に伴う役員退職金の取扱い

当社は、前社長が体調不良で代表取締役を退任して取締役相談役になったことに伴い、役員退職金を支給することになりました。役員退職規程に基づいて算出した2億5,000万円を取締役会で決定し、その一部1億2,500万円を当期に支出し、残りの7,500万円を次期に支給し、その余りの5,000万円を3年以内に支給することを決定していますが、この分割支給することになった7,500万円と5,000万円は損金として認められるでしょうか。

分割支給した各事業年度における損金として計上することが認められると考えます。

　　　　　＊　　　　　　　　　＊

　平成27年2月26日東京地裁判決は、実際に分割支給した年度での損金算入を認めるという判断を下し、確定しています。

　この判決は、代表取締役を辞任して非常勤取締役となったことに伴い支給した退職慰労金につき、課税庁が、実際に退職していないにも関わらず例外的取扱いとして役員退職給与として認める法人税基本通達9－2－32（役員の分掌変更等の場合の退職給与）がその（注）において、「退職給与として支給した給与」には、原則として、法人が未払金等に計上した場合の当該未払金等の額は含まれない、としていることなどから、翌期第2回目の支給額につき退職給与には当たらず臨時の給与であるとして損金算入を認めなかった事案に対する判断ですが、その要旨は、法人税基本通達9－2－32が実質的に退職したと同様の事情にあると認め退職給与として取り扱うことを認める以上、退職給与であることに変わりはなく役員退職給与の損金算入時期を定めた法人税基本通達9－2－28（役員に対する退職給与の損金算入の時期）の取

扱いを認めない理由はない、また法人税基本通達９―２―28は「支払った額につき損金経理をした場合には、これを認める。」としていることから、翌期第２回目の支払額についても退職給与として損金算入が認められるとしたものです。

従来は、課税庁の主張のように分掌変更による役員退職給与については法人税基本通達９―２―32注書において未払計上を認めていなかったことから、資金繰り等真に合理的な理由がある場合を除いては未払計上を認めず、この取扱いとの権衡上、分割支給も認められなかったものと考えられます。

なお、分掌変更による役員退職給与についても分割支給が認められるといっても、任意の時期に支給することまでは許容されておらず、資金繰り等を勘案し、あらかじめ支給総額や支給時期、金額を定めておくことが必要であると考えます。

▶ ポイント

役員の分掌変更時における退職金の支給と費用計上については、その前提として株主総会の決議や退職と同様の事情にある、が必要不可欠であることに留意して下さい。

参考法令等

法人税基本通達９―２―28（役員に対する退職給与の損金算入の時期）、９―２―32（役員の分掌変更等の場合の退職給与）

参考判決例等

平成27年２月26日東京地裁判決

42 使用人部分退職金の未払計上

当社の使用人であったＡが取締役に昇任しましたので、退職給与規程に基づき退職金を支払うことになりました。しかし、資金繰りの都合上、当期には３分の１だけ支払い、残りは翌期以降に支払う予定です。したがって、当期末に残りの３分の２については未払金に計上することになりますが、問題があるでしょうか。

退職給与規程に基づく適正な金額であることを前提として、資金繰り等一時に支払うことができない合理的な理由があるならば、一時的短期的に未払金等に計上して損金経理することも、分割支給することも認められると考えられます。

＊　　　　　　＊

　退職金（退職給与）の取扱いを確認するにあたってはどのようなものが退職金に当たるのかが明確でなくてはなりませんが、法人税法上、退職金の定義規程はありません。
　平成27年２月26日東京地裁判決は役員退職給与について判断したものですが、法人税法上の退職給与について「同法（筆者注：法人税法）は、『退職給与』について、特段の定義規定は置いていないものの…同項にいう退職給与とは、役員が会社その他の法人を退職したことによって初めて支給され、かつ、役員としての在任期間中における継続的な職務執行に対する対価の一部の後払いとしての性質を有する給与であると解すべきである」と判示していることから、使用人に対する退職給与については「役員」を「使用人」と読み替えて、使用人に対する退職給与と解して差し支えないと考えます。そうすると、使用人に対する退職給与とは「使用人が会社その他の法人を退職したことによって初めて支給され、かつ、使用人としての在職期間中における

継続的な職務執行に対する対価の一部の後払いとしての性質を有する給与である」と解釈することができます。

　さらに、上記判決は続けて「実質的には退職したと同様の事情にあると認められるときは、上記分掌変更等の時に退職給与として支給される給与も、従前の役員としての在任期間中における継続的な職務執行に対する対価の一部の後払いとしての性質を有する限りにおいて、同項にいう『退職給与』に該当するものと解することができる」と判示しています。そうすると、使用人の場合も、実質的には退職したと同様の事情にあると認められるときは、そのときに退職給与として支給される給与は「退職給与」に当たると考えられます。

　本問の場合、使用人から役員に昇任したといっても引き続き勤務し退職していないわけですから、上記退職給与の定義に照らし、実質的に退職したと同様の事情にあると認められなければ退職給与の支給とすることはできないでしょう。この点、法人税基本通達9－2－36（使用人が役員となった場合の退職給与）は「法人の使用人がその法人の役員となった場合において、当該法人がその定める退職給与規程に基づき当該役員に対してその役員となった時に使用人であった期間に係る退職給与として計算される金額を支給したときは、その支給した金額は、退職給与としてその支給をした日の属する事業年度の損金の額に算入する。」としていますから、本通達は使用人が役員になった場合は「実質的に退職したと同様の事情にある」ことを明らかにしているといえます。したがって、本問の場合、退職の事実がなくても使用人であった期間に係る退職給与として計算される金額を支給したときは、退職給与として支給した日の属する事業年度の損金の額に算入されます。

　ただし、未払金に計上した場合は、上記通達の(注)において、法人税基本通達9－2－35（退職給与の打切支給）の注書き「この場合の打切支給には、法人が退職給与を打切支給したこととしてこれを未払金等に計上した場合は含まれない。」を準用していますので、未払金等として損金経理をしたとしても税務上は退職給与として損金の額に算入することは認められません。こ

の取扱いについては、退職の事実がないにもかかわらず特例的に損金算入を認めるものであることに鑑み「損金算入を特例的に認める場合、金銭の支給が行われていることを要件とすることが適当と考えられることから、あえて注書きで、未払の場合の損金算入を規制したもの」と考えられています（平成18年6月13日東京高裁判決）。

　なお、使用人が実際に退職した場合には退職給与規程により計算される退職給与は、たとえ未払いであっても退職の事実により債務として確定していますので、税務上も損金の額に算入されます。

　ところで、法人税基本通達9－2－32（役員の分掌変更等の場合の退職給与）の注書き「本文の『退職給与として支給した給与』には、原則として、法人が未払金等に計上した場合の当該未払金等の額は含まれない。」としている点につき、上記平成27年2月26日東京地裁判決において国側は「現実支給要件については、法人が、分掌変更等に際し、役員に対して退職給与を現実に支給せずに未払金等に計上していることにつき、法人の資金繰りなど合理的な理由によるものであり、かつ、未払金等への計上が一時的なものである場合（以下「合理的・一時的未払いの要件」という）には、例外的に、現実支給要件の充足は求められない。」と主張していることから、裁判所の判断ではないものの、国としては、資金繰りの都合上一時的に未払金等に計上する場合は「合理的・一時的な」未払いとして損金算入を認めていると考えられます。法人税基本通達9－2－32の注書きには「原則として」とある一方、法人税基本通達9－2－36には「原則として」の文言がない違いはありますが、この文言のない法人税基本通達9－2－36においても「合理的・一時的な」未払金等の計上であれば損金算入が認められると考えられ、資金繰りも合理的な理由の一例として挙げられていますから、本問の場合も資金繰りの都合による一時的な未払金等の計上であれば、損金算入は認められると考えられます。

　ところで、損金の額に算入される時期について、上記平成27年2月26日東京地裁判決は、役員退職給与に関する判断ではありますが、退職の事実がな

い場合でも損金算入を認めるとした法人税基本通達9―2―32の取扱いにつき、実質的に退職したと同様の事情にあると認められるときは、そのときに退職給与として支給される給与は「退職給与」に当たるとして、法人税基本通達9―2―28のただし書き「支払った日の属する事業年度においてその支払った額につき損金経理をした場合には、これを認める。」取扱いに依拠し、支給した事業年度の損金に算入したと主張する法人の経理処理を認めました。つまり、分割支給することとして支給した事業年度で損金算入することを認めたわけです。法人税基本通達9―2―28の規定振りからは直接分割支給による損金算入を認めると読めるわけではありませんが、分割支給による支給時の損金算入を排除する理由もないとして認めたものです。判決文を引用すれば「本件通達ただし書は、役員退職給与を分割支給する場合について直接言及したものではないものの、退職給与を複数年度にわたり分割支給した場合において、その都度、分割支給した金額を損金経理する方法についても、その適用を排除するものではないと解される。」「金融商品取引法が適用されない中小企業においては、企業会計原則を初めとする会計基準よりも、法人税法上の計算処理（税務会計）に依拠して企業会計を行っている場合が多いという実態があるものと認められるところ、少なくともそのような中小企業との関係においては、本件通達ただし書に依拠した支給年度損金経理は、一般に公正妥当な会計慣行の一つであるというべきである。」と判示しています。

　上記平成27年2月26日東京地裁判決は、役員の分掌変更等の場合の退職給与の扱いに関する判断ではあるものの、退職の事実がないにもかかわらず退職給与として支払う場合、つまり、「退職給与の打切支給」に関する判断である点では使用人退職給与の打切支給にもその論旨は及ぶと考えられます。

　上記判決では、法人税基本通達9―2―28のただし書き「法人がその退職給与の額を支払った日の属する事業年度においてその支払った額につき損金経理をした場合には、これを認める。」との規定から、分割支給した日の属する事業年度の損金に算入することを認めました。

法人税基本通達9―2―36は「その支給した金額は、退職給与としてその支給をした日の属する事業年度の損金の額に算入する。」と規定しています。両規定を比べて、法人税基本通達9―2―28で直接分割支給に言及していないにもかかわらず分割により支給することとして支給した日の属する事業年度において損金算入が認められるなら、法人税基本通達9―2―36においても分割支給時の損金算入が認められると考えられます。

＊　　　　　　　＊

　以上を踏まえて本問の経理処理を検討すると、以下のいずれの処理も認められると考えられます。

① 当期は3分の1を現金支給し、残余の3分の2を未払金等に計上して損金経理を行う。ただし、資金繰りの都合による一時的、短期的な未払いでなければならない。

② 当期は3分の1を現金支給し、残余の3分の2は当期末の未払金には計上せず、支給した日の属する事業年度に損金経理を行う。ただし、分割支給は資金繰りの都合による一時的、短期的なものでなければならない。

▶ポイント

　資金繰りの都合など合理的な理由があれば、一時的、短期的に未払金等に計上して損金経理することも、分割支給し支給した日の属する事業年度の損金とすることも認められると考えられます。

参考法令等

法人税基本通達9―2―28（役員に対する退職給与の損金算入の時期）、9―2―32（役員の分掌変更等の場合の退職給与）、9―2―35（退職給与の打切支給）、9―2―36（使用人が役員となった場合の退職給与）

第2章　給与・報酬等をめぐる税務判断

参考判決例等 ・・・・・・・・・・・・・・・・・・・・・・・・・・・・・・・・・・・・・・・

平成27年2月26日東京地裁判決（平成24年（行ウ）第592号）（TAINS コード Z888-1918）
平成18年6月13日東京高裁判決

43 出向者が出向元法人を退職した際の出向先法人の出向期間に係る部分の支出と出向先法人での継続勤務との関係

Y社から当社Xに出向していた社員Aは、今般出向元であるY社を退職しました。Aは引き続き当社に勤務しますが、AにはY社から退職金が支払われます。当社はこの退職金のうち当社への出向期間に対応する部分の金額を負担しますが、当社からみるとAは継続して勤務しており退職していません。AのY社退職は当社の期末に当たりますので、当期末は未払金に計上し来期にY社へ支払う予定ですが、問題があるでしょうか。

ご質問のケースのように出向先法人においては継続勤務となっていても、出向元法人を退職した場合で出向期間に対応する部分の金額を負担する場合は、支出した日の属する事業年度の損金の額に算入されます。

ただし、未払金に計上した事業年度では損金の額に算入されません。

* *

法人税法上、退職給与に関する定義規定はないものの、所得税法は退職所得について「退職により一時に受ける給与及びこれらの性質を有する給与」（所法30）と定義しています。所得税法の定義がそのまま法人税法上の意義を有するかどうかは別として、一般的には退職給与とはこのように退職すなわち勤務関係の終了という事実によって初めて給付されるものと理解されています。

そうすると、継続勤務しているAに係る退職給与の負担金はX社にとっては退職、すなわち勤務関係の終了という事実によって支払うものではないため、支払時の損金とはならないのではないかとも考えられます。

しかし、法人税基本通達9―2―49（出向者が出向元法人を退職した場合の退職給与の負担金）は「その出向期間に係る部分の金額を出向元法人に支出したときは、その支出した金額は、たとえ当該出向者が出向先法人において引き続き役員又は使用人として勤務するときであっても、その支出をした日の属する事業年度の損金の額に算入する。」と規定し、出向期間に対応する金額を負担したときは、出向元法人へ支払った事業年度の損金の額に算入することを認めています。

ただし、支出をした日の属する事業年度の損金の額に算入するとされていますので、未払金に計上した場合はその事業年度の損金には算入されません。

▶ ポイント

継続勤務していても支払った事業年度の損金の額に算入されますが、未払金に計上したときはその事業年度の損金の額に算入されませんので注意が必要です。

参考法令等

所得税法第30条
法人税基本通達9―2―49（出向者が出向元法人を退職した場合の退職給与の負担金）

44 役員分掌変更と役員報酬の関係

当社は3月決算法人ですが、業績が好調で上期は計画を超える利益を確保し通期でも大きく利益が出そうです。そこで下期初頭10月の取締役会で平取締役Aを専務に昇格させ、役員報酬を50万円増額する決議を行い、辞令を交付しました。名刺の肩書きも専務取締役と記載させています。

専務の役員報酬については、昇格前後を通じて定期同額給与として扱って何か問題があるでしょうか。

今般の貴社役員の専務取締役昇格に伴う期央の役員給与の改定は、3月経過日等後にされた改定であって特別の事情によるものとは認められず、臨時改定事由及び業績悪化改定事由にも当たりませんので、改定後の役員給与のうち、改定前の役員給与の額を超える部分は、定期同額給与に当たらず、損金の額に算入されないと考えられます。

＊　　　　　　＊

お問合せの専務役員報酬が定期同額給与となるかは、法令に定める定期同額給与に該当するかどうかによります。

定期同額給与とは、以下に掲げるものです。
① その支給時期が1月以下の一定の期間毎である給与（以下、「定期給与」という）で当該事業年度の各支給時期における支給額が同額であるもの（法法34①一）
② 定期給与で、次に掲げる改定がされた場合において、当該事業年度開始の日または給与改定前の最後の支給時期の翌日から給与改定後の最初の支給時期の前日または当該事業年度終了の日までの間の各支給時期における支給額が同額であるもの（法令69①一）

i 当該事業年度開始の日の属する会計期間開始の日から３月を経過する日（以下、「**３月経過日等**」という）まで（継続して毎年所定の時期にされる定期給与の額の改定が**３月経過日等後**にされることについて**特別の事情**があると認められる場合にあっては、当該改定の時期）にされた定期給与の額の改定（法令69①一イ）

ii 当該事業年度において当該内国法人の役員の職制上の地位の変更、その役員の職務の内容の重大な変更その他これらに類するやむを得ない事情（**臨時改定事由**）によりされたこれらの役員に係る定期給与の額の改定（ⅰに掲げる改定を除きます）（法令69①一ロ）

iii 当該事業年度において当該内国法人の経営の状況が著しく悪化したことその他これに類する理由（**業績悪化改定事由**）によりされた定期給与の額の改定（その定期給与の額を減額した改定に限り、ⅰ及びⅱに掲げる改定を除きます）（法令69①一ハ）

（以上、平成24年４月改訂「役員給与に関するQ＆A」より）

　まず、期央の改定ですから、定期給与であっても「当該事業年度の各支給時期における支給額が同額であるもの」（法法34①一）に該当しないことは明らかです。

　次に、３月決算で、10月に行った改定ですから、３月経過日等までに行った改定でないことも明らかで、３月経過日等後に行った改定ですから、「特別の事情」があったかどうかが問題となります。

　この「特別の事情」については法人税基本通達９─２─12の２に例示がありますが、役員給与の額の改定につき組織面、予算面または人事面等において何らかの制約を受けざるを得ない内外事情がある場合が該当すると解されています（本通達追加趣旨説明）。お問合せの場合、業績好調で大きく利益が出ると予想されたために役員を昇格させたものですから、何らかの制約を受ける例示と同視できる「特別な事情」には当たらないと考えられます。

　臨時改定事由による改定については、次のように定められています（法令

69①一ロ)。

> 「当該事業年度において当該内国法人の役員の職制上の地位の変更、その役員の職務の内容の重大な変更その他これらに類するやむを得ない事情…によりされたこれらの役員に係る定期給与の額の改定」

　本問の場合、取締役会決議による役員の職制上の地位の変更であり、臨時改定事由に当たるといえそうですが、上記政令の後段に「その他これらに類するやむを得ない事情によりされたこれらの役員に係る定期給与の額の改定」とあることから、たとえ取締役会の決議による職制上の地位の変更であっても、変更を行うことにつき「やむを得ない事情」が必要とされるようにも考えられます。

　臨時改定事由による改定の取扱いに関する通達（法基通9─2─12の3（職制上の地位の変更等））では、期中に社長が退任した場合や合併による職務内容の大幅な変更が挙げられています。また、国税庁HPの「質疑応答事例」（報酬、給料、賞与及び退職給与等5）では、社長Aが急逝して取締役Bが代表取締役に就任した例が解説されており、これは臨時改定事由による改定とされ改定前後の給与を定時同額給与と認めています。

　これらの法令、通達の規定振りや解説からは取締役会決議による昇格であっても「やむを得ない事情」がない場合は臨時改定事由に当たらないように思われますが、一方で、一般的に法令用語として「その他」と「その他の」とは使い分けられ、前者は並列的例示と理解されていることからすると、「役員の職制上の地位の変更」には特に「やむを得ない事情」は必要とされず、理由を問わず取締役会決議等による職制上の地位の変更であれば臨時改定事由に当たるとも考えられます。しかし、並列的例示とはいっても「これらに類するやむを得ない事情により」の文理上、「これら」の一つである「役員の職制上の地位の変更」は「やむを得ない事情により」行われたものであることを要するのは明らかでしょう。

　さらに、現行の役員給与の取扱いが導入された平成18年度及び平成19年度の税制改正の財務省解説によると「わが国税制では、従来から役員給与の支

給の恣意性を排除することが適正な課税を実現する観点から不可欠と考えており」（財務省「平成18年度税制改正の解説」323ページ）とあり、平成18年度改正において、改定が3月経過日までとされた理由については「事業年度終了の日間近の改定を許容すると、利益の払出しの性格を有する増額改定を認める余地が生じること」（同324ページ）とされ、「臨時改定事由による改定は、上記イ（筆者注：通常改定）の『特別な事情』とは異なり、事業年度開始の日から3月経過日等までには予測しがたい偶発的な事情等によるもので、利益調整等の恣意性があるとは必ずしもいえないものについても定期給与の額の改定として取り扱うことを明示したもの」（財務省「平成19年度税制改正の解説」331ページ）と解説されています。これは立法趣旨として恣意性のある支給・改定を排除する趣旨であることを明確にしたものであると同時に、「やむを得ない事情」がある場合は、利益調整等の恣意性があるとはみないことを解説したものと思われます。

　本問の場合、想定を超える利益が見込まれたために昇格及び報酬増額を決議しており、利益調整を目的とした昇格、役員報酬の増額と認められますので、昇格前の報酬額を超える部分の損金算入は認められないと考えられます。

　もっとも、取締役Aの手腕を評価しての昇格、報酬の増額であれば臨時改定事由に当たるといえそうですが、一般的には定時株主総会等定時の機関決定により職制上の地位が決定されるところ、なぜ期央において臨時的に決議したのか、その辺りの事情は厳しく吟味されることになると思われます。

▶ Q40〜Q58

▶ ポイント

　取締役会決議等による職制上の地位の変更であっても、利益調整を目的としたものなど恣意性があるものは、臨時改定事由による改定とは認められません。

参考法令等

法人税法第34条第1項第一号
法人税法施行令第69条第1項第一号
法人税基本通達9－2－12の2（特別の事情があると認められる場合）、9
　－2－12の3（職制上の地位の変更等）
国税庁HP「質疑応答事例」法人税▶（報酬、給料、賞与及び退職給与等5）
財務省「平成18年度税制改正の解説」323ページ及び324ページ
財務省「平成19年度税制改正の解説」331ページ
財務省「役員給与に関するQ＆A」（平成24年4月改訂）

第2章　給与・報酬等をめぐる税務判断

45 使用人兼務役員が使用人兼務役員とされない役員になった後、支給される賞与の取扱い

当社は3月決算法人ですが、5月の定時株主総会決議により使用人兼務役員Aを取締役常務執行役員としました。7月支給の賞与について、支給対象期間はAが使用人兼務役員であった期間ですが、常務執行役員の体裁から支給額は100万円上乗せして支給しました。

Aに対する7月支給分と損金の額に算入されない金額との扱いはどうなりますか。

取締役常務執行役員は使用人兼務役員とされない役員に当たり、使用人兼務役員であった期間に係る賞与の額として相当であると認められる部分の金額は損金の額に算入されますが、職制上の地位の体裁に配慮して上乗せして支給した金額は損金の額に算入されません。

＊　　　　　　　　＊

　法人税法上、「役員」とは「法人の取締役、執行役、会計参与、監査役、理事、監事及び清算人並びにこれら以外の者で法人の経営に従事している者のうち政令で定めるものをいう。」とされています（法法2十五）。そして「法人の経営に従事している者のうち政令で定めるもの」（法令71）とはいわゆる「みなし役員」のことを指します。したがって、執行役員は法人税法上、法人の経営に従事しみなし役員に当たらない限り役員と取り扱われることはありません。

　上記のように執行役員は一般的には役員に当たらないとはいっても、Aは使用人兼務とはいえ役員（取締役）であったわけですから、5月の定時株主総会後も役員であることに変わりはなく、職制上、「常務執行役員」となったことから、使用人兼務役員とされない役員に該当します（法法34⑥、

法令71①)。

　そこで、7月にAに支給した賞与の取扱いですが、使用人兼務役員とされない役員に就任した後に支給される賞与であることから、法人税法第34条の規定に定める給与に該当しない場合は全額損金不算入となるのかどうかが問題となります。

　この点、法人税基本通達9―2―27（使用人が役員となった直後に支給される賞与等）により、使用人兼務役員であった者が使用人兼務役員とされない役員となった場合において、その直後にその者に対して支給した賞与の額のうちその使用人兼務役員であった期間に係る賞与の額として相当であると認められる部分の金額は、使用人兼務役員に対して支給した賞与の額として認めるとされていますから、相当であると認められる部分の金額は損金の額に算入されますが、上乗せ部分については使用人兼務役員であった期間に係る賞与の額として相当であるとは認められません。上記支給に至った経緯から、上乗せ部分は法人税法第34条の定期同額給与、事前確定届出給与、利益連動給与のいずれにも該当しないと考えられますので、損金の額には算入されません。

▶ポイント

　執行役員は法人税法上の役員に当たりませんが、取締役は役員であり、副社長、専務、常務その他これらに準ずる職制上の地位を有する役員となった場合は、使用人兼務役員とされない役員となります。

参考法令等

法人税法第2条第十五号、第34条第6項
法人税法施行令第71条第1項
法人税基本通達9―2―27（使用人が役員となった直後に支給される賞与等）

第2章 給与・報酬等をめぐる税務判断

46 新規に役員に就任したときにおける株主総会月の役員報酬の日割り計上

Q 当社は3月決算法人で、5月25日の定時株主総会において新たに2名の取締役を選任しました。
一般的に、役員の職務執行開始日は選任された定時株主総会の開催日とされていますので、新たに就任した取締役2名の役員報酬について月末まで、つまり、5月25日から5月31日までの報酬を未払費用に計上する予定です。については、各月とも職務執行開始日の応当日25日から月末まで日割り計算により未払費用に計上し、決算期末3月にも同様に日割り計算により役員報酬を未払費用に計上することになりますが、問題があるでしょうか。

A 役員報酬は日割り計算にはなじまない費用です。

　　　　　＊　　　　　　　　　＊

一般的には、会社と役員との関係は委任関係にあると理解されています（会330（株式会社と役員等との関係））。
民法の委任に関する規定によれば、受任者（役員）の報酬は「委任事務を履行した後でなければ、これを請求することができない。ただし、期間によって報酬を定めたときは、その期間を経過した後に、請求することができる」とされています（民648②、624②）。
そうすると、報酬を月額で定めたとしてその月額に対応する最初の期間は5月25日から翌6月24日までとなりますので、6月24日を経過しないと役員報酬は請求できないことになります。したがって、役員には5月末日では役員報酬を請求する権利はなく、これと裏腹の関係で、会社には5月末日では役員報酬を支払う義務（債務）はありませんので、月額役員報酬を日割り計算して、5月末日の未払費用に計上することは妥当とはいえません。
法人税法上、一般管理費等のうち事業年度終了の日までに債務の確定しな

いものは損金の額に算入されませんので（法法22③二）、決算期末の処理として3月25日から3月31日までの日割り役員報酬を未払費用として計上しても、損金の額に算入することは認められません。

なお、法人税法第22条第3項第二号の一般管理費等費用の債務確定要件については、事業年度終了の日までに、①債務が成立していること、②具体的な給付をすべき原因となる事実が発生していること、③金額を合理的に算定することができるものであること、のすべてを充足する必要があるとされています（法基通2―2―12（債務の確定の判定））。本問の場合、債務が成立していません。

▶ポイント

会社と役員との関係は委任関係であり、期間によって報酬を定めたときはその期間を経過した後でなければ会社には支払債務はなく、期間経過後でなければ未払費用に計上することはできません。

参考法令等

会社法第330条
民法第648条、第624条第2項
法人税法第22条第3項第二号
法人税基本通達2―2―12（債務の確定の判定）

47 使用人兼務役員に対する賞与の支給時期

使用人兼務役員Aの賞与について、兼務とはいえ役員ですので従業員の賞与の支給時期に支払わず、全額について他の役員と同時期に支給しました。支給内訳は使用人部分が100万円、役員部分が100万円、合計200万円です。なお役員部分については、所定の事前確定届出給与の届出を提出済みです。
　問題があるでしょうか。

役員部分の賞与100万円は所定の事前確定届出給与の届出手続きを踏んでいれば、原則として損金の額に算入されますが、従業員の賞与の支給時期に支給しなかった従業員部分の賞与100万円については損金の額に算入されません。

＊　　　　　　　　　＊

　役員報酬も役員賞与も法人税法上いずれも役員給与とされ、その取扱いが法人税法第34条に規定されています。
　その第2項で「不相当に高額な部分の金額」は損金の額に算入しないとされており、この不相当に高額な部分の金額は具体的には法人税法施行令第70条に定められています。使用人兼務役員の使用人分賞与に関しては、その第三号に「使用人兼務役員の使用人としての職務に対する賞与で、他の使用人に対する賞与の支給時期と異なる時期に支給したものの額」と規定されていますので、他の使用人に対する賞与の支給時期と異なる時期に支給したものは、役員給与として不相当に高額な部分の金額とされます（法令70三）。
　したがって、従業員の賞与の支給時期に支払わなかったAに対する使用人部分賞与100万円は、たとえ使用人部分として妥当な金額であるとしても役員給与として不相当に高額な部分の金額に当たり、損金の額に算入されな

いこととなります。

　使用人兼務役員の使用人部分の賞与が、他の使用人の賞与の支給時期に支払われなかった場合に役員給与の不相当に高額な部分とされたことについては、現行役員給与制度が導入された平成18年度税制改正の財務省解説において「従前は役員賞与と同様のものとして損金の額に算入されなかった（旧法法35②）ものについて、改正後においては不相当に高額な金額として引き続き損金の額に算入されないこととされたものです。なお、この給与は上記①イからハ（筆者注：①損金算入となる役員給与　イ定期同額給与　ロ事前確定届出給与　ハ利益連動給与）までの給与からは除かれていますので、事前確定届出給与として届け出ることはできないこととなります。」と説明されています（財務省「平成18年度税制改正の解説」330ページ）。つまり、使用人部分として計算されたものであっても、使用人の賞与の支給時期と異なる時期に支給されたものは役員賞与と整理し、平成18年度改正前は役員賞与として損金不算入であったことから、改正後も従前の役員賞与と同様に捉え、損金不算入扱いすることを明らかにするために、不相当に高額な部分の金額に当たるとしたものと思われます。

　役員としての賞与の金額100万円は、事前確定届出給与として所定の手続きを踏んでいれば、いわゆる実質基準や形式基準（法令70一イ、ロ）により不相当に高額な部分に当たると判定されない限り、損金の額に算入されます。

　不相当に高額な部分の判定にあたり実質基準（法令70一イ）による場合は「その役員に対して支給した給与」には、法人税法第34条第1項により損金算入が認められる給与、同条第3項の隠蔽仮装により支給する給与や退職給与は除かれますが、使用人兼務役員に対する使用人部分の給与等は含まれます（法基通9－2－21（役員に対して支給した給与の額の範囲））。ただし、その額から「使用人兼務役員の使用人としての職務に対する賞与で、他の使用人に対する賞与の支給時期と異なる時期に支給したものの額」に相当する金額は除かれますので（法令70一イ、70三）、本問のように、他の使用人に対する

賞与の支給時期と異なる時期に支給したものの額は、実質基準の判定対象金額から除いて判定します。判定対象から除かれるといっても、上記のように法人税法施行令第70条第三号により、そもそも不相当に高額な部分の金額として損金の額には算入されません。

　形式基準（法令70一ロ）により判定する場合において、使用人としての職務に対するものを含めないで判定できるかどうかは、「定款の規定又は株主総会、社員総会若しくはこれらに準ずるもの」において、役員給与の限度額等に使用人としての職務に対するものを含めない旨を定めているかどうかによります（法基通9－2－22（使用人としての職務に対するものを含めないで役員給与の限度額等を定めている法人））。

> **▶ポイント**
>
> 　使用人兼務役員の使用人部分の賞与は、使用人の賞与の支給時期に支給しないと、役員に支給する給与のうち不相当に高額な部分の金額として扱われ、損金の額に算入されません。

参考法令等

法人税法第34条
法人税法施行令第70条
法人税基本通達9－2－21（役員に対して支給した給与の額の範囲）、9－2－22（使用人としての職務に対するものを含めないで役員給与の限度額等を定めている法人）
平成18年度改正前法人税法第35条第2項
財務省「平成18年度税制改正の解説」330ページ

▶ Q40〜Q58

48 定期同額給与とその改定の時期

当社は3月決算法人で、5月25日の定時株主総会において当期首4月以降の役員報酬増額を決議しました。
5月末に期初4月及び5月の増加分を未払費用に計上し、定時株主総会後第1回目の支給日である6月20日にこの未払分と増額後の金額を支給しました。7月以降は毎月20日に増額後の金額を支給していますが、問題があるでしょうか。

未払費用として計上し、6月の支給日に増額後の役員報酬とともに支給した4月、5月の増額分は、税務上損金の額に算入されません。

＊　　　　　＊

　損金の額に算入される定期同額給与については、「その支給時期が1月以下の一定の期間ごとである給与…で当該事業年度の各支給時期における支給額が同額であるものその他これに準ずるものとして政令で定める給与」と定められ（法法34①一）、その他これに準ずるものとして政令により（法令69①）、当該事業年度開始の日または給与改定前の最後の支給時期の翌日から給与改定後の最初の支給時期の前日または当該事業年度終了の日までの間の各支給時期における支給額が同額であるもので、その改定が、①会計期間開始の日から3月経過日等までにされた定期給与の額の改定及び3月経過日等経過後にされた定期給与の改定で特別の事情があると認められる改定（いわゆる「通常改定」）、②臨時改定事由による改定、③業績悪化改定事由による改定、である場合は準ずるものとされ、損金の額に算入することが認められます。

　通常改定、臨時改定事由による改定、業績悪化改定事由による改定、いず

れの場合も、当該事業年度開始の日から給与改定後の最初の支給時期の前日、または、給与改定前の最後の支給時期の翌日から当該事業年度終了の日までの間の各支給時期における支給額が同額であることを要します（法令69①一）。

　本問のケースは、会計期間開始の日から3月までにされた改定ですから通常改定に当たりますが、本問に即して同額でなければならない期間をみると、4月1日から6月19日までの期間、または、5月21日から翌年3月31日までの期間の各支給期（毎月20日）の支給額が同額であることを要します。

　そうすると、4月1日から6月19日までの期間に支給した4月20日の4月分、5月20日の5月分の支給額は同額であり定期同額給与に該当します。5月21日から翌年3月31日までの期間の間に支給される給与は、6月20日に支給した金額は4月、5月の増額分と増額後の6月分ですから、同額である増額後の6月分及び7月から翌年3月分までの支給額は定期同額給与に該当するものの、6月支給の増額後の支給額を超える4月、5月の増額分は同額でないことが明らかであり定期同額給与に該当しません。仮に5月末に未払費用に計上した4月、5月の増額分を6月1日以後定期支給日の20日以外の日に支給したとすると、損金の額に算入される定期同額給与、事前確定届出給与、利益連動給与のいずれにも当たらないこととなり、やはり、損金の額に算入することはできません。もちろん、4月、5月の増額分を定時株主総会終了後当日、あるいは、5月26日から5月末日までに支給したとしても、臨時の支給であり、定期同額給与、事前確定届出給与、利益連動給与のいずれにも当たらないことから、損金の額に算入することはできません。

　なお、国税庁HP「質疑応答事例」（報酬、給料、賞与及び退職給与等6）に定期給与の増額改定に伴う一括支給額の例が掲載されており、「一括支給する増額分は、定期同額給与に該当しないため、損金の額に算入されません。」と解説されています。その理由として、損金の額に算入される役員給与は、いずれもその役員の職務執行期間開始前にその職務に対する給与の額が定められているなど、支給時期、支給金額について「事前」に定められているも

のに限られており、すでに終了した職務に対して、「事後」に給与の額を増額して支給したものは、損金の額に算入される役員給与のいずれにも該当しないことから、当該事業年度の損金の額に算入されないと解説されています。

ただし、現行役員給与制度全体の趣旨を踏まえると「事前」に定められているものに限られるのでしょうが、法文上明確に「事前に定められているものに限られる」と規定されているわけではありません。しかし、国税庁が上記のような見解を公表している以上、執行にあたっては増額分の一括支給は定期同額給与に該当しないとして損金の額に算入されないでしょう。

▶ ポイント

たとえ正規の手続きで役員報酬を遡及増額改定したとしても、遡及増額分は臨時に支給するか、増額改定後の各支給期に上乗せして支給するしか方法はありませんので、損金の額に算入されるいずれの役員給与にも該当しないことになります。

参考法令等

法人税法第34条
法人税法施行令第69条
国税庁HP「質疑応答事例」法人税▶（報酬、給料、賞与及び退職給与等6）
「定期給与の増額改定に伴う一括支給額（定期同額給与）」

第2章　給与・報酬等をめぐる税務判断

49　事前確定届出給与

当社は10月～9月事業年度の会社です。X年11月に開催したX年9月事業年度の定時株主総会において、従業員に対する賞与の支給時期に合わせて冬期（12月）及び夏期（7月）に役員にも賞与を支給することを決議し、所定の時期までに事前確定給与の届出をしました。

しかし、冬の役員賞与は届出通りに支給しましたが、夏の役員賞与は経営の悪化で予定どおりの支給が難しくなったため、X+1年6月の臨時株主総会において減額支給することを決議し、減額して支給しました。

減額支給については変更等の届出はしませんでしたが、届け出た金額を超えて支給するわけではなく、届け出た金額の範囲内で支給するだけのことですから、税務上特に問題になることはないと思いますが、いかがでしょうか。

事前確定届出給与が届出どおりに支給されない場合は、支給額は損金に算入されません。届出どおりに支給されたかどうかは、原則として職務執行期間全期間を通して判断され、個々の支給について判断されるわけではありません。しかも届け出た金額の範囲内であっても、届出どおりの金額でない場合は届出どおりの支給とはされませんので、職務執行期間を通じた支給額が損金算入されないことになります。

したがって、ご質問の場合は冬期、夏期の賞与とも損金に算入されません。

＊　　　　　　　＊

税務上の役員報酬の取扱いを概括すると、賞与を含めて役員報酬は役員給与として扱われ、定期同額給与、事前確定届出給与、利益連動給与のいずれにも該当しないものは損金に算入されない規定となっています（法法34）。

これは役員給与の恣意的な支給よる利益操作を排除することを目的として定められたものです。

本件の場合、冬期及び夏期に支給する役員賞与を税務上損金算入するための手続きとして、定時株主総会で支給に関する決議を行い、これを所定の時期までに書面で税務署長に届け出ます。この支給が損金として認められるには、さらに届出のとおりの時期に、届出のとおりの金額を支給する必要があります。

本問の場合、冬期の支給は届出のとおりでしたが、夏期の支給は届出の金額ではありませんでした。

このような場合、届け出た金額の範囲内の支給なので問題なく損金算入が認められるのか、あるいは、届け出た金額の範囲内の金額ではあっても夏期の支給は届出のとおりの金額ではないので、夏期の支給額のみが損金として認められないのか、さらに届出どおりの支給ではないとは、冬期の支給分にも及び冬期、夏期の両支給分が損金として認められないこととなるのか、その扱いが気になるところです。

事前確定届出給与の「定めどおりに支給されたかどうかの判定」に関しては法人税基本通達9-2-14（事前確定届出給与の意義）や国税庁HP「質疑応答事例」がありますが、さらに、本問のように変更届を提出しないで支給した場合の取扱いについては「平成25年3月14日付判決東京高裁平成24年（行コ）第424号（棄却・確定）」があります。

その要旨は以下のとおりです。

賞与を含めた役員報酬については、定款にその額を定めていないときは株主総会の決議によって定めるとされ（会361①）、その報酬は定時株主総会から次の定時株主総会までの間の、いわゆる職務執行期間の全期間の職務執行の対価と解され、支給が複数回にわたっていても職務執行期間を複数の期間に区分し各期間の職務執行の対価として個別的に定められたものであるとは解されないとされています。

これを前提とすると、税務署長に複数回にわたる支給を届け出たとして

も、届出がされた事前の定めどおりに支給されたかどうかは、特別の事情がない限り、個々の支給毎に判定すべきではなく職務執行期間の全期間を一個の単位として判定すべきであるとするのが、事前の定めを定めた株主総会の決議の趣旨に客観的に適合し相当であるとしています。

　国税庁HP「質疑応答事例」の一つは、3月決算法人がX年6月26日の定時株主総会においてX年12月25日及びX+1年6月25日にそれぞれ300万円ずつ役員賞与を支給する旨決議し所定の届出期限までに届け出たものの、X+1年6月25日の役員賞与は資金繰りの都合上50万円しか支給しなかった場合の取扱いです。この場合、職務執行の期間を一つの単位として届出どおりに支給したかどうかを判定すべきであるとすれば、このケースは届出どおりの支給ではありません。しかし、X+1年6月25日の役員賞与を減額支給したとしても、その支給しなかったことにより直前の事業年度（X+1年3月期）の課税所得に影響を与えるようなものではないことから、翌事業年度（X+2年3月期）に支給した給与の額のみについて損金不算入と取り扱っても差し支えないとしています。

　この扱いは、職務執行の期間を一つの単位として届出どおりに支給したかどうかを判断するとした取扱いと矛盾することは明らかです。

　この点、上記判決は「翌事業年度中に生起する事実を待たなければ当初事業年度の課税所得が確定しないとすることは不合理であることから、納税者に有利な取扱いを認め、翌事業年度に支給された役員給与のみを損金不算入とし、当初事業年度に支給された役員給与は損金算入を許しても差し支えないこととしたものであると理解することができる」として、この特別な取扱いを肯定しています。逆に、X年12月25日に届出どおりに支給せず、X+1年6月25日に届出どおりに支給した場合は、「将来生起する事実を待たなければ翌事業年度の課税所得が確定しないという事情もない」ため、職務執行期間を通して届出どおりに支給されたとは認められないとした原則的な国税庁の取扱いを肯定しています。

▶ Q40〜Q58

▶ ポイント

　複数回にわたる支給を届け出たとしても、届出がされた事前の定めどおりに支給されたかどうかは、特別の事情がない限り、個々の支給毎に判定すべきではなく職務執行期間の全期間を一個の単位として判定すべきであるとされています。

　例外として、直前の事業年度の課税所得に影響を与えるようなものではない場合は、届出と異なる支給をしたとしても直前事業年度で届出どおりに支給した役員賞与が損金不算入となることはありません。

参考法令等

法人税法第34条
法人税基本通達9―2―14（事前確定届出給与の意義）
会社法第361条第1項
国税庁HP「質疑応答事例」法人税▶（報酬、給料、賞与及び退職給与等11）
　「定めどおりに支給されたかどうかの判定（事前確定届出給与）」

参考判決例等

平成25年3月14日東京高裁判決（平成24年（行コ）第424号（棄却・確定））

50 期末における使用人への賞与の未払計上

当社では、期末になって利益が大幅にアップしたことから従業員の貢献に対して、少しでも報いるため社長の発案で期末賞与を臨時に支給することになりました。急なことでもあったため、期末までの各人別の金額の査定や資金手当が後手にまわり期中に支給できないことから、各人に支給明細を期末までに配るとともに、翌月の20日に支給する旨口頭にて伝達した上、掲示板にも掲示しました。

決算上未払賞与として計上しても税務上問題はありませんか。ただ、当社の就業規則では賞与の支給については、支給日現在在職していることが条件として規定されています。今回の支給にあたっては、この点が気になりましたので、あくまでも臨時ですからこの規定を適用しない旨、掲示した文書に書き加えてありますが、何か問題はありますか。

税務上問題となるのは、債務が確定しているかどうかです。法人税法施行令第72条の3は、債務確定に関して法人税法第22条第3項の別段の定めとして位置付けられますが、法人税法施行令第72条の3第二号で定める要件は以下のとおりです。

イ．その支給額を各人別にかつ同時期に支給を受けるすべての使用人に対して通知をしていること

ロ．イの通知をした金額を当該通知をしたすべての使用人に対して当該通知した日の属する事業年度終了の日の翌日から１月以内に支払っていること

ハ．その支給額につき、イの通知をした日の属する事業年度において損金経理をしていること

貴社の場合、同施行令に規定している上記３つの要件すべてを満たしてい

ると認められますので、期末における未払賞与の損金計上は認められます。

▶ポイント

　たとえ通知をしていても、就業規則等により支給日前に退職した者に支給しないなどの行為があると、前記ロの通知をした使用人に対して支給していないことから、未払賞与全額が損金に計上できないことになります。

参考法令等

法人税法第22条第3項
法人税法施行令第72条の3第二号

51 退職給与の打切支給

Q 当社は労働組合と協議して、退職金制度を改正することで合意しました。今までの退職金規程をX年9月1日をもって廃止して、旧規程による退職金を在職する社員に対し会社都合の退職扱いとして全額支給することとしましたが、試算したところ3億円の資金が必要と判明しました。しかし、手持資金が2億円しかないので、組合と再交渉し当期に2億円、翌期に1億円支給することで合意をみました。そこで3億円のうち2億円は費用計上し、1億円は翌期に費用計上することとしましたが問題はないでしょうか。

A どういう理由で退職金制度を改正するかは明らかではありませんが、X年9月1日をもって旧退職金規程を廃止し、在職する社員に退職金を支給することになったものですから、退職したことをもって債務が確定する通常の退職金とは取扱いが異なることになります。退職により債務が確定する通常の退職金の場合は、退職により支払債務が確定していますので期末未払いであっても損金に計上することができます。

　一方、退職金の打切支給の場合は、その取扱いを定めた法人税基本通達9－2－35（退職給与の打切支給）により、その支給をしたことにつき相当の理由があるなど一定の場合は、その支給した退職給与の額は、その支給した日の属する事業年度の損金の額に算入する、とされています。貴社の場合、退職金制度の改正に相当の理由があるとの前提で、資金繰りの都合で2事業年度に分けて支給せざるを得ず、この分割支給を労使で合意していますので、分割支給することにも理由があり、支給した事業年度で損金とする貴社の処理は問題ないと思われます。本通達は、その注書で、未払金等に計上した場合は含まないとして未払金等に計上して損金とすることは認めていませ

んが、合理的な理由による分割支給は認められると考えられます。会計上未払金等に計上しても税務上は損金と認められず、支払った事業年度の損金となります。

　なお、引き続き勤務する者に対する退職給与に関して、法人税法上の損金算入時期について法人税基本通達に種々取扱いが定められていますが、引き続き勤務する者に支払われる給与が退職手当等と扱われるかどうかは、所得税基本通達30―2（引き続き勤務する者に支払われる給与で退職手当等とするもの）に定めがあります。この中で、法人税基本通達9―2―35に定める退職給与の打切支給に関しては、「使用者が上記の給与を未払金等として計上した場合には、当該給与は現に支払われる時の退職手当等とする。」として、所得税法上も支払った時の退職手当等として取り扱われます（所基通30―2(1)注2）。

　また、退職金制度の改正に伴い引き続き勤務する者に支払われた給与が所得税法上退職手当等と扱われるかどうかにつき、昭和58年12月6日最高裁判決（昭和58年9月9日最高裁判決を引用）は次のように判示しています。

　「『退職手当、一時恩給その他の退職により一時に受ける給与』にあたるというためには、それが、
　(1)　退職すなわち勤務関係の終了という事実によってはじめて給付されること
　(2)　従来の継続的な勤務に対する報償ないしその間の労務の対価の一部の後払の性質を有すること
　(3)　一時金として支払われること
　との要件を備えることが必要である。」
と判示した上、「右のように継続的な勤務の中途で支給される退職金名義の金員が実質的にみて右の三つの要因の要求するところに適合し、課税上右『退職により、一時に受ける給与』と同一に取り扱うことを相当とするものとして、右の規定にいう『これらの性質を有する給与』に当たるというためには、当該金員が定年延長または退職年金制度の採用等の合理的な理由によ

る退職金支給制度の実質的改変により精算の必要があって支給されるものであるとか、あるいは当該勤務関係の性質、内容、労働条件等において重要な変動があって形式的には継続している勤務関係が実質的には単なる従前の勤務関係の延長とはみなされないなどの特別の事実関係があることを要するものと解すべき」と判示しています。

　本件については、この判決でいうところの退職年金制度の採用等の合理的な理由による退職金支給制度の実質的改変により精算の必要があった上での支給である、といった合理的な理由を示す資料等を備えておくことが大切です。この要件を満たさない場合は退職給与として扱われません。所得税基本通達30—2⑴においても、相当の理由により従来の退職給与規程を改正した場合の取扱いであるとしています。

▶ ポイント

制度を変える理由を明確にしておくことが大切です。

参考法令等

　法人税基本通達9—2—35（退職給与の打切支給）
　所得税基本通達30—2（引き続き勤務する者に支払われる給与で退職手当等とするもの）

参考判決例等

　昭和58年12月6日最高裁判決
　昭和58年9月9日最高裁判決

▶ Q40〜Q58

52 経営危機に陥っている子会社への経営支援

当社では、経営危機に陥っている100％子会社の経営立て直しをはかるために、当社の常務を子会社の社長と兼務させ、常務の子会社社長としての報酬をゼロとして経営支援することにしました。常務には当社での業務と並行して、子会社の経営をみてもらうことになります。常務の年間報酬は2,000万円ですが、この報酬は子会社への支援とみなされないでしょうか。なお、当社は同族会社です。

親会社の役員が子会社の社長を兼務することは通常よくあることと考えます。常務が子会社の社長として兼務した後、親会社でどのような業務を行っているのかは明らかではありませんが、親会社でも役員としての職責を果たしているとの前提に立てば、兼務したことによって、当該報酬が子会社への利益供与に該当するものとはならないものと考えます。

　　　　　　　　　＊　　　　　　　　　＊

　役員の就任は会社法第330条の規定で「株式会社と役員及び会計監査人との関係は、委任に関係する規定に従う。」とされており、また民法第648条では「受任者は、特約がなければ、委任者に対して報酬を請求することができない。」とされています。よって、社長に対する報酬を無報酬にすることに対しての法人税法上の問題は生じないと考えます。

　ただし同族会社ですので、常務の親会社での業務内容によっては、例えば、極端な想定ですが、子会社社長就任後、親会社の業務を全く行っていない場合などは法人税法第132条の規定「同族会社等の行為又は計算の否認」規定によって税務当局に否認される可能性がゼロとはいえません。否認を回避するためには親会社における常務の業務内容を立証できる書類、経営会議

や役員会での議事録などを整理保存することが肝要です。

> **ポイント**
>
> 　寄附金（経済的な利益の供与）と認定されないためには、役員として兼務しており、貴社の業務も引き続き行っている必要があります。

参考法令等

法人税法第132条
会社法第330条
民法第648条

53 使用人兼務役員と賞与

当社は同族会社で、株主は社長と奥さんが100％出資の会社です。このたび営業部長であったＡが６月に取締役に就任して取締役営業部長になりました。役員に就任して、同者に対し賞与を支給し損金に計上しても大丈夫でしょうか。なお、今回の賞与は決算賞与で支給対象期間は定めていません。Ａは奥さんの甥です。

Ａが取締役として登記されていると考えますと、法人税法第２条第十五号に規定されている役員に該当することは間違いありません。

次に使用人兼務役員に該当するかどうかを検討しますと、法人税法第34条第１項のかっこ書き「使用人としての職務を有する役員に対して支給する当該職務に対するもの」に規定している賞与に該当すれば、損金に計上しても問題ありません。

しかしながら、法人税法施行令第71条に使用人兼務役員とされない役員の規定がありますので、Ａが兼務役員とされないことも考えられます。Ａが法人税法施行令第71条第１項に規定されている第一号から第四号までには該当しないことは明らかです。

同条第１項第五号についても、Ａは株主である奥さんの親族ではありますが、同号に規定するイ、ロ、ハの要件のうち「ハ　当該役員の当該会社に係る所有割合が100分の５を超えていること」の要件に該当しないことから、Ａは使用人兼務役員となり得ることになります。

次にＡの賞与の妥当性を検討する必要があります。使用人兼務役員については法人税法第34条第６項において、「使用人としての職務を有する役員とは、役員…のうち、部長、課長その他法人の使用人としての職制上の地位を有し、かつ、常時使用人としての職務に従事するものをいう。」と規定さ

れ、同条第1項において役員に対して支給する給与、すなわち、役員給与から使用人兼務役員の使用人としての職務に対する給与は除くと規定されていることから、賞与が使用人としての職務に対する給与として妥当な金額である限り、同条が適用されることはありませんが、支給される賞与が使用人としての職務に対するものを超えて支払われると、超えた部分は役員賞与となるも法人税法第34条第1項のいずれの給与にも該当しないことから、損金不算入となりますので注意が必要です。なお、賞与としての適正額の算出についてはQ54を参照して下さい。

▶ポイント

使用人兼務役員の持株数に注意する必要があります。

参考法令等

法人税法第2条第十五号、第34条第1項、第6項

法人税法施行令第71条第1項

法人税基本通達9－2－4（職制上の地位を有する役員の意義）、9－2－5（使用人としての職制上の地位）、9－2－7（使用人兼務役員とされない同族会社の役員）

54 使用人兼務役員の賞与算定

当社（同族会社）では、取締役工場長に対して賞与を支給しますが、支給にあたって注意すべき点があったら教えて下さい。なお、事前確定届出給与の届出はしていません。

役員に対して支給した賞与は、事前確定届出給与の届出がある場合は別として、基本的には定期同額給与、業績連動給与のいずれにも該当しないことから、損金に算入されません（法法34①）。

「使用人としての職務を有する役員に対して支給する当該職務に対するもの」は役員としてではなく、兼務している使用人としての賞与であるため役員給与から除かれており、損金に算入することができます（法法34①）。

ただし、前問で触れたように、使用人としての職務に対する給与として妥当な金額を超えた部分は役員賞与として取り扱われ、損金不算入となります。

また、法人税法施行令第70条第三号により「使用人兼務役員の使用人としての職務に対する賞与で、他の使用人に対する賞与の支給時期と異なる時期に支給したものの額」についても損金に算入できないことになっています。

以上を要約すると、使用人兼務役員への賞与で損金に算入できるものは、
① 使用人としての職務を有する役員に対して支給する当該職務に対する賞与であること
② 他の使用人に対する賞与の支給時期と異なる時期に支給するものではないこと
③ 使用人分としての賞与が他の使用人に対して支給した賞与と比較するなどして、適正なものであること（法基通9−2−23（使用人分の給与の適正額））

の要件をすべて備えた賞与であることが条件となります。

　適正な額であるかどうか、具体的には、法人税基本通達9―2―23により使用人兼務役員に対して支給した賞与については概ね類似した職務に従事している他の使用人に支給した額に比較するなどして、その適正額を判断することになります。

　その使用人兼務役員が従事している使用人の職務内容等からみて比準とすべき使用人として適当とする者がいないときは、兼務役員が役員となる直前に受けていた給与の額、その後のベースアップ等の状況、使用人のうち最上位にある者に対して支給した賞与の額等を参酌して、適正に見積もった金額と支給した賞与とが比較がされることになります。

▶ ポイント

　使用人兼務役員の使用人分賞与の適正額については、
　① 兼務役員の使用人としての職務に対するものであること
　② 賞与の支給時期が他の使用人と同じ時期であること
　③ 他の使用人と比較して適正なものであること
を考慮して判断されます。

参考法令等

法人税法第34条第1項
法人税法施行令第70条第三号
法人税基本通達9―2―23（使用人分の給与の適正額）

▶ Q40〜Q58

子会社出向社員の賞与分を支給した場合

子会社への出向社員Ａに賞与を支給し、当社の費用として損金の額に算入しましたが、問題があるでしょうか。

出向元である貴社が賞与を負担する合理的な理由がなければ、税務上、出向先子会社への寄附金と取り扱われます。

　　　　　　　　　　＊　　　　　　　　　　＊

　一般的に、出向の場合、出向者は出向先法人へ労務の提供を行いますからその対価である給与、賞与は出向先法人が負担することが原則です。

　この点、平成23年10月27日東京高裁判決は次のように判示しています。

　「労働契約は、労働者が使用者に使用されて労働し、使用者がこれに対して賃金を支払うことを内容とするものであって（労働契約法6条）、労働者の労務の提供と使用者の賃金の支払が対価関係にある双務有償契約である。したがって、特別の事情がない限り、労務の提供という契約上の給付を受ける者が、その反対給付として賃金を支払うというのが原則的な在り方であることは、いうまでもない。出向においては、これが変容を受けるものの、労務の提供と賃金の支払が対価関係に立つ性質のものであることは変わりがないというべきである。」

　判決はさらに続けて「したがって、労務の提供を受けない出向元法人が労務の提供を受ける出向先法人に代わって労務の対価である賃金を負担する場合には、合理的理由がない限り、出向元法人が出向先法人に対して経済的な利益を供与したものというべきことになる。」と判示しています。

　法人税においては、その基本通達において、出向元法人が負担する合理的な理由の例として「給与条件の較差を補塡するため出向者に対して支給した給与の額」を挙げ、次の2例は給与条件の較差の補塡であるとしています

(法基通9―2―47（出向者に対する給与の較差補塡））。

① 出向先法人が経営不振等で出向者に賞与を支給することができないため出向元法人が当該出向者に対して支給する賞与の額

② 出向先法人が海外にあるため出向元法人が支給するいわゆる留守宅手当の額

出向元法人が負担する合理的な理由がなければ、法人税法第37条（寄附金の損金不算入）により寄附金とされますが、寄附金の取扱いについては、さらに、子会社等を整理する場合の損失負担等や子会社等を再建する場合の無利息貸付け等の取扱いがあり（法基通9―4―1（子会社等を整理する場合の損失負担等）、9―4―2（子会社等を再建する場合の無利息貸付け等））、給与の負担がこれらに該当する場合も寄附金には当たりません。

そこで、ご質問のケースですが、貴社がAへ支給した賞与の負担を出向先へ求めない事情が不明であり断定はできませんが、子会社が経営不振であるなど上記のような貴社の負担について合理的な理由がない場合は、税務上、寄附金と取り扱われることになります。

▶ ポイント

　　出向者の給与、賞与につき、出向契約書で出向元が負担する旨取り決めたとしても、出向元が負担する合理的な理由がない場合は、税務上、寄附金とされます。

参考法令等

法人税法第37条

法人税基本通達9―2―47（出向者に対する給与の較差補塡）、9―4―1（子会社等を整理する場合の損失負担等）、9―4―2（子会社等を再建する場合の無利息貸付け等）

参考判決例等

平成23年10月27日東京高裁判決（平成23年（行コ）第64号）（確定　上告棄却・不受理）（税務訴訟資料　第261号—212（順号11802））

56 子会社出向社員への較差補填金

当社は子会社であるＡ社に社員を出向させＡ社の業務に従事させていますが、Ａ社の業績が悪く給与及び賞与の全額を子会社に負担させることは酷であるため、給与及び賞与について当社が一部負担する出向契約をＡ社と締結しました。負担額についてはＡ社の同年齢世代の給与及び賞与の平均額と、当社での出向者の支給額との差額を当社が負担することになっています。その額は年間約300万円になりますが、税務上、何か問題がありますか。

貴社は、給与水準の較差を算出して支給額の根拠としていますから、基本的には、法人税法上貴社で負担することになる年間300万円は貴社の損金として認められるものと考えます。ただし、損金算入が認められるのは、あくまで給与条件の較差を補填するものに限られますから、子会社の業績悪化を理由として親会社が給与や賞与の一部を負担した場合は、子会社等を整理する場合の損失負担等（法基通９－４－１）、子会社等を再建する場合の無利息貸付け等（法基通９－４－２）に該当しなければ、単なる経営支援として寄附金認定を受けると思われます。

*　　　　　　　　　*

法人税基本通達９－２－47（出向者に対する給与の較差補填）では、出向元法人が出向先法人との給与条件の較差を補填するために出向者に対して支給した給与の額は出向元法人の損金の額に算入するとされています。具体的にどの程度まで較差の補填と認められるかは、出向者の年齢や役職に応じて違いが生じることになりますが、出向契約書や子会社の給与の支給状況が明らかになる資料を備えておくことが、税務調査において指摘を受けないための対策として有用になります。

▶ Q40〜Q58

▶ **ポイント**

　出向契約書や較差補填金であることが明らかになる資料を備えることが重要です。

参考法令等 ••

法人税基本通達9—2—47（出向者に対する給与の較差補填）

57 有料介護施設に入所した非常勤取締役の役員報酬

Q 同族会社である当社の創業者Aは10年前に役員を退任し、その後非常勤取締役として経営に参画してきました。当期に至り高齢に加え体調を崩したため、有料介護施設に入所することとなりました。この場合、月30万円の役員報酬を今後継続して支払うことについて、税務上問題はないでしょうか。

なおAは、前期まで当社の全株式を保有していましたが、今期首に社長である次男と会長の長男にすべて贈与しています。

A 入居前と同様には業務執行ができなくなった程度を、役員報酬の額に反映させるべきであると考えます。役員報酬として過大な部分は損金に算入されません。

＊　　　　　　＊

貴社は株式会社であるとの前提で、「取締役は株式会社の業務を執行する」と規定されていますから（会348①）、取締役の任務は「会社業務の執行」です。高齢に加え体調を崩して有料介護施設に入所したとのご質問の状況から、問題の有無の判断にあたっては、入所前後で非常勤取締役との立場は変わらないとしても、入所後も入所前と同様に会社業務の執行（経営への参画）ができるかどうかがポイントとなります。

「会社業務の執行」とは、より具体的に言い換えれば「事業内容、経営状況等の実態を把握し、取締役会において意見を述べ、決議権を行使すること」（平成2年4月6日裁決）ともいえるでしょうから、このような従前の業務執行を入所後も変わりなく遂行できるのかがポイントですが、高齢・体調を崩して入所したとの経緯から、常識的には、入所前と同様に取締役業務の遂行ができるとすることには疑問があるといわざるを得ません。

そうすると、従前と同様には業務執行ができなくなった程度を役員報酬の額に反映させるべきであると考えます。

役員給与のうち、不相当に高額な部分は損金の額に算入されません（法法34②）。この不相当に高額な部分とは、概要「当該役員の職務の内容、その内国法人の収益及びその使用人に対する給与の支給の状況、その内国法人と同種の事業を営む法人でその事業規模が類似するものの役員に対する給与の支給の状況等に照らし、当該役員の職務に対する対価として相当であると認められる金額を超える場合におけるその超える部分の金額」とされています（法令70①一）。

不相当に高額であるかどうかを巡って争ったケースは多々ありますが、多くの裁決・判例では法令の規定どおり、職務の内容や類似法人の支給状況等を勘案して過大かどうかを判断しています。ただ、状況は千差万別で個別性が強く分かりやすい基準を見出すことは困難といえましょう。特に他社の状況を勘案することは納税者にとっては不可能です。

とはいえ、貴社として、認識できる範囲の状況を勘案して役員報酬に反映させるべきですから、入所しながらも一部遂行できるとしても、上記に掲げた業務執行を従前と同様には遂行できない点、できなくなった程度を勘案して役員報酬を減額改定すべきでしょう。

減額改定しても不相当に高額な部分の有無については貴社自身では判断が難しいところですが、ご質問の状況から、入所前の金額と同額を支給し続けては、金額はともかく、不相当に高額な部分があるように見受けられます。言わずもがなですが、状況から取締役としての業務執行ができない、あるいは、一部でも取締役業務を執行していると示せないなら全額不相当に高額と判断され得るといえます。

第2章　給与・報酬等をめぐる税務判断

▶ ポイント

　病気等で従前どおりに業務執行ができない取締役に、従前と同額の役員報酬を払い続けるには、それなりの合理的理由が必要となります。

参考法令等

　法人税法第34条第2項（役員給与のうち、不相当に高額な部分の金額）
　法人税法施行令第70条（過大な役員給与の額）

参考判決例等

　平成2年4月6日国税不服審判所裁決（裁決事例集 No.39・237ページ）

58 役員報酬(定期同額支給)の業況悪化に伴う期中減額の適否

当社は、全国に美容関係のチェーン店を展開しているグループ会社の某県エリアの一社です。
当社の担当地域は、業界での価格設定や顧客獲得戦略等で競争が激しく、ここ3年ほど業績は低迷しています。このたび中間決算にあたって、チェーン店全体を統括する親会社から、本年度下期より役員3人の定期同額報酬を一律50%減額するよう求められました。この場合、税務上、減額が認められる場合の例として、金融機関等からの要請や株主との関係に基づくものでなければならないと顧問税理士から聞きましたが、当社の場合は減額が認められるでしょうか？

貴社の業績悪化が、役員報酬の「減額やむなし」の理由として第三者的にも十分な説明ができるかどうかが重要です。統括する親会社が、株主・債権者・取引先等からの意向を受け貴社にも減額を要請したとすれば、業績悪化改定事由に該当します。
なお、平成20年12月(平成24年4月改訂)「役員給与に関するQ&A」(国税庁)では、減額改定が認められる業績悪化改定事由の例として次の3事例を挙げています(Q1⑶)。
1. 株主との関係上、業績や財務状況の悪化についての役員としての経営上の責任から役員給与の額を減額せざるを得ない場合
2. 取引銀行との間で行われる借入金返済のリスケジュールの協議において、役員給与の額を減額せざるを得ない場合
3. 業績や財務状況または資金繰りが悪化したため、取引先等の利害関係者からの信用を維持・確保する必要性から、経営状況の改善をはかるための計画が策定され、これに役員給与の額の減額が盛り込まれた場合

さらに、「現状では（売上などの）数値的指標が悪化しているとまでは言えないものの、役員給与の減額などの経営改善策を講じなければ、客観的な状況から今後著しく悪化することが不可避と認められる」場合も業績悪化改定事由による改定に該当するとしています（Ｑ１－２⑵）。

また、減額が認められなかった裁決、判例としては次のものがあります。

・平成23年１月25日国税不服審判所裁決（裁決事例集 No.82号158ページ）
「一定期間の経営成績を表示する本件５月次損益計算書の経常利益の対前年割合が94.2％と若干の下落があるものの著しい悪化というほどのものではないこと、本件事業年度及びその前６事業年度において、本件事業年度の最終的な売上高が最高額であり、経常利益も２番目に高いものであって、その前６事業年度と比較して遜色のない業績であること、また、②上記⑵のロのとおり、本件取締役会によるＢの給与の減額については、同人自らの申出に基づき、本件５月次損益計算書の経常利益が請求人の設定した業務目標に達しなかったことを理由としてなされたものであり請求人の業績が著しく悪化したことを理由とするものではないこと等からすれば、請求人の主張する経常利益が対前年割合で６％減少したことのみをもって、本件事業年度の中途である平成20年５月の時点において経営の状況の著しい悪化や業績悪化が原因でやむを得ず役員給与を減額せざるを得ない事情にあったと認めることはできず、上記理由以外に役員給与を減額せざるを得ない特段の事情が生じていたと認めるに足る事実はない。

したがって、請求人が減額改定の根拠とする理由は、単に業績目標値に達しなかったということに過ぎないものと評価するのが相当であり、法人税法施行令第69条第１項第一号ハに規定する業績悪化改定事由には該当しない。」

・平成26年５月30日東京地裁判決（税務訴訟資料 第264号―101順号12482）
「本件役員給与は、平成11年から約10年間も継続しているものであり、その支給額が恣意的ないし過大なものではないところ、このような適正な額

であった本件役員給与を変更せざるを得なかったのは、Bの債権者らが、平成19年、丁に対し、原告における丁の給与を減少させて本件支払手数料の額を増加させ、Bからの返済額を増加するように強く求めたというやむを得ない事情（原告の設立自体、債権者と協議を重ねてその了承を得た上でされたものであり、丁は、債権者の要望を拒めない立場にあった上、これを受け入れなければ、債権者から一括弁済を求められ、Bも原告も業務が立ちゆかなくなる危険があった。）があったからであり、本件給与改定は、原告とBが実質的に同一法人であり、Bの債務を原告も保証していることを前提として、債権者との協議に基づいてされたものであり、恣意性がなく、現行の法人税法施行令69条1項1号ハにいう『経営の状況が著しく悪化したことその他これに類する理由』に該当する」

との納税者の主張に対し、裁判所は次のように判示してこれを退けています。

「平成17年12月期から平成19年12月期までの各事業年度において、原告の収益が大幅に低下したり、原告に多額の損失が発生したりした事実は認められず（別表1参照）、かつ、平成17年12月期ないし平成19年12月期の各事業年度の9月30日時点における売上高にも大きな変動が認められないこと（別表2参照）に加え、原告が主張するような事情（①本件役員給与の額が恣意的ないし過大なものではないこと、②Bの債権者らが、平成19年、丁に対し、原告における丁の給与を減少させて本件支払手数料の額を増加させ、Bからの返済額を増加するように強く求めたこと、③上記②の要請を受け入れなければ、Bの債権者から一括弁済を求められ、Bも原告も業務が立ちゆかなくなる危険があったこと）は、いずれも『当該内国法人の経営の状況が著しく悪化したことその他これに類する理由』（法人税法施行令69条1項2号）に該当しないことが明らかであるにも照らすと、本件給与改定により減額された部分に係るものは、同号に規定する給与に該当するとは認め難いというべきであり、他に、本件給与改定により減額された部分に係るものが同号に規定する給与に該当することをうかがわせる証拠ないし事情も見当

たらない。」

> ▶ ポイント

　財務諸表の数値が相当程度悪化したことや倒産の危機に瀕したことだけではなく、経営状況の悪化に伴い、第三者である利害関係者（株主、債権者、取引先等）との関係上、役員給与の額を減額せざるを得ない事情が生じていれば業績悪化改定事由として考慮されます（国税庁「役員給与に関するＱ＆Ａ」Ｑ１(3)）。

> 参考法令等

法人税法第34条
法人税法施行令第69条
法人税基本通達９—２—13（経営の状況の著しい悪化に類する理由）
平成19年３月13日付課法２—３ほか１課共同
平成20年12月（平成24年４月改訂）「役員給与に関するＱ＆Ａ」（国税庁）

> 参考判決例等

平成23年１月25日国税不服審判所裁決（裁決事例集 No.82・158ページ）
平成26年５月30日東京地裁判決（控訴・上告棄却確定）（税務大学校 税務訴訟資料 第264号—101順号12482）

第3章

減価償却資産等及び資本的支出・修繕費をめぐる税務判断

▶ Q59〜Q100

59 建物新築における汚染土壌の除去費用

 当社では、数年前に購入した土地にアパートを新築しようと計画していましたが、前所有者の工場があったことから土壌が汚染されていることが判明したため、汚染土壌の撤去と良質土の埋め戻しを業者に委託しました。その費用として約2,000万円がかかりました。これらの費用については工事が完了した時点で一時の費用として計上しようとしていますが、よろしいでしょうか。なお現在は、当該土地の上に賃貸用アパートを建設中です。

 本問は、アパート建設に絡んでその土地が汚染されていたことから発生した費用の取扱いについてですが、本事案の除去費用は汚染されていた土壌を汚染する前の状態に回復するための費用であるとともに、建物建設のための費用とも考えられます。土地の汚染を取り除くという費用は、土地の汚染を取り除いて汚染（固定資産の毀損）のない状態へ回復するための費用と認められますので、工事完了時の一時の損金に計上しても問題ないと考えます。

▶ ポイント

　土地の汚染について当該土地を購入したときは不知であったと考えますと、購入した土地を通常の状態に現状回復するための費用と考えられますので、費用計上は認められることになると考えます。ただし、汚染を前提に相場より非常に安く当該土地を購入しているとすると、本件の除去費用は土地の取得価額に算入すべきものとも考えられます。

第3章 減価償却資産等及び資本的支出・修繕費をめぐる税務判断

参考法令等

法人税基本通達7—8—2（修繕費に含まれる費用）(3)
国税庁HP「文書回答事例」（平成22年3月26日福岡国税局）法人税▶
　「汚染土壌対策に要する費用に係る法人税法上の取扱いについて」

60 土地建物の売却と建物を先行して取り壊した場合の処理

当社では今般、固定資産として計上していた土地とその上に建っていた建物を処分しようとしたところ、買手がつかないために更地にして処分することにしました。建物の帳簿価額2,000万円と解体費用500万円について損金に計上しようとしていますが、問題はありませんか。
土地の売却は当期中には実現していません。

固定資産として所有していた建物をその建物の建っていた土地を処分するために取り壊したのであれば、売りやすくする固定資産の売却に係る直接的な原価とも考えられますが、建物は固定資産として計上され使用収益してきたものであれば、法人税法第22条第3項第一号には該当せず、同条第4項該当として財務諸表等規則第95条の3、及び同ガイドライン第95号の2において設備の廃棄による損益について特別損失として計上することになっていることを適用し、固定資産の取壊し損は取り壊した時の一時の損失として計上することに問題はないと考えます。また間接的ですが、不用な建物の取壊しによって土地の潜在的な価格が上昇することが見込まれ、売りやすくなることが想定されます。

＊　　　　　　＊

法人税基本通達7－7－1（取り壊した建物等の帳簿価額の損金算入）においても「法人がその有する建物、構築物等でまだ使用に耐え得るものを取り壊し新たにこれに代わる建物、構築物等を取得した場合には、…その取り壊した日の属する事業年度の損金の額に算入する。」とされています。

また、同通達7－3－6（土地とともに取得した建物等の取壊費等）における「土地とともに取得した建物等の取壊し」にも該当しないことから、本件のような取壊しは、取り壊した時の損金処理が認められるものと考えます。

ただし、当該建物の所有者が不動産販売を業とする者であれば、固定資産としていたものであっても、その土地建物を売却用資産とした時に固定資産から棚卸資産に移行するものと認められ、土地を売るための建物の取壊しであることから棚卸資産に係る取得価額、すなわち法人税法施行令第32条第1項ロにより「当該資産を消費し、又は販売の用に供するために直接要した費用の額」と認められることから、土地の売却までは売上の原価、すなわち、棚卸資産（土地）の取得価額として処理することになると考えます。

▶ ポイント

　一般事業会社であれば、建物を取り壊した時の損金となりますが、不動産販売業の場合は棚卸資産（土地）の取得価額に算入することになります。

参考法令等

法人税法第22条第3項、第4項

法人税法施行令第32条第1項

法人税基本通達7－7－1（取り壊した建物等の帳簿価額の損金算入）、7－3－6（土地とともに取得した建物等の取壊費等）

財務諸表等規則第95条の3

同ガイドライン第95号の2

61 賃借した土地における整地費用の取扱い

当社では、土地を賃借する契約を第三者と締結しました。契約では当該土地に建物を建築し利用するという内容になっています。賃借した土地が石ころだらけの土地だったので、地主の了解も取って表層の土地を削り取り、良質な土を入れて整地しました。これらの費用に400万円がかかりました。ほかに本件の賃借にあたっては地主への借地権代3,000万円、仲介業者への支払い186万円を支払っていますが、借地権として3,186万円を資産に計上し、400万円は地主に対する寄附金として処理しようと考えていますが、何か問題はありますか。

土地の賃借に関連して支出した金額のうち、寄附金として損金に計上しようとしている以下の整地費用400万円について検討しますと、整地費用については借りた土地を利用するために行ったもので、地主の了解を得たといっても、その後使用する貴社がその効用を受けるもので、底地としての価額が上がるものではなく、整地費用が独立した所有権を構成するものでもないこと、また、寄附金については法人税法第37条第7項で「金銭その他の資産又は経済的な利益の贈与又は無償の供与」とされており、本件整地費用を貴社が支出したことで、地主は直接経済的な利益を受けておらず、また、貴社が使用している限り無償の供与も受けていないことから寄附金には該当しません。

また、借地権の取得価額については、法人税基本通達7－3－8（借地権の取得価額）に、
「(2) 賃借した土地の改良のためにした地盛り、地ならし、埋立て等の整地に要した費用の額
 (3) 借地契約に当たり支出した手数料その他の費用の額」

が明示されていますので、貴社が支出した借地権代3,000万円、仲介料186万円、整地費用400万円、合計3,586万円はすべて借地権の取得価額を構成します。

> **▶ ポイント**
>
> 　借地権は法人税法第2条第二十二号、及び法人税法施行令第12条第一号に固定資産として「土地（土地の上に存する権利を含む。）」と規定されており、固定資産の一つとされています。固定資産である借地権の取得の場合は、繰延資産となる資産の賃借にあたって支出する権利金等とは異なる取扱いになります。

参考法令等

法人税法第2条第二十二号
法人税法施行令第12条第一号
法人税基本通達7－3－8（借地権の取得価額）

62 集中生産を行うための機械装置の移設費用

当社では作業効率を向上させるために新工場を建設し、その工場に機械装置を移設して今まで分散していた作業工程を集中させることにより、生産能力の向上をはかることとし、このたび移設を実施しました。集中生産のための機械装置の移設費用は機械装置の取得価額を構成すると聞いていますが、当社の場合どのように処理したらよろしいでしょうか。

製造機械装置1　直前帳簿価額　8,236万円　移設据付費　300万円
製造機械装置2　直前帳簿価額　2,356万円　移設据付費　300万円
製造機械装置3　直前帳簿価額　4,123万円　移設据付費　300万円

なお、各機械装置の据付費等は代金に含まれており、据付費としての支出はありません。

集中生産のための移設据付費については、法人税基本通達7－3－12（集中生産を行う等のための機械装置の移設費）にその取扱いが定められており、移設直前の帳簿価額の10％に相当する金額以下であるときは損金の額に算入することができます。

この場合、10％以下かどうかは個々の資産毎に判定します。

本件の場合、移設据付費の総額は900万円になりますが、それぞれの移設費用は明確になっていますので、各機械装置毎に検討しますと、

機械装置1では、直前帳簿価額が8,236万円で

　その10％は823万円 ＞ 実際の移設据付費300万円

よって、移設据付費300万円は損金に算入することになります。

機械装置2では、直前帳簿価額が2,356万円で

　その10％は235万円 ＜ 実際の移設据付費300万円

よって、移設据付費300万円は機械装置2の取得価額に算入することになります。なお、移設直前の帳簿価額のうちに含まれている据付費に相当する金額は損金に算入することとなっていますので、仮に据付費の割合が10%であるとすると2,356万円×10%＝235.6万円が損金の額に算入されます。

機械装置3では、直前帳簿価額が4,123万円で

　　その10%は412万円　＞　実際の移設据付費300万円

よって、移設据付費300万円は損金に算入することになります。

以上により、移設据付費900万円のうち600万円は費用に計上し、300万円は機械装置2の取得価額に加算されることになります。

▶ポイント

　集中生産するための機械装置の移設据付費については移設機械の直前の帳簿価額の10%以下（10%基準という）であれば、移設時の事業年度における損金処理が認められています。移設据付費が一式の場合は、各機械装置に合理的に配賦して算出した金額と10%基準で判断していくことになります。

参考法令等

法人税基本通達7－3－12（集中生産を行う等のための機械装置の移設費）

63 建物取得後に発生した補償費用

当社は、郊外に研究所と工場を兼ね備えたビルを建設しました。その後、その建物の西側の住民からテレビが見えないという苦情が持ち込まれました。調査の結果、当社の建物が原因であることが判明したことから、住民と協議の上協定を結び、当社のビルの屋上に共聴アンテナを立て、近隣住民に配線して難視聴を解消することにしました。このアンテナ建設費と配線工事代として300万円かかりました。屋上にあるアンテナと配線網は固定資産として計上しなければなりませんか。

貴社のビル屋上にあるアンテナですが、立てる基因となったものは、貴社の建物により、近隣の住民のテレビの難視聴が生じたことにあります。これらの住民に与えた損害を補償するものであって、その支出により、法人が積極的に何らかの便益を受けるものとはなっていませんので、貴社の固定資産にもならないものと認められます。また、建物の取得後による支出であって、建物の取得価額を構成するものとも認められません。

よって、法人税法第22条第3項第三号に当たる一種の損害賠償金としての支出として、一時の費用処理になるものと考えられます。

▶ ポイント

固定資産取得後に発生した損害賠償的な支出は、固定資産の取得価額にはなりません。

第3章　減価償却資産等及び資本的支出・修繕費をめぐる税務判断

参考法令等

法人税法第22条第3項
法人税法施行令第54条第1項
国税庁 HP「文書回答事例」法人税▶
　「工場周辺の住民のためにテレビの共聴アンテナを設置する費用」

64 工事遅延期間について生じた費用の原価性

当社では業務上の必要から、郊外に研究所と工場を兼ね備えた建物を建設しようとしたところ、当社が人体に有害な化学物質を製造するメーカーであることから住民の反対運動が発生し、建設工事許可が下りず、工事が遅延しました。

その結果、工事業者から着工ができるまでの期間資材を保管するため、資材の置き場、保管倉庫の賃料を請求されました。これらの費用は、当該工場の建物の取得価額に算入しなければなりませんか。

工場の建設等に伴って支出する住民対策費等の費用の額で、当初からその支出が予定されているものは、たとえその支出が建設後に行われるものであっても、工場の取得価額に算入することとするよう法人税基本通達7―3―7（事後的に支出する費用）に規定されています。しかしながら、本件のように、「当初からその支出が予定されたものではなく、かつ、異常原因に基づいて支出する費用」については、国税庁HP「住民運動による工事遅延期間について生じた費用の原価性」において、取得価額に算入しないで、その支出の都度損金としての処理が認められています。

▶ ポイント

建設にあたり、当初からその支出が予定されたものでなく、かつ、異常原因に基づいて支出する費用は、取得価額に算入しないことができます。

第3章 減価償却資産等及び資本的支出・修繕費をめぐる税務判断

参考法令等

法人税法第22条第3項
法人税法施行令第54条第1項
法人税基本通達7―3―7（事後的に支出する費用）
国税庁HP「質疑応答事例」法人税▶（減価償却…一般）
　「住民運動による工事遅延期間について生じた費用の原価性」

65 資産取得についての和解金の処理

 当社は資産譲受の際、売買契約を締結し、すでに売買代金の支払いを完了していますが、売買契約の無効を相手から主張され、売主との間で訴訟となっていました。そこでこの紛争を一切精算し、当該資産の所有者として完全な支配下におくための代償として、このたび和解金を支払いました。この和解金は当該資産を取得するための費用としてその取得価額に算入すべきものでしょうか。

 取得価額に算入することになります。

＊　　　　　　　　　＊

固定資産の取得価額について規定した法人税法施行令第54条第1項第一号では「購入した減価償却資産」については、

「イ　当該資産の購入の代価（引取運賃、荷役費、運送保険料、購入手数料、関税、その他当該資産の購入のために要した費用がある場合には、その費用の額を加算した金額）

ロ　当該資産を事業の用に供するために直接要した費用の額」

の合計額が取得価額とされています。

本件の和解金は「その他当該資産の購入のために要した費用」と認められますので、購入した資産の取得価額になると考えられます。昭和47年12月25日国税不服審判所裁決でも同様な判断が示されています。

第3章　減価償却資産等及び資本的支出・修繕費をめぐる税務判断

▶ ポイント

　減価償却資産の取得価額には、購入代価以外にも法人税法施行令に記載されている関連費用や、事業に供するために直接要した費用も含まれることに注意して下さい。

参考法令等

法人税法施行令第54条

参考判決例等

昭和47年12月25日国税不服審判所裁決

▶ Q59〜Q100

66 建物新築のためにする古い建物の店子に対する立退料の支払いは一時の損金か

当社は不動産所有・管理会社ですが、今般、貸ビルを新築するにあたり旧ビルの店子に対して立退料を支払いました。この立退料は支払った事業年度の一時の損金としましたが、問題があるでしょうか。

賃貸用自社ビルの建替に際して旧ビルの店子に支払った立退料は、支払った事業年度の損金の額に算入されます。

　　　　　　　　　＊　　　　　　　　　＊

　ご質問の場合、立退料が新築ビルの取得価額に算入されるものであれば支払った事業年度の損金の額に算入することはできませんので、建物の取得価額の取扱いにより判断することになります。

　貴社は不動産所有・管理会社とのことですので、建物の新築はすなわち建築を請け負った業者からの購入を意味します。法人税法上、建物は減価償却資産であり、購入した減価償却資産の取得価額については、次のように規定されています（法令54①一）。

〈購入した減価償却資産〉　次に掲げる金額の合計額
① 当該資産の購入の代価（引取運賃、荷役費、運送保険料、購入手数料、関税（関税法第2条第1項第四号の二（定義）に規定する附帯税を除く）その他当該資産の購入のために要した費用がある場合には、その費用の額を加算した金額）
② 当該資産を事業の用に供するために直接要した費用の額

　立退料は新築ビルの建築着手に先立って旧ビル取壊しのため店子に支払わ

れるものですから、新築ビルの「購入の代価」でないことは明らかであり、また、建築着手前に支払われる点から「資産を事業の用に供するために直接要した費用の額」でないことも明らかです。「資産の購入のために要した費用」に当たるかどうかについては、「資産の購入のために要した費用」の例として法文上挙げられている「引取運賃、荷役費、運送保険料、購入手数料、関税」に当たらないことはいうまでもなく、挙げられた例から判断して「資産の購入のために要した費用」とはいえないでしょう。

なお、支払立退料の取扱いに直接言及した法人税基本通達は「法人が土地、建物等の取得に際し、当該土地、建物等の使用者等に支払う立退料その他立退きのために要した金額は、当該土地、建物等の取得価額に算入する。」と定めています（法基通７－３－５（土地、建物等の取得に際して支払う立退料等））。

一見、本問の建替取得もここにいう建物の取得に見えますが、ここでは他者所有の既存の建物を取得する場合を指し、同じく建物の取得といっても自己所有の建物を取り壊して別途建替取得する場合は、本通達の「建物の取得」には当たらないと考えられます。

建替の前提として自己所有の既存建物は取り壊されますが、建物取壊しの目的は必ずしも建替だけではないことに鑑み、また、取壊しにより現に資産が滅失することに照らし、取壊しは取壊しとして、新ビル建築とは切り離した独立の行為としてその費用の処理を判断すべきであると考えます。こうした点から、建物未償却残高を含むこの取壊費用は建替建物の取得価額に算入されないわけですが、既存建物の取壊しに際して支出する立退料はむしろ取壊しに要する費用であることから、建替建物の取得価額に算入されないことは当然といえるでしょう。

以上のとおり、本問の立退料は支払った事業年度の一時の損金に計上できると考えられます。

▶ Q59〜Q100

▶ポイント

　自社所有の賃貸建物の建替に際して、旧賃貸建物の店子に支払う立退料は旧建物の取壊しに要する費用であって、新築建物の取得価額には算入されません。

参考法令等

法人税法施行令第54条第1項第一号
法人税基本通達7―3―5（土地、建物等の取得に際して支払う立退料等）

67 建物新築と上棟式費用、落成式費用

当社は、このたび本社ビルを新築しました。上棟式費用、落成式費用は本社ビルの取得価額に算入せず当期の損金としましたが、問題があるでしょうか。

落成式費用は当期の損金とすることができますが、上棟式費用は建物の取得価額に算入する必要があります。また、ちなみにいずれの場合も、式の一環として行われる宴会の費用は交際費等に該当します。

*   *

　建物の取得価額には購入の代価や建設等のために要した原材料費等のほか、建物を事業の用に供するために直接要した費用の額も含まれますので、取得に要した費用一切が対象となります（法令54①）。したがって、上棟式費用は取得価額に算入する必要があります。しかし、落成式費用のように、建物の取得後に生ずる費用は取得価額に算入しないことができます（法基通7－3－7（事後的に支出する費用））。

　なお、上棟式や落成式における宴会費は交際費等に当たりますので、法人税申告の際は支出交際費等の額に含めて損金不算入額の計算をしなければなりません（措通61の4(1)－15（交際費等に含まれる費用の例示）、同61の4(1)－24（交際費等の支出の意義））。ただし、従業員等に概ね一律に社内で供与される通常の飲食に要する費用は、福利厚生費とされます（措通61の4(1)－10（福利厚生費と交際費等との区分））。

　また、取得価額に算入された上棟式関連の交際費については、原価に算入された交際費等の調整の取扱いを適用することができます（措通61の4(2)－7（原価に算入された交際費等の調整））。

▶ Q59〜Q100

> **ポイント**
>
> 本問のような付随費用が取得価額に含まれるかどうかは、目安として概ねその発生が完成引渡し前か後かで区分することができます。

参考法令等

法人税法施行令第54条第1項

法人税基本通達7—3—7（事後的に支出する費用）

租税特別措置法関係（法人税編）通達61の4(1)—10（福利厚生費と交際費等との区分）、61の4(1)—15（交際費等に含まれる費用の例示）、61の4(1)—24（交際費等の支出の意義）、61の4(2)—7（原価に算入された交際費等の調整）

第3章　減価償却資産等及び資本的支出・修繕費をめぐる税務判断

68 立退料と土地の取得価額

土地を購入するにあたり、その上に存在する建物も一体で購入しました。建物は古いので購入後取壊し予定としていたため、取引価格は０円としていますが、建物に入居者がおり、その立退料を300万円払ってすでに退去してもらいました。土地の購入価額は建物込みで１億円、建物解体費500万円、立退料300万円の支払いについては、土地の取得価額に含めるべきでしょうか。

土地の取得のために建物を０円で取得し、その入居者への立退料を支払って退去してもらい建物を解体していますので、建物の解体及び借家人への立退料の支払いは、土地を取得する行為に直接関連した費用と認められますので、土地の取得価額を構成すると考えられます。

＊　　　　　　＊

　法人税基本通達７－３－16の２（減価償却資産以外の固定資産の取得価額）において減価償却資産以外の固定資産の取得価額については、法人税法施行令第54条の規定を適用する旨明示されています。さらに同通達７－３－５（土地、建物等の取得に際して支払う立退料等）、７－３－６（土地とともに取得した建物等の取壊費等）において、土地の取得のときに支払う立退料や取得後概ね１年内に建物の取壊しに着手するなどの場合は、建物の簿価や取壊費用は土地の取得価額に算入することになっていることから、本件の場合も土地の取得価額に含めて土地の帳簿価額は１億800万円になります。

　また平成13年９月20日福岡高裁那覇支部の判決でも、法人税法施行令第54条第１項について非減価償却資産の取得価額への「類推適用されるべきである」と判示しています。

　以上のように、土地の取得価額も減価償却資産の取得価額と同様の取扱い

となり、特に立退料や建物取壊費用については上記のとおり、個別の取扱いが明らかにされています。

▶ポイント

　土地は減価償却資産ではないですが、その取得価額の内容は減価償却資産の取得価額と同様に取り扱われます。

参考法令等

法人税法施行令第54条

法人税基本通達７－３－５（土地、建物等の取得に際して支払う立退料等）、
　７－３－６（土地とともに取得した建物等の取壊費等）、７－３－16の２
　（減価償却資産以外の固定資産の取得価額）

参考判決例等

平成13年９月20日福岡高裁那覇支部判決（税務訴訟資料第251号順号8980）

PR用映画(ビデオ)フィルムは損金か資産か

 当社はこのたび、会社PR用の映画(映像)を作成し、ブルーレイディスク(BD)数枚に保存して、本社広報部他、支店、工場に配布しました。このBD作成費用として2億円ほど支出しましたが、一時の損金として差し支えないでしょうか。

 映画フィルム等に準じて、減価償却資産(種類「器具及び備品」構造又は用途「前掲のもの以外のもの」)に計上する必要があると思われます。

*　　　　　*

　PR用映画フィルムに関しては、その取得価額の取扱いにつき国税庁HPに「質疑応答事例」が公開されており、その中で「会社のPR用映画フィルムは、そのフィルムによるPR効果が期待できる期間中は継続的に使用されるものですから減耗資産ではなく、通常の減価償却資産として耐用年数2年で償却すべきもの」とされています。

　本問の場合、媒体がBDでありフィルムではありませんが、そのコンテンツ、目的は同じであることから、同様の取扱いになると思われます。

　「質疑応答事例」では参考として、減価償却資産の耐用年数等に関する省令別表第1「機械及び装置以外の有形減価償却資産の耐用年数表」の「器具及び備品」「11　前掲のもの以外のもの」「映画フィルム(スライドを含む。)、磁気テープ及びレコード」が示されていますが、当然、この中にはBDは掲げられていません。しかし、BDは媒体としてこれらに代わるものですから、同様の取扱いになるものと考えます。

> **ポイント**
>
> 　昨今、一般事業会社が映画フィルム、磁気テープ及びレコードを使用・作成することは稀で、これらに代わる同等の媒体かどうかで判断されるものと考えます。

参考法令等

減価償却資産の耐用年数等に関する省令別表第1
国税庁HP「質疑応答事例」法人税▶（減価償却…一般）2
　「PR用映画フィルムの取得価額」

第3章　減価償却資産等及び資本的支出・修繕費をめぐる税務判断

70 中古マンションの床、壁紙、張替費用とフローリング費用

当社が社宅として所有している中古マンション一室の床、壁紙を張り替えました。古くなって見栄えが悪くなったために張り替えたもので、一時の費用にしたいと思いますが、問題があるでしょうか。なお、床はカーペットからフローリングに変え、費用は80万円ほどかかりました。

フローリングへの張替工事費用は、カーペットへの張替工事と単価が大きく変わらなければ、通常の維持管理費用または原状回復費用として修繕費となります。壁紙張替についても同様に、同品質の壁紙の張替であれば修繕費となります。

＊　　　　　＊

　床、壁紙の張替費用が修繕費となるか資本的支出となるかは、法人税法施行令第132条（資本的支出）により判断することになります。同条は、次に掲げる金額に該当するもの（そのいずれにも該当する場合には、いずれか多い金額）は、その内国法人のその支出する日の属する事業年度の所得の金額の計算上、損金の額に算入しない、つまり、資本的支出に当たるとしています。
① 当該支出する金額のうち、その支出により、当該資産の取得の時において当該資産につき通常の管理または修理をするものとした場合に予測される当該資産の使用可能期間を延長させる部分に対応する金額
② 当該支出する金額のうち、その支出により、当該資産の取得の時において当該資産につき通常の管理または修理をするものとした場合に予測されるその支出の時における当該資産の価額を増加させる部分に対応する金額
　要するに「使用可能期間を延長させる部分に対応する金額」や「資産の価

額を増加させる部分に対応する金額」がある場合には、その部分は資本的支出となり一時の損金とはなりません。

しかし、実務上、その判断は難しいことが多いため、その運用については、法人税基本通達７－８－１（資本的支出の例示）、７－８－２（修繕費に含まれる費用）に区分の例が示されているほか、７－８－９（耐用年数を経過した資産についてした修理、改良等）までに指針が定められています。

次に実例による判断ですが、端的にカーペットからフローリングに変えたケースで、資本的支出には該当せず修繕費として認めた裁決例があります（平成12年５月31日裁決　TAINSコードＦ０－１－103）。この事例はホテルの改装例で、しかも所得税の事例ですが、資本的支出に該当するかどうかの判断は基本的に所得税と法人税とで取扱いが変わることはありません。

※カーペット、絨毯とも呼称による本質的な違いはないものとします。

＊　　　　　　　＊

裁決の要旨は「床の張替工事（絨毯からフローリング）は、工事単価等からみて品質を高めたり、耐久性を増すものとは認められないから、原状回復のための支出であり」修繕費に当たるとしたものですが、新築工事時の見積書や問題となった改装工事の見積書を基に絨毯仕様、フローリング仕様の工事単価を比較した上で両仕様の単価に大きな違いがなかったことから品質を高めたりまたは耐久性を増すものに取り替えたとは認められないと判断しています。

この裁決を参考にすれば、本問の場合もいずれの仕様も工事単価に大きな違いがなければ修繕費として一時の損金として差し支えないと思われます。

ただし、フローリング材には表面加工を施してキズが付きにくくした高品質のものもあり、使用する材質によっては資産の価額を増加させたと判断されるケースも考えられます。この場合はカーペットから同質のカーペットへの張替費用、いわゆる通常の取替費用を上回る部分は資産の価額の増加部分として資本的支出と扱われることになるでしょう。

壁紙の張替についても同様で、同程度の品質の壁紙に張り替えた場合は通

第3章　減価償却資産等及び資本的支出・修繕費をめぐる税務判断

常の維持管理費用または原状回復費用として修繕費扱いで差し支えないと考えます。

▶ ポイント

　直前のカーペット工事の見積書や、今回工事にあたっては、カーペットからカーペットへの張替工事見積りも取っておき、フローリング工事の工事単価との比較ができるようにしておくと効果的でしょう。

参考法令等

法人税法施行令第132条

法人税基本通達7―8―1（資本的支出の例示）、7―8―2（修繕費に含まれる費用）、7―8―9（耐用年数を経過した資産についてした修理、改良等）

参考判決例等

平成12年5月31日国税不服審判所裁決（TAINSコードＦ0-1-103）

71 ユニットバスの交換は修繕費か

 マンションの数室を賃貸しています。築20年のマンションでユニットバスは清掃してもキズ、汚れが目立つようになりましたので、新規に入居者を募集するにあたって交換しました。賃貸物件ですから、機能的な不具合はなくても一定の美観を維持する必要があり、この意味で今回の交換は劣化した美観の原状回復と考えています。したがって、修繕費で落としたいと思いますが、いかがでしょうか。

 ユニットバスの交換は建物に対する資本的支出とする判決、裁決事例がありますので、全額修繕費として一時の損金とすることは認められないでしょう。

　仮に建物本体とは区分できる建物附属設備（衛生設備）に当たるとしても、交換は既設設備を撤去した後、新規設備を設置することになりますから、いわゆる撤去・新設であり、撤去費用等の損金算入と設備の新規取得となり、いずれにしても、全額修繕費として損金算入することは認められません。

＊　　　　　　　＊

　法人税法上、資本的支出と修繕費との区分に関しては、支出する金額のうち次の金額は損金に算入しないとされており（法令132）、資本的支出となります。

①　当該支出する金額のうち、その支出により、当該資産の取得の時において当該資産につき通常の管理または修理をするものとした場合に予測される当該資産の使用可能期間を延長させる部分に対応する金額

②　当該支出する金額のうち、その支出により、当該資産の取得の時において当該資産につき通常の管理または修理をするものとした場合に予測

されるその支出の時における当該資産の価額を増加させる部分に対応する金額

しかし、「使用可能期間を延長させる部分に対応する金額」や「資産の価額を増加させる部分に対応する金額」を算定することは実際上極めて困難であり、このため、実務上の取扱いとしては資本的支出を例示した法人税基本通達７―８―１（資本的支出の例示）や修繕費となる費用を例示した同通達７―８―２（修繕費に含まれる費用）などの関係通達により判断することになります。

法令上いずれの場合も「通常の管理又は修理をするものとした場合に予測される」使用可能期間の延長や資産価値の増加の有無が問題となりますので、前提としてその支出が「通常の管理又は修理」に当たるかどうかを検討する必要があります。この点、「通常の維持管理のため、又はき損した固定資産につきその原状を回復するために要したと認められる部分の金額」が修繕費となることが明らかにされていますから（同上通達７―８―２）、通常の管理とは通常の維持管理、修繕とは毀損した部分の原状回復を指し、これらに要する費用が修繕費といえましょう。

本問の場合、ユニットバス全体の「交換」ですから、通常の維持管理でないことは明らかです。また、ユニットバス全体に水垢やキズ跡が目立つようになり美観上の機能が損なわれているとはいっても、浴室空間として美観以外の機能は損なわれていない以上、ユニットバス全体の交換・取替は原状回復を超えた修理といわざるを得ません。したがって、本問のユニットバスの交換費用は、修繕費として一時の損金とすることはできないと考えます。

次に、修繕費として一時の損金とすることはできないとして、資本的支出となるのか新たな資産の取得となるのかどうかについては、本問の場合、ユニットバスが資本的支出の対象となる原資産、すなわち、建物の一部を構成しているのか、建物とは別個の資産であるのかにより判断が分かれます。建物の一部を構成しているのであれば、建物に対する資本的支出となり、建物とは別個の資産（建物附属設備）であれば交換取替による資産の新規取得と

なるでしょう。

　この点、現状、判例、裁決とも、ユニットバスは建物の一部を構成する内部造作であると判断しています。

＊　　　　　　　　＊

平成26年4月21日裁決（裁決事例集 No.95）

　築17年を経過した賃貸用マンションの一部の住宅内の台所及び浴室の各設備等を取り壊し、新たなシステムキッチン及びユニットバスに取り替えた工事について、居住用機能を回復させるため劣化した流し台等を取り替えたものであり修繕費に当たるとして争った事案です。

　審判所は「新たにシステムキッチン及びユニットバスが設置された台所及び浴室は、本件建物と物理的・機能的に一体不可分な内部造作で、本件建物と一体となって、住宅としての用途における使用のために客観的に便益を与えるものであり、取り壊した台所部分及び浴室部分も同様であったと認められる。…単に既存の台所設備・浴室設備の部材の一部を補修・交換したものではなく、本件建物の各住宅内で物理的・機能的に一体不可分の関係にある台所部分及び浴室部分について、建築当初から設置されていた各設備及び壁・床の表面等を全面的に新しい設備等に取り替えたものであり、このことは、本件建物の各住宅を形成していた一部分の取壊し・廃棄と新設が同時に行われたとみるべきものである。…本件各取替費用は、本件建物の各住宅の通常の維持管理のための費用、すなわち修繕費であるとは認められず、新たにシステムキッチン及びユニットバスを設置し、台所及び浴室を新設したことによって、当該各住宅ひいては本件建物の価値を高め、又はその耐久性を増すことになると認められるから、その全額が資本的支出に該当するというべきである。」と判示し、修繕費とは認めず資本的支出であるとしました。

　しかし、この裁決では修繕費か資本的支出であるかを争われたためかユニットバスが建物附属設備に当たるかどうかには積極的には触れずに、建物と物理的・機能的に一体不可分な内部造作であると結論付けています。これ

は「床や壁面にコーキング等によって固定されているから、本件建物との物理的な接着の程度もかなり高く、容易に取り外すことができないものである。」との判示からみて、少なくとも物理的な一体性が高いとみて建物附属設備ではなく建物の一部（内部造作）と判断したものと思われます。

建物附属設備の意義について、この裁決で参考判例とされた平成17年10月27日東京高裁判決では、「建物附属設備とは、建物に固着されたもので、その建物の使用価値を増加させるもの又はその建物の維持管理上必要なものではあるが、建物と機能的・物理的に一体不可分とはいえず、建物の用途そのものに客観的な便益を与えるものではないことから、建物とは独立して耐用年数が算定されるもの」と判示しています。

こうしてみると、建物附属設備かどうかは「建物と機能的・物理的に一体不可分」かどうかにかかってくるでしょう。

平成2年1月30日裁決（裁決事例集No.39）は、ユニットバス等が「器具及び備品」に当たるかどうかで争われたため「ユニットバスについては、本件建物内の浴室と予定され、給湯及び給排水設備が施工された場所に、浴室ユニット部材を結合させて1個の浴室を形成しているもので、本件建物の部屋の1つであるから『器具及び備品』に該当しないことは明らかである。」として請求人の主張を退けていますが、建物と一体不可分との判断を滲ませています。

平成5年3月23日広島地裁判決（元年（行ウ）第7号及び平成2年（行ウ）第8号）も、やはりユニットバス等が「器具及び備品」に該当するかどうかで争っているため、「本件建具等は、本件建物と物理的又は機能的に一体不可分な内部造作であり、かつ、本件建物と一体となって、その効用を維持増進する目的を有するものと認められる」として建物の内部造作であると判示しています。

いずれにしても、積極的に「建物附属設備」の意義について言及したのは平成17年10月27日東京高裁判決だけで、この訴訟の対象はユニットバスではなかったため、この意義に照らしてユニットバスが建物内部造作であるのか

建物附属設備であるのかは、この判決上は明らかではありません。他の判例、裁決は修繕費や器具及び備品として争って主張が退けられたものであり、これらの判決からユニットバスが建物附属設備に該当しないと結論付けるのは早計と考えます。

　これらの判例、裁決に共通しているのは「建物と機能的・物理的に一体不可分」かどうかが判断の分かれ目であるといえる点でしょう。これが共通の物差しであるとしても、何をもって「建物と機能的・物理的に一体不可分」と判断したのか判然としないところがあります。「床や壁面にコーキング等によって固定されているから、本件建物との物理的な接着の程度もかなり高く、容易に取り外すことができないものである。」（平成26年４月21日裁決）と判示した例もありますが、建物附属設備である衛生設備の陶器などをみても「建物との物理的な接着の程度もかなり高く、容易に取り外すことができないものである」ことは疑いなく、この程度の固着性をもって建物と物理的に一体不可分とするのは無理があるでしょう。

　今日のユニットバスやユニットキッチンなどのユニット性に注目した場合、その設置工事は既存設備の撤去から新設まで通常１日〜２日程度の工事であり、むしろ、容易に着脱できる設備であるといえ、しかも、これらは構造物としての建物の耐久性に影響を及ぼしているとは考えられないことから、建物と一体不可分とはいえず建物附属設備として扱う余地も十分あると考えます。仮に浴室が住宅機能に不可欠であるとして建物と一体不可分であるとするなら、便器等トイレ設備が住宅機能に不可欠であるにもかかわらず衛生設備として建物附属設備と扱われていることと均衡を欠くといわざると得ません。

　以上により、本問の場合、減価償却資産の区分としては衛生設備が妥当でしょう。

　リフォーム業界などでは衛生器具設備工事とは、便所・浴室・湯沸し室などに大小便器・洗面器・掃除流し・浴槽・シャワー・水栓類などを設置する工事とされていますし、償却資産の取扱い（東京都償却資産家屋区分表）では

第3章　減価償却資産等及び資本的支出・修繕費をめぐる税務判断

便器と同様ユニットバス、システムキッチンも衛生設備の例として挙げられていますので、このあたりが常識的な区分といえるでしょう。

▶ポイント

　ユニットバスは、その着脱の容易性と建物の耐久性に影響を与えない点から建物と一体不可分ではないといえ、建物附属設備と扱う余地があると考えられますが、修繕費か器具及び備品かで争われた判例・裁決では、ユニットバスの交換費用は建物に対する資本的支出と判断されています。

　いずれにしても、交換設置費用は修繕費として一時の損金とは認められないでしょう。

参考法令等

法人税基本通達7―8―1（資本的支出の例示）、7―8―2（修繕費に含まれる費用）

参考判決例等

平成17年10月27日東京高裁判決（平成17年（行コ）第46号）（TAINZコード Z255-10178　税務訴訟資料　第255号－297）

平成5年3月23日広島地裁判決（元年（行ウ）第7号及び平成2年（行ウ）第8号）

平成26年4月21日国税不服審判所裁決（裁決事例集 No.95）

平成2年1月30日国税不服審判所裁決（裁決事例集 No.39）

72 物理的に付加した場合は資本的支出か

法人税基本通達に資本的支出に該当する例として「建物の避難階段の取付等物理的に付加した部分に係る費用の額」が挙げられていますが、「物理的に付加した部分に係る費用の額」はすべて資本的支出となりますか。

法人税基本通達7―8―1（資本的支出の例示）は資本的支出となる費用を例示していますが、本文中に「原則として」とあるように「物理的に付加した部分に係る費用の額」があれば機械的に資本的支出に該当するとしているわけではありません。実態として、資産の価値を高め、またはその耐久性を増すこととなると認められる部分に対応する金額があるかどうかにより判断されます。

＊　　　　　　　＊

　物理的に付加した部分があるものの、実態により修繕費と判断した例として平成14年8月21日裁決（TAINSコードＦ0-2-110）があります。
　この事例は、プロパンガス事業者が出荷ポンプのガス漏れ対策としてガス抜き配管を新設したケースですが、明らかに物理的に付加した部分がありながら、出荷ポンプとしての本来の機能を回復するためのものであるとして修繕費として認めたもので、「本件漏えい対策工事は、過去2回の修繕工事でも改善されなかったために行われたガス漏れ防止工事であり、本件漏えい対策工事において、原処分庁が主張するように物理的に付加した部分があるとしても、当該物理的な付加は、当該資産の価値を高め耐久性を増すためというより、液化したプロパンガスを安全に出荷するために行った補修であり、出荷ポンプとしての本来の機能を回復するためのものであるから、本件漏えい対策工事費は修繕費に該当し、請求人の経理処理は相当である」と判示し

ています。

> ▶ ポイント

　物理的に付加した部分があるとしてもそれだけで機械的に資本的支出とされることはなく、実態により判断されます。

参考法令等

法人税法施行令第132条
法人税基本通達 7 — 8 — 1 （資本的支出の例示）、7 — 8 — 2 （修繕費に含まれる費用）

参考判決例等

平成14年 8 月21日国税不服審判所裁決（TAINS コード F 0-2-110）

73　毀損した部分の修繕と資本的支出

固定資産の毀損した部分を修繕しましたが、資本的支出になることがありますか。

毀損した部分があって修繕しても、直接毀損部分を修繕せず他の工法により物理的に付加した部分があるような場合は、資本的支出となることがあります。

＊　　　　　　　＊

　税務上、修繕費と資本的支出との区分については、法人税法施行令第132条（資本的支出）に「修理、改良その他いずれの名義をもってするかを問わず、その有する固定資産について支出する金額で次に掲げる金額に該当するもの…は、その内国法人のその支出する日の属する事業年度の所得の金額の計算上、損金の額に算入しない。」と規定され、資本的支出とされています。つまり、「使用可能期間を延長させる部分に対応する金額」や「資産の価額を増加させる部分に対応する金額」がこれに当たります。

　法人税基本通達においてはさらに具体的に修繕費となるもの、資本的支出となるものの例や、区分の方法を示しています（法基通7－8－1（資本的支出の例示）、7－8－2（修繕費に含まれる費用）～7－8－9（耐用年数を経過した資産についてした修理、改良等））。

　このような考え方はともかく、実務においては修繕費等の支出がいずれに当たるかは個々のケースの事実認定による場合が多く、判断に迷うことは少なくありません。

　裁決の例で具体的な判断を見てみます。

　平成13年9月20日裁決は、3棟の建物の屋根の修理が修繕費か資本的支出か争われたケースですが、1棟の屋根修理は毀損している部分が明らかであ

るにもかかわらず、その毀損部分を直接修理せず「屋根全体を覆い被せた屋根カバー工法による工事」により新たに屋根全体を覆う別の屋根を設置したため耐用年数を延長し、その価額を増加させると判断されましたが、同様に新たに屋根を設置しながら、他の2棟は雨漏りの箇所が特定できない、つまり、毀損部分が特定できないために新たに陸屋根全体を覆う折板屋根工事により新たな屋根を設置したもので、応急的な防水工事であり、本件工事を行わない場合においては結果的に当初予定の建物使用可能期間を短縮させることになると予測されるとして、修繕費とされました。物理的に付加した部分があっても、毀損部分を原状回復させる手段として他の工法がなかったともいえるでしょう。

　平成16年8月12日裁決は、道路舗装路面の修繕が別の固定資産の取得費に算入すべきか争われたケースですが、取得費に算入されないとした上で、修繕費か資本的支出か判断を示しています。

　工事前の状況としては、この舗装路面は「破損がひどく、除去して補修しなければ強度が落ち、また、接合点で段差が生じる」状態であったことを工事業者が証言しています。このため破損したコンクリート路面部分を除去し新たにコンクリートを打設したもので、「使用可能期限を延長又はその支出時における当該資産の価額を増加させるものとは認められない」と判断されました。原状回復の範囲内とされたのでしょう。

　このような例から判断すると、同じ毀損部分の修繕であっても、その毀損した部分を直接修繕すれば修繕費、直接修繕しなくても修繕（原状回復）するのに他に代替工法手段がないような場合は、たとえ物理的な付加があっても修繕費、毀損部分を直接修繕できるのに他の工法を選び物理的な付加があるような場合は資本的支出に当たると思われます。

▶ Q59〜Q100

▶ ポイント

　毀損した部分を修繕したから単純に修繕費とはいえず、法令の趣旨から事実認定に基づく実質的な判断が求められます。

参考法令等

法人税法施行令第132条

法人税基本通達7―8―1（資本的支出の例示）、7―8―2、（修繕費に含まれる費用）、7―8―9（耐用年数を経過した資産についてした修理、改良等）

参考判決例等

平成13年9月20日国税不服審判所裁決（TAINSコードF0-2-119）
平成16年8月12日国税不服審判所裁決（TAINSコードF0-2-232）

第3章　減価償却資産等及び資本的支出・修繕費をめぐる税務判断

74　修繕費と資本的支出の具体的区分計算

Q 当社の製品製造工場において屋根の水漏れが発生しました。業者に相談したところ、屋根の主要部分等の劣化が原因であり、部分的に修繕するよりも工場を稼働しながら工事が可能な、従来の屋根全体を覆う新たな屋根を敷設した方が経済的、との話でした。当社は業者のアドバイスどおり請負契約するつもりです。この場合、修繕費と資本的支出の区分はどうなるのでしょうか。

A 工場の水漏れ補修として部分的に補修するよりも全体を覆う、例えばドーム上の屋根を新たに敷設した方がいいと判断しそれを選択した場合、資本的支出と修繕費が混在することになります。この場合、合理的に資本的支出と修繕費を区分できればそれに従うことになりますが、それが困難な場合には「資本的支出と修繕費の区分の特例」を適用し、その敷設に要した金額の30％とその修理・改良をした固定資産の前期末における取得価額の10％相当額とのいずれか少ない金額を修繕費とすることができます。

▶ポイント

上記Answerの取扱いは、貴社として継続適用が要件となります。
また水漏れ個所やその範囲の写真等を保存しておくことで、後々の税務調査の際の説明に役立ちます。

参考法令等

法人税基本通達７－８－５（資本的支出と修繕費の区分の特例）

▶ Q59〜Q100

75 自家製造の備品、機械等の原価差額の調整は必要か

 当社は機械メーカーですが、自社製造の機械を自社で使用することがあります。この場合、機械の取得価額の計算上、原価差額の調整は必要でしょうか。

 自己使用の機械の製造に要した原材料等の棚卸資産に係る原価差額が総製造費用の概ね1％相当額以内であれば、その機械の取得価額の計算上も原価差額の調整は要しません。

　　　　　　　　　　＊　　　　　　　　　＊

　自己が建設、制作または製造する減価償却資産の取得価額については、法人税法施行令第54第1項第二号に次の金額の合計額とすると規定されています。
　①　当該資産の建設等のために要した原材料費、労務費及び経費の額
　②　当該資産を事業の用に供するために直接要した費用の額
　ただし、算定した建設等の原価の額が上記①及び②に掲げる金額の合計額と異なる場合において、その原価の額が適正な原価計算に基づいて算定されているときは、その原価の額に相当する金額をもって当該資産の同号の規定による取得価額とみなす、とされていますから（法令54②）、いわゆる原価差額が生じても原価の額が適正な原価計算に基づいて算定されているときは税務上原価差額の調整は要せず、その原価の額が取得価額とみなされます。
　ここで、適正な原価計算に基づいて算定されているとは、「法人が原価計算に関する規定を定めているかどうかに関係なく、その原価の算定が業種、業態、規模などの実情に応じ一般的に実施されている原価計算の方法によって行われていること」を意味し、「実際の取得価額と比較した差額いわゆる原価差額が多額な場合は、適正な原価計算に基づいて算出されていることに

はならない」と考えられています（「相談事例」（TAINSコード　法人事例001135））。原価差額が多額かどうかの目安としては、原価差額がその事業の総製造費用の概ね1％に相当する金額かどうかによるとされており（法基通5―3―3（原価差額の調整を要しない場合））、1％相当額を超える場合は適正な原価計算に基づいていないと判断され、原価差額の調整が求められます。

　本問のように、原材料等の棚卸資産を固定資産の制作または建設（改良を含む）のために供したときまたは自己生産に係る製品を固定資産として使用したときには、その棚卸資産に係る原価差額の調整を要するのであれば、当該固定資産に係る原価差額は、その取得価額に配賦しなければなりませんから（法基通7―3―17（固定資産の原価差額の調整））、固定資産（減価償却資産）の原価差額の調整の考え方は、棚卸資産に係る原価差額の調整と同様です。

　つまり、自己の固定資産の制作等に要した原材料等の棚卸資産について原価差額が総製造費用の概ね1％相当額以内であれば、原価差額の調整は要しないこととなります。

▶ポイント

　原価差額が少額（総製造費用の概ね1％相当額以内の金額）である場合は原価差額の調整は要しませんが、この取扱いは棚卸資産の原価差額の調整の取扱いに準じて判断します。

参考法令等

法人税法施行令第54条第1項第二号
法人税基本通達5―3―3（原価差額の調整を要しない場合）、7―3―17（固定資産の原価差額の調整）
「相談事例」（TAINSコード　法人事例001135）

▶ Q59〜Q100

76 備品と建物附属設備の違い（キッチンセット、換気扇）

キッチンセット、換気扇などは、同様に建物に設置されますので減価償却資産として器具備品となるのか建物附属設備となるのか判断に迷います。器具備品と建物附属設備との違いは何でしょうか。

換気扇は取外しが容易なことから器具備品、キッチンセット（システムキッチン）は建物本体への固着性が一定程度あるため器具備品とはいえないものの、システム化された結果、強い固着性はなく、しかし、建物と一体となって建物の効用価値を高めるものであることから、建物附属設備（衛生設備）とする余地があるように思われます。

なお、キッチンセット（システムキッチン）の取替は、最近の裁決では建物への資本的支出とされています（平成26年4月21日裁決）。

＊　　　　　　＊

法令上「器具備品」「建物附属設備」それぞれの定義規定はありません。

そこで、判例・裁決をみると、「器具及び備品」とは、機械及び装置以外の有形減価償却資産であって、建物、建物附属設備、構築物、船舶、航空機、車両及び運搬具ならびに工具以外のものをいうとした判例があります（平成5年3月23日広島地裁判決）。しかし、これは積極的に器具備品を定義したものではなく実務において区分の尺度として斟酌するには物足りませんが、積極的に解釈を示した裁決はあり、「建物内に設置されたものについていえば、当該建物とは構造上独立・可分であって、かつ、機能上建物の用途及び使用の状況に即した建物本来の効用を維持する目的以外の固有の目的により設置されたもの」が「器具及び備品」に該当するとした裁決があります（平成26年4月21日裁決）。

一方で、「建物附属設備」については、「機械及び装置以外の有形減価償却

資産であって、…暖冷房設備、照明設備、通風設備、昇降機その他建物に附属する設備をいい、建物と一体となって建物の効用価値を高めるものをいう」とした裁決があり（平成12年2月25日裁決）、他の裁決でもこの解釈が踏襲されています（平成16年12月14日裁決）。

このような判例・裁決の解釈を要約すると、器具備品とは、建物とは構造上独立・可分であって、かつ、建物本来の効用を維持する目的以外の固有の目的により設置されたものをいい、建物附属設備とは建物に附属する設備であって建物と一体となって建物の効用価値を高めるものをいう、とまとめることができるでしょう。いい換えれば、構造上の独立・可分性と固有の目的の有無が区分の要点といえます。

前記平成12年2月25日裁決は、大学会館1階食堂に設置した冷房用資産（エアコン一式、同配管一式）が「器具及び備品」に該当するのか、それとも「建物附属設備」に該当するのかが争われた事案ですが、「大学会館の建物本体に固着されたものであると認められ、建物と構造上独立・可分であるとは認められないこと」等を理由に建物附属設備であるとした原処分庁の主張は「建物と一体となって建物の効用価値を高めるものとは認められない」として退けられました。なお、この事案の中で、原処分庁は事務室内に設置した冷暖房用機器については「独立して食堂事務室内のみを対象として機能し、かつ、比較的簡易に取り外して移設が可能な冷房用機器であることから、建物と構造上独立・可分のものであり、かつ、機能上建物の用途及び使用の状況に即した建物本来の効用を維持する目的以外の固有の目的により設置されたものであることから器具及び備品に該当する」と主張し、器具備品として認めています。要旨は、前記審判所の判断と同様です。

さらに、器具備品と建物附属設備との区分の参考として、一般的には器具備品と考えられるエアコン（冷房用または暖房用機器）でも、ダクトを通じて相当広範囲にわたって冷房するものは「建物附属設備」の冷房設備に該当するとされています（耐用年数通達2－2－4（冷房、暖房、通風又はボイラー設備））。また、避難用具では、折たたみ式縄ばしご、救助袋のようなもの

は、器具及び備品、緊急時に機械により作動して避難階段または避難通路となるもので、所定の場所にその避難階段または避難通路となるべき部分を収納しているものは「建物附属設備」に掲げる「格納式避難設備」とされています（耐用年数通達2－2－4の2（格納式避難設備））。

いずれも、器具備品と建物附属設備との区分の基準は、構造上の独立・可分性に置かれていると思われます。

▶ ポイント

建物との構造上の独立・可分性や固有の目的の有無が、器具備品と建物附属設備との区分の要点といえます。

参考法令等

耐用年数の適用等に関する取扱通達2－2－4（冷房、暖房、通風又はボイラー設備）、2－2－4の2（格納式避難設備）

参考判決例等

平成5年3月23日広島地裁判決
平成12年2月25日国税不服審判所裁決（TAINSコードF0-2-078）
平成16年12月14日国税不服審判所裁決（TAINSコードF0-2-234）
平成26年4月21日国税不服審判所裁決・裁決事例集　No.95（平成26年4月～6月分）

第3章 減価償却資産等及び資本的支出・修繕費をめぐる税務判断

77 車両に後付けしたカーナビの取扱い

Q 当社では、リアモニター付きのカーナビを15万円（税抜取付費込）で購入し、社長車に取り付けました。
当社は中小企業なので、少額減価償却資産の取得価額の損金算入の特例を使って一時の損金として処理しようと思いますが、よろしいでしょうか。

A ご質問のカーナビ取付けは、車両に新たな機能を追加し、価格（価値）を増加させることから、資本的支出に該当するものの（法令132）、支出した金額が15万円（税抜）ですから、一の修理、改良等のために要した費用の額が20万円に満たない場合は修繕費として損金経理をすることができるとした法人税基本通達7―8―3(1)により、一時の損金の額に算入することができます。

ただし、支出した金額が25万円であったとすると、法人税基本通達7―8―3(1)を適用して一時の損金の額に算入することはできません。しかも、資本的支出の原則的な取扱いについては、租税特別措置法関係（法人税編）通達67の5―3前段において、法人のすでに有する減価償却資産につき改良、改造等のために行った支出であることから、原則として、租税特別措置法第67条の5第1項《中小企業者等の少額減価償却資産の取得価額の損金算入の特例》に規定する「取得し、又は製作し、若しくは建設し、かつ、当該中小企業者等の事業の用に供した減価償却資産」に当たらないとされており、この意味では、租税特別措置法67条の5特例を適用して一時の損金とすることもできません。

＊　　　　　＊

しかし、カーナビは、それ自体が一個の資産として機能し、資産本体（車

両）とは別個の資産として管理・償却を行うとしても問題のないものと見受けられますので、租税特別措置法関係（法人税編）通達67の5－3後段の取扱いにより、租税特別措置法67条の5特例を適用して、一時の損金の額に算入して差し支えないと考えます。

なお、租税特別措置法関係（法人税編）通達67の5－3後段の適用にあたって、カーナビは、それ自体では持ち歩いて機能は発揮できず、車両の電源と車両への固定が必要ですから、「単独資産としての機能の付加である」であるかどうかについて疑義が生ずることも考えられ、この点につき当局の見解を明確に確認できない現状においては本通達後段の適用を否定される可能性は無きにしも非ずといわざるを得ません。

▶ ポイント

資本的支出については、原則として、租税特別措置法67条の5特例の適用はありません。ただし、資本的支出の内容が規模の拡張である場合や単独資産としての機能の付加である場合など、同法の適用が認められる可能性はありますので、支出の内容をよく見極めることが肝要です。

参考法令等

租税特別措置法第67条の5
法人税法施行令第132条、第55条
法人税基本通達7－8－3（少額又は周期の短い費用の損金算入）
租税特別措置法関係（法人税編）通達67の5－3（少額減価償却資産の取得等とされない資本的支出）

第3章 減価償却資産等及び資本的支出・修繕費をめぐる税務判断

78 少額減価償却資産の取得価額の判定

Q 当社では、19万8,000円のコピー機を同じフロアにある子会社と共同で購入して各々均等に所有することにしました。
　各社の取得価額は9万9,000円となりますが、このコピー機を少額の減価償却資産として、一時の損金と処理しても問題にならないでしょうか。

A 取得価額が10万円未満の少額な減価償却資産は国外リース資産とリース資産を除いて（法令133①、法令48①六、法令48の2①六）、貸付けの用に供したものでなければ、損金経理により事業の用に供した日の属する事業年度の損金の額に算入することができます（法令133①）。また、使用可能期間が1年未満のものも損金経理により事業の用に供した日の属する事業年度の損金の額に算入することができます。
　民法では「共有物の全部について、その持分に応じた使用をすることができる」（民249）となっており、法人税の取扱いにおいても、資産が共有の場合は、取得価額の判定は持分により行うこととされています。したがって、お問合せのコピー機の場合は、少額減価償却資産と取り扱って差し支えありません。なお、民法同条第2項において、「自己の持分を超える使用の対価を償還する義務を負う」とされていますので、コピー機の使用状況において、使用状況がどちらかに遍在するときは、メンテナンス費用や消耗品の費用について経済合理性のある費用負担が求められると考えられます。

▶ポイント

　取得価額の判定は持分により行いますが、といって、少額な減価償却資産の特例を受けるために、子会社に多数の資産について共同所有を持

ち掛け、取得後その共有の実態がない場合などは、税務調査にて、否認されるリスクがあります。

▶参考法令等

法人税法施行令第48条（減価償却資産の償却の方法）、第48条の2（平成19年4月1日以後取得の減価償却資産）、第54条（減価償却資産の取得価額）、第133条（少額の減価償却資産の取得価額の損金算入）

法人税基本通達7—1—11（少額の減価償却資産又は一括償却資産の取得価額の判定）

民法第249条（共有物の使用）

79 他社の門と塀の改良費用

Q 当社では、工場の増設工事をするにあたって工事車両の出入りに大型車両の通行もできるように、隣接する第三者（B社）の了解を取り、B社所有の門と塀を取り壊し、工場の増設工事が完了した時点で、新品のアルミ製の門と鉄筋コンクリート造りの塀を新設しました。これらに要する費用は約200万円になりました。この費用については、B社に対する寄附金と考えていますが、いかがでしょうか。

A 本件の場合、貴社が工場を増設するために工事車両の通行が不可欠ということで、B社の門と塀を壊して、工事終了後、門と塀を再築して戻した行為に過ぎません。B社に法人税法第37条第7項に規定されている「金銭その他の資産又は経済的な利益の贈与又は無償の供与」があったとは認められませんので、寄附金には該当しません。貴社の工場増設工事のための車両通行上の必要不可欠の門と塀の除去再建であり、工場増設は規模は分かりませんが、本ケースは建物の取得か資本的支出のために必要な門と塀の除去再生と認められますので、これらの費用約200万円については、工場を増設した固定資産の取得価額に含まれるものと考えます。

▶ ポイント

固定資産の取得に要した費用は、購入、建設などの態様に応じて取得した固定資産の取得価額を構成します。

参考法令等

法人税法第37条
法人税法施行令第54条、第132条

80 減価償却資産の取得価額と一取引一セットの関係

当社では社屋を新築して、働きやすさを実現するため事務机や椅子、棚、ロッカー、ブラインドなどの備品類について某デザイナーにコーディネートを委託し、事務所内のレイアウトデザインを発注しつつ備品類を購入しました。これらの備品は1個当たりの単価はいずれも10万円未満ですが、すべて少額減価償却資産として処理してよろしいでしょうか。計画予算はすべて込みで1,500万円です。

事務机や椅子、棚、ロッカー、ブラインドをすべて1個が10万円未満であるとして、一律に少額減価償却資産として費用処理することは認められないと思われます。

　事業の用に供したときに損金経理により損金算入が認められる少額減価償却資産について、法人税法施行令第133条（少額の減価償却資産の取得価額の損金算入）では取得価額が10万円未満であるものと規定していますが、法人税基本通達7−1−11（少額の減価償却資産又は一括償却資産の取得価額の判定）では、「通常一単位として取引されるその単位」、つまり「工具、器具及び備品については一個、一組又は一そろいごとに判定し」とされていますので、貴社の購入した備品についても構造または用途とその細目毎に一組または一揃い毎に判定することが求められます。

　事務机、椅子についてですが、各1個が個別にその机あるいは椅子としての機能を発揮し、社員の事務等の用途として使われるものであることが明らかであることから、通常は、各一個毎の金額で判断して差し支えないでしょう。しかしながら、棚、ロッカー、ブラインドについてはどのような形態で使われるのか明確ではありませんが、棚は棚板と柱から構成されていると考えられ、これらを一組の単位とするとらえ方が必要です。また、ロッカーに

ついては、一個のものが多数組み合わされて連結されて統一的な美観を呈していると一組と見られることになります。さらに、ブラインドについては、カーテンと同様に部屋毎の一組を単位として判定する必要があると考えます。用途及び機能を考慮して1単位の判定をすれば税務的には問題ありません。なお、事務室の備品等レイアウトについて、デザイナーにコーディネートを依頼し同デザイナーに支払う料金は、事業の用に供するために直接要した費用であり、各備品に合理的に配賦した上で少額減価償却資産の判定に含めることになりますので注意して下さい。

　平成20年9月16日の最高裁判所の判決においても「減価償却資産は法人の事業に供され、その用途に応じた、本来の機能を発揮することによって収益の獲得に寄与するものと解される」と判示した上で、機能を発揮する単位をもって一つの減価償却資産とみるのが相当である旨の判断を示しています。

▶ ポイント

　少額減価償却資産に該当するかどうかは通常の取引単位にこだわることなく、当該固定資産の機能と用途を考慮して一個あるいは一組と判定することが肝要です。

参考法令等

法人税法施行令第133条、第133条の2
法人税基本通達7—1—11（少額の減価償却資産又は一括償却資産の取得価額の判定）、7—1—11の2（一時的に貸付けの用に供した減価償却資産）
国税庁ＨＰ「質疑応答事例」法人税▶（減価償却…一般）4
　「ワンルームマンションのカーテンの取替費用」

参考判決例等

平成20年9月16日最高裁判決（税務訴訟資料第258号・順号11032）

81 災害等による毀損資産の修繕費

Q 当社は海岸に面したところに建物を所有していますが、塩害により鉄部の錆がひどく非常用階段はボロボロになっていますので、当該階段を撤去するとともに、新たに非常用階段を設置しました。階段は今までは鉄骨にペンキ塗りでしたが、今回は錆に強い亜鉛メッキ鉄骨の階段にしました。これらの費用は200万円でしたが、撤去と足場代に費用がかかり、合計500万円かかっています。これらの費用500万円については修繕費として経理しようとしていますが、税務的に問題はあるでしょうか。

A 非常階段をすべて撤去し、錆に強い亜鉛メッキ鉄骨を使って新たに非常階段を設置したとのことですので、全額を修繕費とすることは難しいと考えられます。撤去費は修繕費ですが、資本的支出として資産処理すべき部分は元の鉄骨と同質なものを設置したと仮定した場合の工事費用と今回の亜鉛メッキのものとの差額が該当すると考えられます。
　また、同質のものと取り換える場合でも足場代はかかりますので、足場代は修繕費で処理しても問題ないものと考えられます。

＊　　　　＊

　法人税法施行令第132条において資本的支出とするものは、使用可能期間を延長させる部分に対応する金額、当該資産の価額を増加させる部分に対応する金額とされています。本件の場合、塩害という自然災害で、非常階段が毀損し、錆びにくい非常階段を架設した工事ではありますが、塩害等による既存の鉄製階段を撤去し被災前の非常階段としての機能を回復するために支出したものだけでなく、資産の価額を増加させる部分があると認められます。いい換えれば建物の効用を維持するために行う工事ともいえることから、本件工事には修繕費に該当する費用もあり、亜鉛メッキの鉄骨を使うな

ど、資本的支出部分も含まれた複合工事と考えられますので、修繕費と資本的支出の合理的な区分に留意する必要があります。

▶ ポイント

　自然災害による劣化について、原状回復するための支出は修繕費とされていますが、そうであっても資産の価額を増加させる部分については、資本的支出になると考えられます。

参考法令等

法人税法施行令第132条
法人税基本通達7―8―2（修繕費に含まれる費用）、7―8―6（災害の場合の資本的支出と修繕費の区分の特例）

82 有姿除去はどうしたら認められるか

当社は、工場内にある構築物で1年以上利用していなかったものを除却しようと考えています。構内が狭く重機を入れることができないのでそのまま放置してあります。帳簿価額が500万円もあるので有姿除却の制度を使いたいのですが、どういう点に注意したらよろしいでしょうか。構築物は大型水槽です。

法人税基本通達7―7―2（有姿除却）では、以下の2つの事例を挙げています。

　「(1)　その使用を廃止し、今後通常の方法により事業の用に供する可能性がないと認められる固定資産
(2)　特定の製品の生産のために専用されていた金型等で、当該製品の生産を中止したことにより将来使用される可能性のほとんどないことがその後の状況等からみて明らかなもの」

とされています。今回有姿除却の対象となった構築物が以前からどういう効用で使われていたか明らかではありませんが、まず、客観的に事業の用に供する可能性がないこと、将来使用される可能性がほとんどないことを明らかにしておく必要があります。

　今回の構築物は重機が入れないと撤去や破砕などができないということですが、水槽ですので排水装置や配管の撤去など事実上事業の用に供し得ないことが明らかになるような作業をしておくことが、税務調査の際、説明しやすくするポイントとして肝要と判断されます。

▶ Q59〜Q100

▶ ポイント

　今後、事業の用に供される可能性がないものであることを立証しやすい方法で行っておくことで、税務調査において指摘を受けることを避けられます。

参考法令等

法人税基本通達 7 — 7 — 2 （有姿除却）

参考判決例等

平成19年 1 月31日東京地裁判決（中部電力事件）（税務訴訟資料第257号―14
　順号10623）

83 構築物の判定における土台とその上部構造

Q 当社はこのたび工場内敷地に輸送用の道路を敷設しました。大型車が出入りするため土台となる基礎には鉄筋コンクリートを使用し、その上にアスファルト舗装工事を施工しました。鉄筋コンクリートの基礎工事には1,500万円、アスファルト舗装工事には500万円かかりましたが、構築物として計上するのはどのように考えたらよろしいでしょうか。

A 本件舗装道路は、法人税法第2条第二十三号及び法人税法施行令第13条第二号に規定する「土地に定着する土木設備又は工作物」に該当すると考えられます。確かに、基礎となる土台は鉄筋コンクリート造りであり、その舗装路面はアスファルトと構造が異なっていることは明らかでありますが、減価償却資産の耐用年数等に関する省令別表第1に掲げられている構築物のうち、「構造又は用途」欄の「舗装道路及び舗装路面」では細目が3つに区分され、本件は「アスファルト敷又は木れんが敷のもの」に該当すると考えられます。舗装路面における構成物がアスファルトかコンクリートかで区分されています。

また昭和26年大蔵省主税局編「固定資産の耐用年数の算定方式」では、
「第4　構築物
　　6．土造」
　　「(2)　道路（用地は除く。）
　　　　舗装の種類をコンクリート舗装、石舗装、アスファルト舗装及びピチューマルス舗装に分けて舗装面の年数を考えると適当と認める。」
とされていることから、舗装面の材質で道路の区分を判断するのが妥当でしょう。基礎も含めてアスファルト敷舗装による道路と判定することになる

と考えます。

> **ポイント**
>
> 　基礎あるいは土台は、それを不可欠一体のものとして効用を果たすもので、合わせて減価償却資産を構成するものと考えます。

参考法令等 ……………………………………………………

法人税法第2条第二十三号
法人税法施行令第13条第二号
減価償却資産の耐用年数等に関する省令別表第1「構築物」
昭和26年大蔵省主税局編
　「固定資産の耐用年数の算定方式」第4　構築物

84 自動ドアの開閉装置とドアの関係

 当社は、このたび自動ドアとその開閉装置を新設しました。今までは手動のものでした。ドアは35万円、開閉装置は35万円、施工工事代が50万円かかっています。
　これらの合計120万円は、建物附属設備として計上してよろしいですか。そのうち旧ドアの撤去費は2万円です。

 自動ドアのうち、ドア部分と開閉装置は別物になります。本ケースでは自動ドアを新設したものとなりますので、ドア部分は建物の一部となり、建物に新たに付加したものですから資本的支出になります。ドアの開閉装置については減価償却資産の耐用年数等に関する省令別表第1の「建物附属設備」「エヤーカーテン又はドア自動開閉設備」に該当します。
　耐用年数通達2―2―5にも「ドアー自動開閉機に直結するドアーは…建物に含まれることに留意する。」とされています。

▶ポイント

　自動ドアというとドアと自動開閉装置が一体のもののように見えますが、ドアは建物の一部になるので注意が必要です。

参考法令等

減価償却資産の耐用年数等に関する省令別表第1
耐用年数の適用等に関する取扱通達2―2―5（エヤーカーテン又はドアー自動開閉設備）

▶ Q59〜Q100

85 太陽光発電装置の耐用年数
（売電か、自家使用か）

このたび、太陽光発電装置を設置しました。売電する場合と自社で使用する場合とで装置の耐用年数に違いがありますか。

一般的には、減価償却資産の耐用年数等に関する省令（以下、「耐用年数省令」）別表第2の「55　前掲の機械及び装置以外のもの並びに前掲の区分によらないもの」「その他の設備」「主として金属製のもの」の17年が適用されます。ただし、売電せず自家使用目的の場合は、製造設備として機械及び設備の耐用年数が適用される場合があります。

　太陽光発電装置（設備）の耐用年数については、そもそも太陽光発電装置（設備）が法定耐用年数を規定した耐用年数省令別表に特掲されていないため、判断に迷うことが少なくありません。

　政府広報オンラインで平成21年8月掲載された太陽光発電補助制度に関する広報では「この補助金を利用して設置した太陽光発電システムは、原則として、法定耐用年数（17年）の期間内は処分することができないこととされています。」と付記する形で法定耐用年数は17年であると紹介されていました。また国税庁HP所得税「質疑応答事例」でも「自宅に設置した太陽光発電設備による余剰電力の売却収入」において「一般に『機械及び装置』に分類されると考えられますので、その耐用年数は、減価償却資産の耐用年数等に関する省令別表第2の『55　前掲の機械及び装置以外のもの並びに前掲の区分によらないもの』の『その他の設備』の『主として金属製のもの』に該当し、17年となります。」と解説されています。減価償却資産の耐用年数に関する見解ですから、法人税法上の取扱いについても一般的には同様であると考えます。

　ただし、法人税「質疑応答事例」の「風力・太陽光発電システムの耐用年

213

数について」においては、発電した電気を売電ではなく自社工場で使用する、いわゆる自家使用の場合は、「最終製品（自動車）に係る設備として、その設備の種類の判定を行うこととなります。」と、発電設備としてではなく、耐用年数省令別表第２に掲げるその工場等の製品に応じた製造設備として、機械及び設備の耐用年数が適用されるとしています。この質疑応答事例の場合、自動車製造業であったため、「23　輸送用機械器具製造業用設備」の９年を適用することとなりますと回答しています。

　ところで、非常の場合に備えて電源設備を備える施設も多く見られますが、蓄電池電源設備や自家発電設備である非常用発電機はそれぞれ建物附属設備・電気設備の６年、15年が適用されています。太陽光発電装置（設備）について、非常用発電機と同様、「建物附属設備・電気設備・その他のもの」の15年が適用される余地がないのか必ずしも明確ではありませんが、現状、耐用年数省令別表第２「機械及び装置の耐用年数」が適用されるのはその規模の違いによるものと思われます。

▶ ポイント

　　発電した電気を自家使用する場合は、製造設備の一部として別表第２「機械及び装置の耐用年数」が適用され、売電する場合は、特掲されていない機械装置として「55　前掲の機械及び装置以外のもの並びに前掲の区分によらないもの」「その他の設備」「主として金属製のもの」の耐用年数が適用されます。

参考法令等

減価償却資産の耐用年数等に関する省令別表第１、第２
国税庁 HP「質疑応答事例」法人税 ▶（減価償却…耐用年数）11
　　　　「風力・太陽光発電システムの耐用年数について」
　　　　「質疑応答事例」所得税 ▶（各種所得の区分と計算）45
　　　　「自宅に設置した太陽光発電設備による余剰電力の売却収入」

86 デモ機器の取得価額

当社は機械メーカーですが、試作品をデモ機器として使用することにしました。固定資産（減価償却資産）に計上することになると思いますが、試作品であるため直接原価は量産品のコストの3倍かかっています。取得価額はどのように計算するのでしょうか。

試作品をデモ機器として使用する場合の取得価額は、結果的に不要、仕損、廃棄となった原材料等の費用は算入しないで算定することになりますが、量産品でない以上、いわば特注品的な側面もあり割高になるのはやむを得ないと考えます。

*　　　　　　　*

　デモ機器とは製品の広告用あるいは販売促進用に展示、または実演するために使用される機器で、購入機器あるいは自社製造機器が用いられます。購入機器であれば当然、固定資産（減価償却資産）に計上することになりますが、自社製造の試作品であっても、今後、広告・販売促進用に使用することが予定されているのであれば、同様に固定資産（減価償却資産）に計上することになるでしょう。

　減価償却資産のうち、自己の制作または製造に係る減価償却資産の取得価額の算定は、法人税法施行令第54条第1項第二号により、次の①及び②の合計となります。

　① 　当該資産の建設等のために要した原材料費、労務費及び経費の額
　② 　当該資産を事業の用に供するために直接要した費用の額

　しかし、試作品ですから文字どおりこの規定を当てはめて取得価額を算定すると、製造過程で結果的に使用されずに廃棄等となった部品、部材等の費用まで取得価額に算入されてしまいますので、量産品に比べて異常な取得価

額となってしまいます。

　この点、税務上、建物の建設等のために行った調査、測量、設計、基礎工事等で、その建設計画を変更したことにより不要となったものに係る費用の額は、固定資産の取得価額に算入しないことができるとされていますから（法基通７－３－３の２（固定資産の取得価額に算入しないことができる費用の例示）(2)）、試作品を減価償却資産とする場合の取得価額もこの取扱いに準じて、結果的に不要、仕損、廃棄となった設計図面、原材料、部品、部材等の費用は取得価額に含めなくてもよいと考えられます。試作品ですから複数製作していると思われますが、デモ機器として使用する試作品について上記取扱いにより適正な原価計算を行って取得価額を算定することになります。

　不要、仕損、廃棄となった部品や部材等の原材料は、試作の過程で物理的に交換廃棄されますから適切に管理すればその価格算定は比較的容易ですが、労務費や間接費はどの段階から取得価額に算入することになるのか必ずしも明らかではありません。しかし、労務費・間接費についても法人税基本通達７－３－３の２(2)に準じて不要となった部分を切り分けることになりますから、その区分の目安はその機器の最後の機能上、あるいは機構上の大きな変更修正の時点とするのが妥当な物差しと考えられます。

▶ポイント

　適正な原価計算により取得価額を算定することは当然ですが、結果的に不要、廃棄となった原材料等の費用は取得価額に算入する必要はありません。

参考法令等

法人税法施行令第54条第１項第二号
法人税基本通達７－３－３の２（固定資産の取得価額に算入しないことができる費用の例示）

87 デモ機器の耐用年数

当社は機械メーカーですが、試作品をデモ機器として使用することにしました。固定資産(減価償却資産)に計上することになると思いますが、耐用年数はどうなるでしょうか。

そのデモ機器は機械装置に該当するとします。機械装置の場合は、減価償却資産の耐用年数等に関する省令(以下、「耐用年数省令」)別表第2のいずれの業用設備に該当するかにより耐用年数を判断します。つまり、このデモ機器本来の用途にかかわらず、このデモ機器がどの業種用の設備に該当するかにより判定することになります。

＊　　　　　　　＊

　平成20年度税制改正において減価償却制度の大幅な見直しが行われた際、別表第2が390区分から55区分に簡素化され、設備の種類が「○○業用設備」と表記されました。この趣旨について、財務省の税制改正の解説は次のように説明しています(財務省「平成20年度税制改正の解説」251ページ)。
「①　業用設備について
　　今回の改正により、機械装置の資産区分を日本標準産業分類の中分類を基本とした資産区分に整理したため、設備の名称が「○○業用設備」と規定されています。これに関して、法人の業種で判定するのではないかという疑問があるようですが、基本的には、法人の業種で判定するのではなく、その設備がどの業種用の設備に該当するかにより判定することになります。」
　このように、同別表第2「機械及び装置の耐用年数表」の適用にあたっては、法人の業種で判定するのではなく、その設備がどの業種用の設備に該当するかにより判定することになります。

そして、「別表第2の『設備の種類』に掲げる設備…のいずれに該当するかは、原則として、法人の当該設備の使用状況等からいずれの業種用の設備として通常使用しているかにより判定することに留意する。」（耐用年数通達1―4―2）とされていますから、いずれの業種用の設備として通常使用しているかにより判定することになります。さらに、「法人が当該設備をいずれの業種用の設備として通常使用しているかは、当該設備に係る製品（役務の提供を含む。以下「製品」という。）のうち最終的な製品（製品のうち中間の工程において生ずる製品以外のものをいう。以下「最終製品」という。）に基づき判定する。なお、最終製品に係る設備が業用設備のいずれに該当するかの判定は、原則として、日本標準産業分類の分類によることに留意する。」（耐用年数通達1―4―3）とされています。

ご質問の場合、貴社がいずれの業種用の設備として通常使用しているかは、貴社の最終製品に基づいて判定され、最終製品に係る設備が業用設備のいずれに該当するかの判定は、原則として、日本標準産業分類の分類によることになります。

貴社は、機械メーカーとのことですから最終製品として機械器具を製造していると考えます。そうすると、貴社は、日本標準産業分類の中分類「25 はん用機械器具製造業」（別表第2「17」）、「26　生産用機械器具製造業」（同「18」）、「27　業務用機械器具製造業」（同「19」）、「29　電気機械器具製造業」（同「21」）、「30　情報通信機械器具製造業」（同「22」）、「31　輸送用機械器具製造業」（同「23」）などの製造業に係る最終製品を製造していると思われますので、本デモ機器は、これらいずれかの機械器具製造業用設備に該当し、その耐用年数は別表第2の該当業用設備（上記(　)内に表記）の耐用年数によることになります。

なお、国税庁HPの「質疑応答事例」に、光ディスクを製造する設備を製造している業者が、自社製造光ディスク製造設備を展示実演用として使用している場合の耐用年数につき、別表第2「20　電子部品、デバイス又は電子回路製造設備」「光ディスク製造設備」の耐用年数ではなく、「18　生産用機

械器具製造業用設備」の耐用年数を適用することになると回答した例が公表されています。

▶ ポイント

　機械及び装置の耐用年数は、その設備がどの業種用の設備に該当するかにより判定することになります。

参考法令等

減価償却資産の耐用年数等に関する省令別表第2
耐用年数の適用等に関する取扱通達
　　1－4－2（いずれの「設備の種類」に該当するかの判定）
　　1－4－3（最終製品に基づく判定）
財務省「平成20年度税制改正の解説」246～251ページ
国税庁HP「質疑応答事例」法人税▶減価償却耐用年数▶展示実演用機械

第3章 減価償却資産等及び資本的支出・修繕費をめぐる税務判断

88 昭和の名優の遺品購入は減価償却資産として償却可能か

Q 当社は映画配給会社で、このたび、主に展示目的で昭和の著名な名優の衣装や小道具、台本等10点について合計1,000万円での購入を考えています。具体的用途としては、イベント開催時にお客様に見ていただき、当社が供給する時代劇の視聴拡大に一役買ってもらうことを意図しています。具体的には、①来場者が限定された年4回の有料イベントでの展示を予定している、②当該遺品は移設可能なものである、③歴史的遺物としての評価はないが、今後その名声からオークションでの評価がないとはいい切れない。

以上の事実から、非減価償却資産であるか否かの判定に迷っていますが、法人税基本通達7-1-1の規定で一点100万円未満のものは減価償却資産として判断してよろしいでしょうか？

貴社の昭和の名優の遺品取得は、事実認定に属する問題ですが、その使用目的等から判断し古美術品等のように代替性がなく、「時の経過によりその価値の減少しない資産」として、その全体（セットとして）の取得価額を非減価償却資産として経理すべきものと思われます。

確かに昭和の名優の遺品は、代替性がなく希少価値を有しますが、美術年鑑等に掲載されている「作者の制作による美術品」ではなく、また評価価額が公開されているものではありません。現実的には「価値が減少しない資産であるかの判断」は困難であることが多いと思われます。貴社が名優の使用した遺品を1,000万円で購入する予定での判断は、その価値を鑑定組織に確認した結果か、それとも単に寄附金的意思で購入したかの動機の如何も判定要素です。

時として諸外国では、オークションにより名優や歌手の遺品等が莫大な金

額で落札されるケースが稀ではありません。日本でも某作家の直筆遺稿を某市が資料的価値があるとして議会の承認を得ての購入が話題となりました。

美術品等についての減価償却資産か否かの判定については、法人税基本通達7－1－1で「時の経過によりその価値の減少しない資産」の例示として、

(1) 古美術品、古文書、出土品、遺物等のように歴史的価値または希少価値を有し、代替性のないもの
(2) (1)以外の美術品で、取得価額が一点100万円以上であるもの（時の経過によりその価値の減少することが明らかなものを除く）

としており、また同通達(注)書きでは、減価償却資産に該当するためには、移設困難、転用困難を挙げています。

貴社は、その名優の「衣装、小道具及び台本等」をセットとして、各地で開催する特定者を対象とするイベント用として使用する見込みであり、「移設困難」、「転用困難」の要件にも該当しないと認められます。

▶ポイント

100万円未満であるかの金額基準はあくまでも「書画骨とうに該当するか否かが明らかでない場合」に適用するものであるので、明らかに書画骨とうに該当するものであれば、100万円未満でも非減価償却資産となります。また逆に「明らかに書画骨とうに該当しない」ものであれば100万円以上であっても減価償却資産になるということです。

参考法令等

法人税法施行令第13条（減価償却資産の範囲）
法人税基本通達7－1－1（美術品等についての減価償却資産の判定）

第3章　減価償却資産等及び資本的支出・修繕費をめぐる税務判断

参考判決例等

平成3年12月18日国税不服審判所裁決（42―102）（裁決事例集№42・102ページ）（外国のオークションを通じて購入した本件テーブル等は、時の経過により価値が減少する資産に当たるとした事例）

89 改良工事における使用可能期間の延長は修繕費か資本的支出か

当社は耐用年数を相当程度経過した建物について、老朽化が進行していることに配慮し、早めに雨漏防止強化をはかるため屋上の防水工事を行いました。工法は前回の施工と同じアスファルト防水で、これをすべて撤去し、新たにアスファルト防水を施工したものですが、この工事により施工業者から10年間の防水保証を得ています。これによって、法定耐用年数経過まであと5年だったものが、7年に使用可能期間が延びることになりました。この撤去及び新たなアスファルト防水工事代1,500万円（うち撤去費用100万円）は修繕費になるのでしょうか。

経年劣化はしているものの、雨漏りがまだ発生していない状態であることを前提にして検討しますと、すでに法定耐用年数経過まであと5年の建物を、本件工事を施工することによって最低10年建物の雨漏りは防げることからすれば、建物の使用可能年数も延びることになると考えます。とすると、本件工事における既存部分を撤去した費用100万円分を除いた1,400万円は、資本的支出の計算対象になると考えられます。

＊　　　　　＊

使用可能年数については、旧法人税基本通達「233」において「耐用年数省令別表第1に掲げる資産については、その耐用年数」としており、また「使用可能期間を延長せしめる部分に対応する金額」とは、その資産について修理、改良等の名義で支出した金額に、その支出の使用可能年数に対する当該使用可能年数から支出しなかった場合の当該支出の時期以降における使用可能年数を控除した年数の割合を乗じて計算した金額をいうものとする、という取扱いがなされており、現在も同様に取扱いがなされていると考えられます。必ずしも耐用年数が使用可能年数（期間）を意味するものではあり

ませんが、耐用年数は、いわゆる効用持続年数を勘案して定められたものであることから、本問では耐用年数を使用可能年数とみて説明します。

本件に当てはめてみますと、

$$（1,500万円 - 100万円） \times \frac{（7年 - 5年）}{7年} = 400万円$$

が資本的支出の金額になると考えます。この資本的支出の耐用年数は建物の耐用年数となります。

100万円については撤去する費用であり、100万円の支出によって使用可能期間が延びるものではありませんので控除しています。

なお、建物取得価額に含まれる防水工事部分の残存価額が合理的に計算できるなら、この残存価額は除却損として損金に算入することができます。

▶ポイント

　法定耐用年数を相当程度経過した資産については、施工する工事内容について減価償却資産の使用可能年数を延ばすかどうかの検討が重要です。耐用年数を経過した資産についても、同様の検討が必要です。

参考法令等

法人税法施行令第132条
減価償却資産の耐用年数等に関する省令別表第1
旧法人税基本通達233
法人税基本通達7―8―9（耐用年数を経過した資産についてした修理、改良等）
耐用年数の適用等に関する取扱通達1―1―2（資本的支出後の耐用年数）

90 修繕費の典型的な例

 当社は設備産業を営んでいますが、修繕工事の際はいつも修繕費か資本的支出か悩みます。修繕費となるものには主にどんなものがありますか。

 資本的支出について、法人税法施行令第132条は次のように規定しています。

「一　当該支出する金額のうち、その支出により、当該資産の取得の時において当該資産につき通常の管理又は修理をするものとした場合に予測される当該資産の使用可能期間を延長させる部分に対応する金額
二　当該支出する金額のうち、その支出により、当該資産の取得の時において当該資産につき通常の管理又は修理をするものとした場合に予測されるその支出の時における当該資産の価額を増加させる部分に対応する金額」

このいずれかに該当するものは資本的支出になるとされていますので、これに当たらない修理、改良が修繕する費用となることになります。しかし、具体的な事例において、この規定だけで修繕費と資本的支出とを区分することは困難であるといわざるを得ません。

旧法人税基本通達235においては、「ただし、これらの修理、改良が上記一.二.に該当する場合であっても、自己の使用に供するため他から購入した固定資産について支出した金額や現に使用していなかった資産について、新たに使用するために支出したものは修繕費にできない」旨規定されていました。そして、修繕費と認めるものとして上記ただし書きの条件に該当しないものとして、以下の7点が挙げられています。

　①　家屋または壁の塗替

② 家屋の床の毀損部分の取替
③ 家屋の畳の表替
④ 毀損した瓦の取替
⑤ 毀損したガラスの取替または障子、襖の張替
⑥ ベルトの取替
⑦ 自動車のタイヤの取替

旧通達ですからストレートに適用されませんが、参考となります。

現通達の取扱いは、法人税基本通達7―8―2（修繕費に含まれる費用）で、建物の移築または解体移築、機械装置の移設、地盤沈下した土地の地盛費用、建物、機械装置の地盤沈下に伴う床上げ等の費用、土地の水はけの改良のための砂利、砕石の敷設費用が、条件付きで修繕費の例示となっています。

次に、法人税基本通達7―8―3（少額又は周期の短い費用の損金算入）においては、区分の便宜をはかって、
① その一の修理、改良等のために要した費用の額が各事業年度毎に20万円に満たない場合
② その修理、改良等の概ね3年以内の期間を周期として行われることが既存の実績その他の事情からみて明らかである場合

に、具体的に修繕費計上を認めることにしています。

さらに、法人税基本通達7―8―4（形式基準による修繕費の判定）において、資本的支出であるか修繕費であるか明らかでない場合の形式的な区分基準として、
① その金額が60万円に満たない場合
② その金額がその修理改良等に係る固定資産の前期末における取得価額の概ね10％相当以下である場合

が定められており、いずれかに該当する場合は、修繕費として損金経理をすることができるとされています。なお、本通達は、資本的支出であるか修繕費であるか明らかでない場合のみ適用できるものであることに注意が必要で

す。

　他に参考として、昭和26年大蔵省主税局編の「固定資産の耐用年数の算定方式」にも具体的な修繕費の例外が列挙されていますので、適宜参照して下さい。他に災害の場合における特例がありますが、ここでは割愛します（**Q81**参照）。

▶ポイント

　修繕費になるためには「通常維持管理」か「毀損した部分」の現状回復に当たる必要があります。
　なお、通常の修理では対応できない障害または故障の復旧対応として部品交換をする場合がありますが、部分的な部品の交換であっても主要な部品の交換の場合は使用可能期間を延長させる交換の可能性が高く、資本的支出に該当すると認定されるケースが多いでしょう。

参考法令等

法人税法施行令第132条
法人税基本通達7―8―2（修繕費に含まれる費用）、7―8―3（少額又は周期の短い費用の損金算入）、7―8―4（形式基準による修繕費の判定）
旧法人税基本通達235
昭和26年大蔵省主税局編「固定資産の耐用年数の算定方式」

91 アパート改装工事の取扱い

当社は賃貸アパートを所有しています。このところ空室が目立っていましたので、空室5部屋についてリニューアル工事を行いました。
工事の内容は、
 1．壁紙の張替　20万円
 2．ガスの省エネタイプ装置付浴槽及び風呂釜への取替　200万円
 3．トイレの便器のウォシュレット付洋式便器への取替　100万円
なお賃貸アパートは軽量鉄骨造りで、建物一棟で取得し固定資産台帳に掲載されており、建物附属設備の区分はありません。

320万円のうち20万円の壁紙の張替は一部屋当たり4万円であり修繕費と認められます。省エネタイプの浴槽及び風呂釜の取替やトイレのウォシュレット付洋式便器への取替は以前のものと異なり、交換することによって機能や効用が増加していますので、これら機器を備えた建物の価額が増加する部分に対応する金額、すなわち資本的支出部分があると考えられます。もっとも交換前のものが毀損や故障していたわけではないので、交換前の物は除却し新たに取得したとも考えられます。この場合、建物取得価額に含まれていた除却部分を合理的に計算できるのであれば除却損に計上し、新たに取得した資産は建物と区分して、建物附属設備（衛生設備やガス設備）として資産計上することも可能と思われます。
　なお、工事代の内訳は分かりませんが、撤去費用については修繕費として認められるものと考えます。

▶ Q59〜Q100

▶ ポイント

　工事の内容を区分して明らかな修繕部分と撤去費、交換品の設備費用分を明確に区分しておくことがポイントです。

参考法令等 ・・・

法人税法施行令第132条、第133条

92 中古資産を取得して事業の用に供したときの注意事項

Q 当社は、木造アパートを社員用社宅にするために2,000万円で購入し、社宅として使用する前に外壁塗装や畳の入替え、襖の修繕などをし、その費用として約300万円を支出しました。2,000万円を建物として資産に計上し、300万円は修繕に使ったものですので修繕費に計上しましたが、何か問題はありますか。なお、土地代は3,000万円でしたが資産に計上しています。

A 中古資産を購入し、社宅として使用するために支出した費用である外壁塗装や畳の入替え、襖の修繕などの費用は法人税法施行令第54条第1項第一号に規定する「購入した減価償却資産を事業の用に供するために直接要した費用」に当たり、たとえ修繕のためであったとしても、取得価額を構成することになります。

▶ ポイント

購入した減価償却資産について、事業の用に供するために直接要した費用の中には、修繕や清掃といった費用も含まれますので注意が必要です。

参考法令等

法人税法施行令第54条第1項

93 中古の減価償却資産の耐用年数の見積りについて

Q 当社は令和6年1月に中古のハイブリッド自動車を購入し、事業の用に供しました。
この自動車は新規登録年月が令和4年3月でしたが、メンテナンスの状況が分かりませんので、減価償却資産の耐用年数等に関する省令第3条第1項第二号の規定（以下、「簡便法」という）を適用して中古の耐用年数を算出しようと考えていますが、どのように計算したらよろしいでしょうか。

A 中古の耐用年数の算出にあたっては適正に見積もることが原則ですが（耐用年数省令3①一）、見積もることが困難な場合は簡便法を使用して見積もることができ（耐用年数省令3①二）、簡便法を使用して見積もることが常態化しています。

なお、「前号の年数を見積もることが困難なもの」とは、その見積りのために必要な資料がないため技術者等が積極的に特別の調査をしなければならないことまたは耐用年数の見積りに多額の費用を要すると認められることにより使用可能期間の年数を見積もることが困難な減価償却資産をいう、とされています（耐用年数省令通達1－5－4）。

一般的には、中古ハイブリッド自動車の適正な使用可能期間を算出するのは困難と考えられ、簡便法により使用可能期間を算出することは問題ないと考えます。

排気量が分かりませんが、法定耐用年数が6年のハイブリッド車であることを前提として、法定耐用年数の一部を経過した資産については、当該資産の法定耐用年数から経過年数を控除した年数に、経過年数の100分の20に相当する年数を加算した年数とされていますので（耐用年数省令3①二ロ）、この方法で算出計算を行いますと、初年度登録が令和4年3月で取得した時が

令和6年1月ですので、その経過年数は1年10か月になります。

6年－1年（1年未満は切り捨て（耐用年数省令3⑤））＝5年
1年×20％＝0.2年（1年未満は切り捨て（耐用年数省令3⑤））＝0年
したがって、本問の場合、簡便法による中古の減価償却資産の耐用年数は、
5年＋0年＝5年

となります。

＊　　　　　　　　＊

＜中古の耐用年数の採用にあたっての留意事項＞

　　中古減価償却資産を取得した場合で事業の用に供するために支出した、資本的支出の金額が当該中古資産の取得価額の100分の50を超える場合は、簡便法による耐用年数の算出が適用できません（耐用年数省令3①ただし書き）。

その資本的支出の金額が当該資産の再取得価額を超えるときは法定耐用年数になります（耐用年数通達1－5－2）。

また、その簡便法により算出した耐用年数により減価償却を行っている中古資産につき、各事業年度において資本的支出を行った場合において資本的支出の金額が当該資産の再取得価額の100分の50を超えるときは、その後の耐用年数は法定耐用年数になります（耐用年数通達1－5－3）。

取得価額に対する資本的支出の金額が100分の50を超え簡便法による耐用年数の算定ができないとき（耐用年数省令3①ただし書き）であっても、当該中古資産を事業の用に供するにあたって支出した資本的支出の金額が再取得価額の100分の50を超えなければ、次の算式で中古資産の耐用年数を算定することができます（耐用年数通達1－5－6）。

〔算式〕

　A÷（B/C＋D/E）＝中古の耐用年数（1年未満の端数があるときは、切り捨てた年数）

　　当該中古資産の取得価額（資本的支出の額を含む）…A
　　当該中古資産の取得価額（資本的支出の額を含まない）…B

当該中古資産につき耐用年数省令3条1項二号の規定により算定した耐用年数…C
当該中古資産の資本的支出の額…D
資産に係る法定耐用年数…E

参考法令等

減価償却資産の耐用年数等に関する省令第3条（中古資産の耐用年数等）第1項第二号

耐用年数の適用に関する取扱通達1—5—2（見積法及び簡便法を適用することができない中古資産）、1—5—3（中古資産に資本的支出をした後の耐用年数）、1—5—4（中古資産の耐用年数の見積りが困難な場合）、1—5—6（資本的支出の額を区分して計算した場合の耐用年数の簡便計算）

第3章 減価償却資産等及び資本的支出・修繕費をめぐる税務判断

94 修繕費か資本的支出か、新たな資産の取得か？

当社は工場内敷地にアスファルト舗装を行っています。経年劣化してところどころ穴が空いて雨が降ると水たまりができていることから、アスファルト舗装をすべて撤去し、新たにアスファルト舗装を行いました。

穴の空いた面積は全体の20％ぐらいでしたが、これらの費用200万円は資本的支出になるのでしょうか。なお、固定資産台帳には構築物として未償却残60万円が工事直前の台帳に記載されていました。工事費用中、撤去費用は20万円でした。

固定資産の修理、改良等のために支出した金額のうち、その固定資産の維持管理や原状回復のために要したと認められている部分の金額は修繕費として処理することができると法人税基本通達7－8－2（修繕費に含まれる費用）に明記されています。

本件の場合、舗装路面が構築物として固定資産に計上され管理されていたと認められますので、この資産をすべて撤去したとなると維持管理や原状回復のための費用とはなりません。舗装路面をすべて撤去し新たな舗装路面を敷いたと考えられます。

とすれば、新たな資産の取得であり、工事費中の撤去費用を除いた金額が新たに取得した構築物になります。

税務的に仕訳すると、

① 構築物　　　　　　　180万円　／　現金　　200万円
　 修繕費（撤去費）　　20万円
② 固定資産除却損　　　60万円　／　構築物　　60万円

になります。ここで①について注意したい点として、資本的支出に該当する

234

ものを修繕費で計上していたとすると、法人税基本通達7－5－1（償却費として損金経理をした金額の意義）(3)において償却費として損金経理していたと取り扱われるのに対し、本件のように全額「修繕費」として計上していても、資本的支出ではなく、新規取得資産として計上すべきものを計上していなかったときは、減価償却費としての損金経理とは取り扱われないことから後日、調査で誤りを指摘されたときは、当期減価償却費の認容はできないことになります。

②については、法人税基本通達7－7－1（取り壊した建物等の帳簿価額の損金算入）において、構築物でまだ使用に耐え得るものを取り壊し新たにこれに代わる構築物を取得した場合、その取り壊した直前の帳簿価額は、その取り壊した日の属する事業年度の損金に算入するとされており、この取扱いが適用されます。

▶ポイント

撤去を伴う修繕や資本的支出については、新たな資産の取得にならないかどうかの検討も必要です。

参考法令等

法人税法第31条第1項
法人税法施行令第132条
法人税基本通達7－5－1（償却費として損金経理をした金額の意義）(3)、7－7－1（取り壊した建物等の帳簿価額の損金算入）、7－8－2（修繕費に含まれる費用）

第3章 減価償却資産等及び資本的支出・修繕費をめぐる税務判断

95 中古の建物の取得における耐用年数と事業の用に供するための費用

当社は、新築後20年経過した中古のアパートについて不動産仲介業者を介してその土地と建物を取得しました。入居者募集に先立って外壁塗装や畳の表替、襖の交換、浴槽及び釜を各部屋すべて交換するなどの手直しをしました。このアパートの耐用年数は何年なら税務上問題ないのでしょうか。

〈内訳明細〉

土地代	3,000万円
建物代	1,000万円
外壁塗装代	300万円
畳襖交換代	80万円
浴槽及び釜交換代	200万円

なお、アパートは軽量鉄骨造りで、骨格材の内厚が3mmを超え4mm以下のものです。法定耐用年数は27年です。

貴社が取得したアパートは築20年経過していますので、減価償却資産の耐用年数等に関する省令第3条第1項の中古資産の耐用年数等の規定を適用できます。同項第一号の見積りが困難な場合は、同項第二号の簡便法によることができ、その計算は次のとおりです。

〈算式〉

　中古耐用年数 ＝ ｛27年（法定耐用年数）－20年（経過年数）｝＋20年（経過年数）×20％

よって、適用すべき耐用年数は11年となります。

　　　　　　　　　　＊　　　　　　　＊

中古資産の耐用年数の見積りにおいては、事業の用に供するために支出し

た資本的支出が取得価額の50％に相当する金額を超えるときは、原則として同省令第３条第１項本文ただし書きにより簡便法を適用することはできませんが、耐用年数通達１―５―６によるときは中古の耐用年数を計算することができます。

　なお、本件の支出内容を見ますと、外壁塗装代300万円、畳襖交換代80万円が修繕費に当たり、資本的支出に当たらない場合は、浴槽及び釜の交換代が資本的支出に当たるとしても、資本的支出の金額が建物取得価額の50％を超えませんので、上記のとおり同省令第３条第１項第二号により中古の耐用年数を算定することができます。

▶ポイント

　中古の建物等を取得して中古の耐用年数を算出するときは、事業の用に供するまでに資本的支出がないかどうか検討して下さい。

参考法令等

減価償却資産の耐用年数等に関する省令第３条
耐用年数の適用等に関する取扱通達１―５―１～６

96 建物建築のためにした土地の盛り土

今般、工場の建替をするに際して、工場の地盤が周囲より低く、大雨のときには排水路の水が溢れて危く工場建屋に浸水するところでしたので、建替の機会をとらえて建物への浸水を防ぐために、工場建屋の底地部分だけを盛り土によりかさ上げしようと考えています。

この盛り土かさ上げには約2,000万円かかる見積りが出ていますが、この2,000万円は土地の取得価額に加算すべきか、建物の取得価額に算入すべきか迷っています。どうすればよろしいですか。

工場敷地の使用状態がはっきりしませんが、土地を広く工場敷地として使用しているとして検討しますと、今般の盛り土は建物底地部分だけのもので建物への浸水の可能性を予防するための盛り土であり、当該盛り土は建物の効用を高める工事であると考えられます。

一方で、低地での浸水の可能性のある土地に盛り土することは土地の価額を高めるという一面を捨て去ることができないところではありますが、本件の場合、盛り土の第一義的効用は建物の効用を高めることにあるといえますので、当該盛り土の工事代金は法人税法施行令第54条第1項第六号に規定する「その取得の時における当該資産の取得のために通常要する価額」に該当すると考えられます。

また、法人税基本通達7－3－4（土地についてした防壁、石垣積み等の費用）注書きにおいても「専ら建物、構築物等の建設のために行う地質調査、地盤強化、地盛り、特殊な切土等土地の改良のためのものでない工事に要した費用の額は、当該建物、構築物等の取得価額に算入する。」とされているところ、工場敷地全体の盛り土でなく建物底地だけの盛り土ですから、土地の改良のためのものではないと考えられます。

▶ ポイント

　盛り土部分が建設される建物部分に限られたものか、広く敷地全体に及ぶものであるかどうかが判断の分かれ目といえます。通常建物底地として使用する範囲内であれば、建物の取得価額に含まれるものといえます。

参考法令等

法人税法施行令第54条第1項
法人税基本通達7―3―4（土地についてした防壁、石垣積み等の費用）

第3章　減価償却資産等及び資本的支出・修繕費をめぐる税務判断

97 土地建物の一括取得と建物の除却損解体費用

Q 当社では、このたび土地建物を3億円で一括取得しました。うち建物の価額は1億円で、駅前にある小さな5階建のビルです。取得直前までに店子はすべて退去してもらいます。駅前ですので、賃貸用ビルとしてリニューアルして事業の用に供する予定でしたが、リニューアル業者に工事費用を見積もらせたところ耐震構造ではないので、リニューアルのためには1億円かかるということでした。そこで築25年のビルを改装するのをやめて、リニューアル業者の推奨を受け入れることとし2億5,000万円で新築することにしました。建物の帳簿価額1億円と解体費用500万円については土地の取得価額に算入しなくてはなりませんか。なお、取壊しは取得後6か月経過した時点で行う予定です。

A 建物の損傷の程度が不明ですが、直前まで店子が入居しており、使用に耐え得る建物であることを前提に考えますと、取得の際にその建物を建物として利用しようとしていたかどうかが問題になります。貴社はリニューアルして賃貸に供しようとしていたことは、業者からリニューアルの見積書を取るなどしたこと、業者からの推奨で改装から新築に変更したことから明らかですから、土地購入の取得価額を構成する「当該資産の代価として当該資産を事業の用に供するために直接要した費用」（法令54①一イ）には該当しないと考えられます。つまり、取壊し直前の建物帳簿価額1億円と解体費用500万円は土地の取得価額に算入せず、損金の額に算入して差し支えないでしょう。しかしながら、土地建物を取得してから建物を壊すまでの期間が1年以内であることを考えますと、税務調査において法人税基本通達7－3－6（土地とともに取得した建物等の取壊費用等）の取扱いから、土地を利用する目的で建物を取得したとの指摘を受ける可能性は否

定できません。そこで、取得した土地価額2億円は建物取壊し費用を織り込んだ低額なものではなく、近隣取引相場と比較して適正な価額であったと主張できる資料を整えて、税務調査に備える必要があります。

また、リニューアル業者との当初の見積りやその後新築に変更したその経緯も記録として残しておくことも肝要です。

平成13年9月20日福岡高裁那覇支部の判決によれば、土地の取得価額は
① 土地を取得する時の土地の客観的な価額
② 建物の価値
③ 取壊しの時間的近接性
といった客観的な諸事情により判定されると判示しています。

▶ポイント

① 土地を取得した時の土地の取引価額と近隣土地の取引価額の比較
② 建物を利用しようとしていたことを立証する証拠
③ 取壊しに至るまでの時間的な経緯

の3点を検証して、費用にできるかどうかの判定をすることがポイントになります。

参考法令等

法人税法施行令第54条
法人税基本通達7—3—16の2（減価償却資産以外の固定資産の取得価額）、
　7—3—6（土地とともに取得した建物等の取壊費用等）

参考判決例等

平成13年9月20日福岡高裁那覇支部判決（税務訴訟資料第251号順号8980）

98 所有権移転リースか所有権移転外リースか

当社は利益をコンスタントに計上してはいるのですが、残念ながら手元資金面が不足しがちで、大きな借入金は見込めない状況が続いています。そうした中で、営業拡大のため大規模な配送センターの必要性が高まっており、社内で色々検討した結果、配送センター建設費用を借入金ではなく大手リース会社を介してリートのファンドを使って建設することにしました。契約では、最終的にはリートのファンドが配送センターを取得し、当社は建物リース契約に基づき、リース料を支払うこととなりました。

このリース料は所有権移転外リースになるのでしょうか。

〈リース契約の条件〉

① 配送センターの建物（建物の建築価額については不開示）をリース対象とする。

② 配送センターの建物は当社の要望する仕様として建築する（当方見積りでは約25億円の建設費）。

③ リース契約は20年、リース料総額は60億円、途中での解約はできない。

④ リース契約終了後は再リース契約ができる。通常の維持管理は当社が費用負担する。

リース契約の内容から貴社の要望する仕様で建築がされていると認められます。法人税法第64条の2第3項は、いわゆる所有権移転リースについて次のように定義しています。

① 当該賃貸借に係る契約が、賃貸借期間の中途においてその解除をすることができないものであること

② 当該賃貸借に係る賃借人が当該賃貸借に係る資産からもたらされる経済的な利益を実質的に享受することができ、かつ、当該資産の使用に伴って生ずる費用を実質的に負担すべきこととされているものであること

この規定に沿って貴社のリース契約の内容をあらためて検討すると、

① 中途において解除ができないこと
② 貴社の要望に添った仕様により、配送センターが建てられる建物であるから、当該建物の使用による経済的な利益を実質的に享受することができると認められ、かつ通常の維持管理費用は貴社が負担することとなっていることから当該資産の使用に伴って生ずる費用を実質的に負担すべきこととされているものに当たると認められること

から、同項に定めるリース取引（所有権移転リース）に当たると考えられます。

　また法人税法施行令第131条の2第2項に規定する費用の実質負担要件「資産の賃貸借につき、その賃貸借期間…において賃借人が支払う賃借料の金額の合計額がその資産の取得のために通常要する価額…のおおむね100分の90に相当する金額を超える場合」について検討しますと、貴社の場合、リース期間中のリース料総額は60億円で貴社が建築費として見積もった額25億円からみて、想定取得価額の100分の90をはるかに超えるリース料の総額を支払うことになっていることから、この点からも、使用に伴う費用を実質的に負担することとなっていると認められ、貴社の取引は法人税法第64条の2第1項に規定するリース資産の売買があったものとされる取引に該当します。

　次に、当該リース資産の減価償却費の計算について検討すると、まず当該リース資産が法人税法施行令第48条の2第5項第五号の「所有権移転外リース取引」に該当するかどうかを見極める必要があります。本件リース資産は同号ハ「目的資産の種類、用途、設置の状況等に照らし、当該目的資産がその使用可能期間中当該リース取引に係る賃借人によってのみ使用されると見

込まれるものであること」に該当することから、所有権移転外リース取引には該当しません。また、法人税基本通達7―6の2―3（専属使用のリース資産）の取扱いにおいても、建物は原則として「その使用可能期間中当該リース取引に係る賃借人によってのみ使用されると見込まれるもの」に該当するとされていますから、この点からも、所有権移転外リース取引には当たりません。

　以上により、本件リース資産は減価償却費の計算上、所有権移転リースとして処理していくことになると考えます。すなわち、リース取引の目的となる資産が賃貸人から賃借人への引渡しの時に当該目的資産の売買があったものとして所得金額を計算することになり、減価償却費の計算も建物の法定耐用年数で償却していくことになります。

　なお、税務上、所有権移転リース取引も所有権移転外リース取引のいずれも売買取引となりますが、その違いは移転外リース取引の場合の償却方法は「リース期間定額法」となることです（法令48の2①六・⑤四）。

▶ポイント

　本件のようなリース取引を的確に処理するためには、税法の定めるリース取引（所有権移転リース、所有権移転外リース）の諸要件を子細に検討することがポイントになります。いい換えれば、実質的な金融取引か紛れもない賃貸借取引か、いずれであるかともいえます。

参考法令等

法人税法第64条の2
法人税法施行令第48条の2、第131条の2
法人税基本通達7―6の2―1（所有権移転外リース取引に該当しないリース取引に準ずるものの意義）及至7―6の2―8（税負担を著しく軽減することになると認められないもの）

<参考>

　令和6年9月13日に企業会計基準委員会から「リースに関する会計基準」（企業会計基準第34号）及び「リースに関する会計基準の適用指針」（企業会計基準適用指針第33号）が公表され、新基準は国際会計基準（IFRS）に合わせ、中途解約可能なものを含め、すべてのリースに関する資産・負債をオンバランス化し、令和9年4月1日開始事業年度から適用されることとなりました。

99 無償返還の届出を提出済みの土地とその上に建つ建物の取得と取壊し

当社は今から15年前に、賃貸借期間20年で子会社に工場内の敷地を貸して、その土地の上に子会社の事務所用建物を建てさせると同時に、税務署に対して建物の敷地に係る無償返還の届出書を提出していました。

今般、当社は子会社から建物を時価で8,000万円で買い取るとともに、立退料として引越費用、移転先の事務所の賃借費用相当額1,000万円を支払うことを約して土地賃貸借契約を解除し、建物についてはすぐ取り壊して賃貸用ビルを建設する予定です。

建物の解体には500万円を見込んでいますが、これらの費用及び建物の帳簿価額8,000万円の処理はすべて一時の損金でよろしいでしょうか。

支出した費用は借地権の取得価額を構成するものとなり、一時の損金にはなりません（法基通7－3－6（土地とともに取得した建物等の取壊費等））。

*   *

無償返還の届出がされていても、例えば子会社の事務所用の建物が登記されている場合は、借地借家法第10条第1項で「借地権は、その登記がなくても、土地の上に借地権者が登記されている建物を所有するときは、これをもって第三者に対抗することができる。」とされていることから、建物が建築された場合には当然に、敷地に対する借地権の設定があったものと推認されることになります。

よって、建物を敷地の借地権とともに取得し当初から当該建物を除却する予定であった場合は、当該建物の取得代価や取壊費用、立退料としての引越費用等の価額は借地権の取得価額を構成するものと考えます（法基通7－3

—6）。

　この点、平成3年2月27日の国税不服審判所の裁決は、無償返還の届出のもととなった土地の賃貸借契約において「契約期間満了及び解除による契約終了時に土地所有者に対して借地人が借地権の対価その他の名目を問わず何らの金員を請求しない旨の特約があったとしてもそれは借地人が借地権価額を回収し得ないというだけであって、これがため借地権取得のために投下された金員が借地権の取得価額でないという理由とはならない。」と判示しています。もっとも本件の場合は、借地権の買取りといっても、底地は貴社の土地であることから、借地権は消滅し、土地の価額に算入することになります。

▶ ポイント

　無償返還の届出は、借地権の存在そのものがないという主旨ではなく、「借地人が借地権価額を回収し得ないという」特約を税務上も尊重するということに過ぎません。

参考法令等

法人税法第2条第二十二号
法人税法施行令第54条
借地借家法第10条
法人税基本通達7—3—6（土地とともに取得した建物等の取壊費等）、7—7—1（取り壊した建物等の帳簿価額の損金算入）、7—3—16の2（減価償却資産以外の固定資産の取得価額）

参考判決例等

平成3年2月27日国税不服審判所裁決（裁決事例集№41・211ページ）

100 賃借建物への内部造作の耐用年数

当社は、スケルトンでビル（鉄筋コンクリート造り）を賃借し、事務室を内部造作として造りました。この内部造作は耐用年数何年で償却すればよろしいですか。賃貸借契約は自動更新条項付きです。
見積明細は以下のとおりです。
　　床工事（鉄製枠工事・タイルカーペット工事含む）　1,500,000円
　　木工事（壁及び天井を含む）　2,000,000円
　　建具工事（アルミ製ドア、窓含む）　500,000円
　　空調工事　1,200,000円
　　電気工事　800,000円
以上の見積りで発注しました。

耐用年数の適用等に関する取扱通達1－1－3において、他人の建物に対する造作の耐用年数については「当該建物の耐用年数、その造作の種類、用途、使用材質等を勘案して、合理的に見積もった耐用年数により」償却することとされているだけで、その合理的な方法の具体的例示はありません。
　そこで、簡易な方法として次ページのような方法を提案します。

▶ポイント

　造作工事に係る各々の資産の特徴を考慮し、自社において資産の種類、工事内容、償却年数を適切に判断選択していくことが大切です。

工事内訳	骨格材の構成		規格	耐用年数	見積金額	償却限度額	見積耐用年数
建物	床	金属造り	肉厚3ミリ以下	22年	1,500,000	68,181	13年（算式（注）参照）
			肉厚3ミリ超4ミリ以下	30年			
		木造	主要骨材10cm角超	24年			
			主要骨材10cm角以下	10年	2,000,000	200,000	
	壁・天井	金属造り	肉厚3ミリ以下	22年			
			肉厚3ミリ超4ミリ以下	30年			
		木造	主要骨材10cm角超	24年			
			主要骨材10cm角以下	10年			
	建具	窓・ドア	金属製	20年	500,000	25,000	
			その他のもの	16年			
建物の合計					4,000,000	293,181	
建物附属設備	電気設備			15年	800,000		15年
	空調設備		冷凍機の出力22kW以下	13年	1,200,000		13年
			その他	15年			

(注) 算式 4,000,000円÷293,181＝13年

〈採用した耐用年数について〉

　建物の床、壁、天井については法定の耐用年数表の区分に基づき耐用年数省令別表第1から引用し、建具については昭和26年大蔵省主税局作成の「固定資産の耐用年数の算定方式」の付表2の窓、建具の耐用年数をもとに現在の建物の耐用年数の占める割合をかけて算出した。

例：窓（スチール）30年×50/75＝20年（窓は建具とした）

　前記「固定資産の耐用年数の算定方式」の付表から建物の耐用年数を70年としているが、現在の法定耐用年数が50年であることから、その割合で建具の耐用年数を算出したものである。

参考法令等

耐用年数の適用等に関する取扱通達1—1—3（他人の建物に対する造作の耐用年数）

昭和26年大蔵省主税局作成「固定資産の耐用年数の算定方式」

第4章

交際費・寄附金等をめぐる税務判断

101　ＪＶ工事における原価中の交際費処理

当社はＢ社とＪＶを組んでいます。このたび出資割合について当社が70％、Ｂ社が30％と取り決め、Ａ社から建物建築工事を請け負いました。建築確認申請前に近隣住民への事前説明会を実施し、その後、工事を円滑に進める目的で、飲食店での懇親会に招待しました。この費用として30万円を支出しました。工事は翌期までかかる予定で当期末を迎えましたが、この30万円はどのように処理すべきでしょうか。なお当社は資本金が１億円を超えています。

ＪＶ工事の未成工事支出金に、交際費として30万円を計上する必要があります。この30万円は租税特別措置法第61条の４第６項で交際費等として定義する「その他事業に関係のある者等に対する接待、供応、慰安、贈答その他これらに類する行為」の規定中、接待、供応に該当しますので貴社及びＪＶ構成員Ｂ社それぞれの出資割合に応じた金額を交際費等の金額に加算し、交際費の損金算入限度額の計算をした上で、限度超過額を所得に加算することになります。

　したがって、ＪＶ構成員であるＢ社に交際費としてＢ社分９万円（30万円×出資割合30％＝９万円）が未成工事支出金に入っていることをＢ社の期末までに報告して、処置誤りのないようにすることが必要です。

　一方貴社においても、当該交際費の貴社負担分21万円（30万円×出資割合70％＝21万円）は費用に計上されていないので、

$$\text{支出交際費総額における損金不算入額} \times \frac{21万円}{支出交際費総額}$$

で算出された金額を決算上、未成工事支出金から減算するか、申告書別表４で申告調整減算することができます。申告減算した場合は、翌期、決算上修

第4章　交際費・寄附金等をめぐる税務判断

正経理をする必要があります。

> ▶ ポイント
>
> 　交際費等の損金不算入額の算定計算は支出した事業年度で行いますので、期末において未成工事支出金や建設仮勘定などに交際費が含まれていて、費用となっていないときは注意が必要です。

参考法令等 ・・・

租税特別措置法第61条の4
租税特別措置法関係(法人税編)通達61の4(2)―7　(原価に算入された交際費等の調整)

102 社内飲食費は接待飲食費

当社は資本金が1億円を超える会社です。令和6年4月1日以後に開始する事業年度については、接待飲食費の50％は損金に算入できるようになったと聞きました。また、損金算入できる接待の対象者は事業に関係のある者等で、その中には社員等社内の者も含まれると聞いています。これら社内関係者に対する接待飲食費も、50％損金算入の対象になると考えますが、いかがでしょうか。

社内関係者に対する接待飲食費については、50％損金算入の対象になりません。

＊　　　　　　　＊

　得意先等との飲食接待のうち、1人当たり1万円以下（令和6年4月1日以後の支出から）のものは交際費等から除くことができ、また接待飲食費は、その支出金額の多寡にかかわらず支出額の50％相当額の損金算入が認められています（事業年度終了日における資本金の額等が100億円以下の法人に限ります）。

　なお、50％損金算入の対象となる接待飲食費からは、専らその法人の役員もしくは従業員またはこれらの親族に対する接待等のために支出するもの、いわゆる「社内飲食費」は除かれています（措法61の4⑥）。つまり、接待飲食費とはあくまでも「得意先等に対する飲食の接待」であり、参加者等を記載した書類の保存が損金算入の条件です。したがって、ご質問のような社内関係者に対する接待飲食費は、50％損金算入の対象とはなりません。

　また、1人当たり1万円以下の飲食費については交際費の範囲（措令37の5）から除かれていますが、社内飲食費はこの1万円基準についても対象外となりますので、交際費の額に含めなければなりません。

したがって、貴社の場合、社内飲食費については全額損金不算入となります。社内飲食費は、結局、飲食費以外の交際費等と同じイメージです。

> ▶ **ポイント**
>
> **社内飲食費**は、接待交際費から除外される飲食費の1万円基準、また接待飲食費50％損金算入のいずれについても対象外であるため、資本金1億円を超える企業については全額損金不算入となります。

> **参考法令等** ･･･

租税特別措置法第61条の4
租税特別措置法施行令第37条の5

103 債務超過の状態にない債務者への債権放棄等と寄附金認定の境界

 当社が70%出資している子会社Ａ社の業績が悪く、赤字決算が３期以上続くと県の指名入札業者の登録から外されてしまう状況に陥っています。Ａ社は指名入札において売上の半分を受注していることから、登録を外されると入札ができなくなり、売上が半減して会社が存続できなくなってしまいます。そのような状況を回避するため、今般、当社のＡ社に対する債権2,000万円を放棄することとしました。この2,000万円は寄附金と認定されるでしょうか。

Ａ社はこの2,000万円により、黒字が200万円計上されることとなります。なお、Ａ社はまだ債務超過ではありません。

 一般的に債務超過でない債務に対して、その債権の放棄をした場合は、法人税法第37条第７項に規定する寄附金とされます。

しかしながら、法人税基本通達９－４－１（子会社等を整理する場合の損失負担等）、９－４－２（子会社等を再建する場合の無利息貸付け等）に規定されているように「その損失負担等をしなければ今後より大きな損失を蒙ることになることが社会通念上明らかであると認められるためやむを得ずその損失負担等をするに至った等そのことについて相当の理由があると認められるときは」寄附金としないとされています。

本件の場合、登録が抹消されればＡ社は売上が半減し、場合によっては倒産ということにもなりかねません。貴社の今後のリスクを考慮した上での債権放棄によって、Ａ社の営業が継続できれば子会社の倒産に伴う損失よりも大きなメリットがあるといえます。

また通達に加えて、国税庁ＨＰ「質疑応答事例」においても「営業を行うために必要な登録、認可、許可等の条件として法令等において一定の財産的

基礎を満たすこととされている業種にあっては、仮に赤字決算等のままでは登録等が取り消され、営業の継続が不可能となり倒産に至ることとなるが、これを回避するために財務体質の改善が必要な場合」に行う支援は、実質的に債務超過でない子会社等に対して債権放棄等を行う場合でも、寄附金に該当しないものとして法人税法上損金算入が認められます。

▶ ポイント

　子会社の営業状態や債権放棄に至った事情からみて、経済的合理性が説明できる資料を備えておくことが重要です。登録申請条件や受注できることになる売上の占める割合の過去データなどは、当然に説明できるようにすべきです。

参考法令等

法人税法第37条第7項
法人税基本通達9－4－1（子会社等を整理する場合の損失負担等）、9－4－2（子会社等を再建する場合の無利息貸付け等）
国税局ＨＰ「質疑応答事例」法人税▶（子会社等を整理・再建する場合の損失負担等）5
「債務超過の状態にない債務者に対して債権放棄等をした場合」

▶ Q101〜Q107

104 関係会社への書籍贈与の取扱いは？

 当社は歴史的書籍を固定資産として所有しております。今般、事務所引っ越しに伴い一般公開を取りやめたことにより、当該書籍や保管するための書架等の備品を関係会社A社に寄贈することとしました。A社は株主ではありますが、商売上の直接的なつながりはありませんので、その支出は一般寄附金に該当すると思われます。また、寄附金限度額計算上、書籍は帳簿価額と鑑定時価相当額に開差がありませんので、帳簿価額としたく考えています。なお、書籍の運搬費用負担金額は見積りでは500万円と多額になります。

租税特別措置法関係（法人税編）通達では、交際費等の支出の相手側の範囲には株主等も含むことになっていますので、交際費等として扱うべきか、あるいは、A社に対する一般寄附金とすべきかお尋ねします。また、寄附金とする場合、運搬費は寄附金限度額計算に加算すべきでしょうか。

 事業に直接関係性のないA社への書籍寄贈は、今後とも直接的見返りを期待する事実等がない場合は寄附金としての経理でよろしいと思われます。また運搬費負担は、書籍寄贈に直接要した費用として寄附金限度額計算に加算すべきと思われます。

なお、この寄贈が貴社事業に関連して何らかの見返りを期待したものであると認められる場合は交際費等と認定される可能性もありますが、ご質問の状況では、むしろ、貴社から引き取りをお願いしているような印象を受けますので、事実認定の問題ではありますが、交際費認定の可能性は低いと思われます。

第4章　交際費・寄附金等をめぐる税務判断

> **▶ポイント**
>
> 　法人税法上寄附金の額とは寄附金、拠出金、見舞金、その他いずれの名義の如何を問わず、金銭その他の資産または経済的な利益の贈与または無償の供与をいうものとされています（法法37⑦）。ただし広告宣伝費、見本費及び交際費等に該当するものは除かれています。

参考法令等

法人税法第37条第7項
租税特別措置法関係（法人税編）通達61の4⑴―22（交際費等の支出の相手方の範囲）

▶ Q101〜Q107

金銭債権の包括承継により、一人の相続人が「所在不明」になった場合、貸倒れは認められるか？

 当社はＡに対して「原因者負担金」の立替金債権を有していましたが、Ａの死亡によりその父Ｂ及び母Ｃがこれを相続しました。当社はＢ及びＣに対し債権の50％ずつ分割請求していたところ、当期にＢが所在不明となり回収不能と判断されました。当社では同債権の時効を迎えるタイミングで、Ｂに対し債務免除通知書を送付する予定です。この場合、債権200万円のうち100万円の一部貸倒れの損金算入は認められるでしょうか？　なお、当社はＢ及びＣとは連帯債務の特約は結んでいません。

 Ｂ・Ｃ間には連帯債務の関係はないため、Ｃは自己が承継した債務100万円を超えて弁済する義務はなく、貴社がＢに対して回収不能の状況下で100万円の債務免除をした場合、貸倒れとして損金算入できると思われます。

　確かに被相続人の死亡によって相続が開始されますと、民法では原則として被相続人に帰属していた財産は、一括して相続人に承継されます（民896・包括承継の原則）。ご質問の貴社「原因者負担金」は父(Ｂ)母(Ｃ)に相続され、Ｂが居所不明になった場合、当初の金銭債権が、それぞれ独立した新たな金銭債権に変化し、貴社とＢ及びＣが連帯債務の特約を結んでいない以上、Ｂへの債務免除通知（法基通９−６−１(4)）により、その事業年度の損金として認められると思われます。

第4章 交際費・寄附金等をめぐる税務判断

> ▶ **ポイント**
>
> 　相続人は、債務についても法定相続分を相続するだけであって、相続人間に当然に連帯して債務を負う関係は生じません。

参考法令等

道路法第58条

民法第436条、第896条

法人税法第22条第3項第二号、第4項

法人税基本通達9―6―1(4)（金銭債権の全部又は一部の切捨てをした場合の貸倒れ）

参考判決例等

平成16年12月24日最高裁判決（税務訴訟資料第254号―370順号9877）

106 子会社工事の不手際に関する責任の範囲

当社の子会社は投資目的の商業ビル建設に際し、一次下請として耐火燃料保管庫（室）の塗装工事を請け負いました。当該ビルはすでに完成し、不動産仲介業者を介して投資家に引渡しできる状況にありました。

ところが引渡し直前において、子会社の施工に国土交通省が認定していない形状の鋼材使用や耐火塗料材料使用について、重要な瑕疵があることが判明しました。子会社単独ではこの不正案件を始末することは、財務的にも人材的にも不可能な状況であり、当社グループへのリスクを総合的に回避するため、施工ゼネコンから当該ビルを当社が取得し、今度の対応を検討することが最良との結論に至りました。

施工ゼネコンからは、当該物件の当社への仕掛原価相当額（時価相当額）での売却をもって解決したい旨の提案があり、早期に取得したいと考えています。これらの一連の事情による取得について、今後譲渡損失等が発生した場合、その損失が子会社寄附金等と認定されないか伺います。

子会社の不始末は本来子会社が単独で解決すべきことが基本！ ですが、親会社である貴社のビルの取得は、下記①～③の理由等によるものであれば「やむを得ず行った、社会通念上合理性ある取引」として、売却等により今後損失が生じても、子会社に対する寄附金等の問題は発生しないと思われます。

① 問題案件の、子会社単独での解決は不可能な状況にあること
② そのままビルを放置すると社会問題に発展し、施工ゼネコン及び貴社は違法建築物を放置した企業として社会的糾弾を受けること
③ 負担請求がゼネコンから貴社に及び、風評被害は他の関連グループ企

業に及ぶ恐れがあること

以上の状況があれば、貴社取得はやむを得ないものとして税務上問題となることはないと思われます。

状況から、社会的影響の大きさも考慮し、法人税基本通達9―4―1（子会社等を整理する場合の損失負担等）、9―4―2（子会社等を再建する場合の無利息貸付け等）に準じて判断して差し支えないと考えられます。

▶ポイント

子会社の不始末に親会社としての責任が認められれば、その整理に要した費用は寄付金として認定されることはないでしょう！

参考法令等

法人税法第37条第7項

法人税基本通達9―4―1（子会社等を整理する場合の損失負担等）、9―4―2（子会社等を再建する場合の無利息貸付け等）

参考判決例等

平成6年3月31日国税不服審判所裁決（関係会社に損失が生じたときには請求人がその損失の一切を賠償する旨の契約を締結し、この契約に基づきした損失補てんは寄附金に該当する）（裁決事例集No.47・319ページ）

▶ Q101〜Q107

107 グループ会社間の取引単価変更による精算金

 当社は100％グループ会社間で製造販売を行っている会社です。当社が販売を担当し、子会社であるＡ社が製造を担当しています。Ａ社と当社は、毎年期首に前期のＡ社の製造原価とメーカーとしての利益を10％オンした単価を基準取引価格として期中取引を行い、期末に原価計算にて算出した価格に10％の利益を上乗せした価額で精算するという取引契約を締結しています。

今期は取扱数量の減少の結果、製造単価が上昇してＡ社に１億7,600万円の精算金を支払うことになりました。この金額は期末までに当社の仕入に計上して処理することにしていますが、子会社Ａ社に対する寄附金とはされないでしょうか。なお、10％の利益はＡ社の販売等管理費相当額です。

 寄附金と認定されるためには、第三者間の通常の経済取引として是認できるものであるかどうかで判断されます。法人税法第37条第７項、第８項では、「寄附金、拠出金、見舞金その他いずれの名義をもってするかを問わず、内国法人が金銭その他の資産又は経済的な利益の贈与又は無償の供与」とされ「実質的に贈与又は無償の供与をしたと認められる金額」であって、経済取引として是認できる合理的理由が存在しないものを指す行為です。本件案件ではグループ内で販売と製造を各々各社が分担し、実際のコストを製造会社との契約で期末に精算するという行為は経済合理性があり、Ａ社の実際原価計算の方法にて算出した単価を用いて精算金を算出することは寄附金には当たらないものと考えます。

＊　　　　　　＊

平成26年１月24日東京地方裁判所の判決においても「合理的な原価計算の基礎に立ち」両当事者が協議の上決定した価格については「経済的にみて贈

与と同視し得る資産の譲渡又は利益の供与がされたとは認められない」として、寄附金に該当しないと判示しています。

> ▶ **ポイント**
>
> 税務調査で否認を受けないためには、
> ①　取引のときに経済的合理性のある契約書を締結しておくこと
> ②　期末に当該契約に基づいた精算金の算出根拠を明確にしておくこと
> が必要です。

参考法令等

法人税法第37条第7項、第8項

参考判決例等

平成26年1月24日東京地裁判決

第5章

その他の損金
（外貨建取引・圧縮記帳を含む）

をめぐる

税務判断

108 未成工事支出金と使途秘匿金

当社では、請負工事に絡んで使途を明らかにできない支出100万円について、該当する工事の未成工事支出金勘定に計上しています。申告時には秘匿金として税額加算をする予定ですが、何か問題ありますか。

使途秘匿金を支出した場合は、支出した事業年度において支出額の40％相当額を通常の法人税額に加算して納付することになります（措法62①）。使途秘匿金を損金不算入とする明文規定はありませんが、使途秘匿金課税は、使途不明金に対する課税強化と位置付けられているところ（「平成6年度税制改正の解説」251ページ～）、費途（使途）不明金は法人税基本通達9－7－20により損金の額に算入されない取扱いとなっていますので、使途秘匿金についても損金不算入となります。

未成工事支出金は工事が完了し引渡しを受けると、会計上、原価として計上されますが、含まれている使途秘匿金に相当する原価100万円は損金の額に算入されないため、税務上の手当てをしないと100万円の原価が否認されることになりますので注意が必要です。

▶ポイント

使途秘匿金は損金の額に算入されません。
当然に原価としても認められませんので、申告調整・加算漏れがないよう注意しましょう。

参考法令等

租税特別措置法第62条
法人税基本通達9－7－20（費途不明の交際費等）

第5章　その他の損金（外貨建取引・圧縮記帳を含む）をめぐる税務判断

109 満期保有目的の社債の処理

Q 満期保有目的の社債を、このたび額面1億円について9,700万円で購入し所有していますが、期末にはどのように処理したらよろしいでしょうか？　取得した日は3月1日で決算期末は3月31日、満期日は3年後の2月28日です。なお、他に社債は所有していません。

A 満期保有目的の有価証券であって期中に売買していなくても満期日に償還される有価証券については、事業年度終了の時に所有していると満期日に償還される金額と帳簿価額との差額を償還されるまでの間の各期末に調整差益または調整差損として各事業年度の損益に反映させることになっています（法令139の2①）。

　本件の場合、帳簿価額と償還される満期日の額面1億円との差額300万円について、所有する各期末に調整計算していくことになります。計算方法については法人税法施行令第139条の2に規定があり、本件の場合、同条第3項に該当することになりますので、

$$（1億円-9,700万円）× \frac{前期末額面}{当期末額面} × \frac{1（当期所有期間月数）}{36（満期までの月数）} = 8万3,333円$$

となります。なお所有期間の按分については、日数でも月数でも単位として使用できます（法令139の2⑤）。

　よって、

　　有価証券　83,333円　／　調整差益　83,333円

という仕訳で、償還社債の簿価を調整することになります。

▶ Q108〜Q134

▶ポイント

　償還有価証券については、期末の調整差損益の損金・益金計上及び帳簿価額の調整計算が必要ですので注意して下さい。

参考法令等

法人税法施行令第119条の14、第139条の2第1項、第2項、第3項、第5項

第5章 その他の損金（外貨建取引・圧縮記帳を含む）をめぐる税務判断

110 長短外貨預金の評価損益

当期中に100万ドル（帳簿価額13,300万円）の3年ものの定期預金を設定しました。当期末に向けて円安が進み為替レートがＴＴＭで158円／1ドルになりました。含み益が2,500万円になっていますが、為替差益を利益に計上しなければなりませんか。

同じときに100万オーストラリアドル（帳簿価額9,000万円）の1年定期預金を設定していますが、こちらは期末にＴＴＭで103円／1オーストラリアドルで含み益が1,300万円出ています。こちらの益の計上はどうなりますか。

なお当社では、外貨建資産等の期末時換算方法に関して選定の届出書は提出していません。

貴社の外貨建資産等の期末換算については、換算方法の届出がないことから法定の換算方法によることになります（法法61の9①、法令122の7）。

ドル定期預金については、満期日が当事業年度終了の日の翌日から1年を経過した日の前日までに到来するものに該当しませんから（法令122の4五、六）、いわゆる長期外貨預金に当たり、その期末時換算の法定換算方法は発生時換算法となります（法令122の7二）。したがって、税務上は、取得時（発生時）と当期末において換算差損益は発生しませんから含み益を計上する必要はありません。

オーストラリアドル預金については、定期預金の期日まで1年未満となりますので、換算方法の届出をしていない貴社の場合は法定の期末時換算法が適用となり期末に評価益を計上することになります。

今回はいずれの場合も益が出ていますが、長期外貨預金であっても評価損となる場合、外国為替の売買相場が著しく変動した場合の外貨建資産等の期

末時換算が適用できる特別な取扱いがありますので(法令122の3)、発生時換算法を原則とする長期外貨預金であってもこの規定の適用の可否を検討します。著しく変動したかどうかは次の算式で計算した割合がおおむね15％に相当する割合以上であるかどうかで判断されます(法基通13の2－2－10(為替相場の著しい変動があった場合の外貨建資産等の換算))。

(当該外貨建資産等の額につき当該事業年度終了の日の為替相場により換算した本邦通貨の額－当該事業年度終了の日における当該外貨建資産等の帳簿価額)／当該外貨建資産等の額につき当該事業年度終了の日の為替相場により換算した本邦通貨の額

つまり、上記算式により計算した割合がおおむねマイナス15％以上となるときは長期外貨預金であっても期末時換算法を適用して換算することができます。

▶ポイント

同じ外貨建債権債務であっても、期末から期日までの長短により、短期外貨建債権債務に該当することがありますので、該当すれば期末時換算法により評価損益を損金または益金の額に算入することになります。短期外貨建債権債務に該当しない外貨建債権債務も、期末に15％以上の為替変動があれば、評価損を計上できます。

参考法令等

法人税法第61条の9第1項
法人税法施行令第122条の3、第122条の4、第122条の7
法人税基本通達13の2－2－10(為替相場の著しい変動があった場合の外貨建資産等の換算)

第5章 その他の損金(外貨建取引・圧縮記帳を含む)をめぐる税務判断

111 期末に取引先が倒産して失踪 ―貸倒処理

担当者の調査で、取引先が倒産して経営者が失踪していることが期末に判明しました。住所地に臨場しても、すでに他人が入居していて行方は分からないとのことであったことから、売掛金1,100万円を貸倒処理して損金に計上しようと考えています。何か問題はありますか。当社は消費税課税事業者で、税抜経理方式を採用しています。

売掛金は令和元年10月1日後の税率10%対象の取引によるものです。

貸倒処理には複雑な要件がありますが、事実上貸倒れであり、回収不能の金銭債権として貸倒処理が認められるものとして検討します。本件の売掛金1,100万円の中には消費税相当額100万円が入っていますが、消費税の経理処理について税抜経理方式を採用していても貸倒れの仕訳は、

　　貸倒損失　　1,100万円　／　売掛金　　1,100万円

となります。

回収できない仮受消費税等については消費税法第39条により消費税額から「当該領収をすることができなくなった課税資産の譲渡等の税込価額に係る消費税額の合計額を控除する。」こととされていますので、税込売掛金の金額に110分の7.8を乗じて算出した金額を消費税の金額から控除して、納付する消費税等の金額を算出することになります。

なお、消費税法第39条を適用する結果、本問の場合、貸倒れがないとした場合の未納消費税額等に対して100万円未納消費税等が少なくなる結果、消費税等の納付差額100万円が雑益に計上されることになります。

▶ Q108〜Q134

> **▶ポイント**
>
> 　貸倒処理する場合、債権取り立てのための行為をどこまで行い、取り立てが不能か、非常に困難であることを説明できる資料の保存が重要です（消規19（貸倒れの事実を証する書類及びその保存））。

参考法令等 ●

法人税法第22条第３項第三号
法人税基本通達９－６－２（回収不能の金銭債権の貸倒れ）
消費税法第39条
平成元年３月１日付直法２－１通達（消費税法等の施行に伴う法人税の取扱いについて）
国税庁▶タックスアンサー No.6367「貸倒れに係る税額の調整」

第5章　その他の損金（外貨建取引・圧縮記帳を含む）をめぐる税務判断

出向に係る確定給付企業年金の掛金の損金計上時期

 当社では、今般、親会社から出向した社員について親会社からの請求に基づいて、出向者分の確定給付企業年金規約に基づく掛金をこの3月から6か月分前払いで支払うことになりました。これはあらかじめ両社間で定めた負担区分によるものであり、支出時の損金でよろしいですか。

6か月分を前払いする理由は分かりませんが、支出時の損金算入が認められるものと考えます。

＊　　　　　　　＊

　出向先法人が負担する掛金等の損金算入時期に関して適格退職年金契約の掛金等については、法人税基本通達9―2―51（出向者に係る適格退職年金契約の掛金等）で一定の場合に支出時の損金とする取扱いが明らかにされていますが、本通達は「出向元法人が適格退職年金契約を締結している場合において」と規定していることから、適格退職年金契約に限定しているようにも思われ、この取扱いが確定給付企業年金の掛金にも適用があるのかどうか、必ずしも明らかではありません。

　適格退職年金制度は、法人税法施行令附則第16条第1項に定める14の適格要件を満たし、国税庁長官の承認を得て設立された退職年金制度で、その掛金等が支出時の損金となることや企業年金資産への非課税措置など税制上の優遇措置がありましたが、いわゆる閉鎖型の適格退職年金契約のうち一定のものを除いて、制度そのものが平成24年3月31日をもって廃止されました。

　　※いわゆる閉鎖型の適格退職年金契約のうち一定のものについては適格退職年金契約に係る税制上の措置を継続適用する措置が講じられています（厚生労働省HP）。

このため「引き続き税制上の優遇措置を受けるためには、確定給付企業年金制度等といった企業年金制度等に移行する必要があります」(国税庁 HP 手続の案内・適格退職年金契約関係) と広報されています。

このような経過を見ると、確定給付企業年金制度等は適格退職年金制度に代わって引き続き税制上の優遇措置を受けるための受け皿であることが分かります。

この受け皿の一つである確定給付企業年金の掛金等も法人税法施行令第135条第二号により支出時の損金算入が認められていますので、本通達の趣旨からみて出向先が負担する確定給付企業年金の掛金等についても適用があると考えられ、通達要件を満たせば出向先において支出時の損金算入は認められると考えます。つまり、あらかじめ負担区分が定められており、その負担区分が出向期間に対応するものであるなど、合理的な負担区分であれば要件を満たすことになると考えられ、一時的に前払いになるとしてもその負担額があらかじめ定められた負担区分によるものであり、合理的な負担額であれば出向先において支出した時の損金算入が認められると考えられます。出向先法人が支出する退職給与の負担金の損金算入時期を定めた法人税基本通達9—2—48(出向先法人が支出する退職給与の負担金)において、あらかじめ負担区分の定めがあること、退職給与の額として合理的に計算された金額であることが要件とされていますから、法人税基本通達9—2—51においても同様の要件となるものと考えます。支出する時期について、法人税基本通達9—2—48では「定期的に」とされていますが、これは任意の時期に支出するものは利益調整に繋がることから認めない趣旨であって、月単位以外は認めない趣旨ではないと考えられ、定期的な支出であれば一時的に前払いとなるものであっても認められると考えられます。これは法人税基本通達9—2—51においても同様でしょう。

なお、本通達は、適格退職年金契約に基づく掛金等についてのみ規定していますが、現在も適格退職年金契約に基づく掛金等につき支出時の損金算入が認められる法令上の根拠は次のとおりです。

法人税法施行令第135条第二号により、確定給付企業年金の掛金等は支出時の損金算入が認められますが、確定給付企業年金の掛金等に類するものとして財務省令で定めるものも支出時の損金となります。この財務省令（法規27の20②）では、適格退職年金契約に基づく掛金または保険料も財務省令で定めるものとして掲げられていますので（法規27の20②三）、適格退職年金契約に基づく掛金等は確定給付企業年金の掛金等に類するものとして支出時の損金算入が認められることになります。

支出時の損金算入が認められる適格退職年金契約に基づく掛金等の定義は次のとおりです（法規27の20②三）。

「法附則第20条第3項（退職年金等積立金に対する法人税の特例）に規定する適格退職年金契約に基づいて令附則第16条第1項第二号に規定する受益者等のために支出した掛金又は保険料（同項第三号に規定する要件に反してその役員について支出した掛金又は保険料を除く。）」

法人税法施行令附則第16条第1項には、適格退職年金契約の要件として14の要件が定められています。

▶ポイント

あらかじめ負担区分が定められた契約書などを備えておくことが重要です。

参考法令等

法人税法附則第20条
法人税法施行令第135条第二号、同令附則第16条
法人税法施行規則第27条の20第2項
法人税基本通達9―2―48（出向先法人が支出する退職給与の負担金）、9―2―51（出向者に係る適格退職年金契約の掛金等）
確定給付企業年金法第55条

▶ Q108〜Q134

確定給付企業年金の掛金の未払計上

当社は確定給付企業年金の掛金について、毎年年払いで3月に支払損金に計上してきましたが、今期は掛金の見直しで掛金の通知が翌期にずれ込むとの連絡がありましたので、前年度末に支払った金額2,500万円と同額を未払金で計上しようと考えています。問題ありますか。

確定給付企業年金の掛金は、法人税法施行令第135条第二号において確定給付企業年金法第3条第1項に係る掛金に充てるため支出した金額を損金の額に算入することになっていますので、支出していない未払計上では損金になりません。法人税基本通達9—3—1（退職金共済掛金等の損金算入の時期）にも、未払金として損金の額に算入することはできないと留意的に明記されています。

▶ ポイント

　確定給付企業年金の掛金は支払事実があって初めて損金に計上できる取扱いであることに留意して下さい。

参考法令等 ••

法人税法第135条第二号
法人税基本通達9—3—1（退職金共済掛金等の損金算入の時期）
確定給付企業年金法第3条第1項

第5章　その他の損金（外貨建取引・圧縮記帳を含む）をめぐる税務判断

雇用保険料等の一括損金計上

当社は9月決算ですが、毎年6月末に「労働保険概算・増加概算・確定保険料申告書」を提出し保険料を分割して納付しており、納付した時に損金計上してきました。しかし、今般は6月申告時に一括損金に計上しようと考えていますが、何か問題はありますか。

〈概算労働保険料の内訳〉

雇用保険料	1,018,534円
労災保険料	277,782円
一般拠出金	1,851円
納付予定額　合計	1,298,167円

法人税基本通達9－3－3（労働保険料の損金算入の時期等）により、概算保険料については、労働者負担分は立替金とされ、事業主負担部分は申告書を提出した日、または納付した日の損金とすることができます。

　労働保険料のうち、雇用保険料については一般事業の場合、令和6年4月1日から令和7年3月31日までは、労働者負担分が6/1,000、事業主負担分が9.5/1,000、合わせて15.5/1,000とされていますので、1,018,534円のうち、労働者負担分394,271円は法人の損金とならず、立替金として処理することになります。

〈仕訳〉

法定福利費	903,896円	/	現　金	1,298,167円
立替金	394,271円			
計	1,298,167円	/		1,298,167円

※雇用保険料の労働者負担分　1,018,534円×6/15.5＝394,271円

　労災保険料、一般拠出金は事業主（会社）負担で、法定福利費となります。

▶ポイント

　会社（事業主）が負担する保険料は損金となりますが、従業員（労働者）負担分は立替金として処理することになります。

参考法令等

法人税基本通達９―３―３（労働保険料の損金算入の時期等）

115 建物と建物を交換するときの同一の用途

Q 当社は、子会社の建物と当社の建物との交換を考えています。当社の建物は社宅として使用しており、子会社の建物は賃貸用アパートとして使用していましたが、交換して圧縮記帳はできますか。建物の時価は双方とも1,000万円と評価されました。

A 交換により取得した資産の圧縮記帳をするためにはその資産が譲渡直前の用途と同一であることが必要です（法法50①）。

法人税基本通達10―6―7（取得資産を譲渡資産の譲渡直前の用途と同一の用途に供したかどうかの判定）(2)においては、同一の用途に供したかどうかについては、「(2) 建物にあっては、居住の用、店舗又は事務所の用、工場の用、倉庫の用、その他の用の区分」をその判定の基準としています。

社宅もアパートもともに居住の用に供しているようですから、同一の用途に供したものとして圧縮記帳は認められます。

▶ポイント

取得資産を譲渡資産の譲渡直前の用途と同一の用途に供したかどうかは、土地、建物、機械及び装置、船舶によって各々規定されているのでその内容を確認する必要があります。

参考法令等

法人税法第50条
法人税基本通達10―6―7（取得資産を譲渡資産の譲渡直前の用途と同一の用途に供したかどうかの判定）

▶ Q108〜Q134

116 等価交換と圧縮記帳

当社では、70%出資の子会社Ａ社と土地の等価交換を予定しています。交換契約書には各自１万円の収入印紙を貼る予定です。当社の土地は20年前に取得して以来駐車場として使用し、Ａ社の土地は10年前から当社の社宅用地として使用してきました。いずれも地目は宅地です。

交換後、当社は賃貸用マンション用地に転用を計画しています。Ａ社は特に計画はなく、駐車場として使用を継続する予定です。時価の鑑定評価では当社の土地が１億円、Ａ社の土地は8,500万円です（鑑定料２社とも99万円）。

ちなみに当社の帳簿価額は5,000万円で、Ａ社の帳簿価額は8,000万円です。

なお取得後、両社は圧縮記帳を考えています。等価交換として認められるかどうか、また圧縮計上についての注意事項がありましたら教示して下さい。

交換による圧縮記帳要件については、
① 相互に対象資産を１年以上保有していること（交換のために取得したものでないこと）
② 法人税法第50条第１項に規定されている同種の資産を交換するものであること
③ 交換取得資産を交換譲渡資産の譲渡直前の用途と同一の用途に供するものであること
④ 交換する資産の価額差額が20％を超えるものではないこと
と法人税法第50条に規定されています。

この要件について貴社の取引内容を検討してみますと、①については双方とも１年以上保有していますので、保有期間要件は充足しています。
② 土地と土地の交換ですので、同種資産要件は充足しています。

③　同一用途要件

　土地の場合、同一用途要件は、「その現況により、宅地、田畑、鉱泉地、池沼、山林、牧場又は原野、その他の区分」の区分により判定することとされています（法基通10―6―7⑴）。

　貴社の譲渡土地は駐車場用地で取得土地は賃貸マンション用地の予定のようです。いずれも地目は宅地ですから現・地目で判断する限り同一用途要件を充足しています。ただし、一般的に、駐車場用地の地目は雑種地です。雑種地であれば同一用途ではありませんが、雑種地であっても、その土地を整地し、いつでも建物の敷地として利用できる状態にあれば宅地と考えられる旨回答した相談事例があります（TAINS法人事例003113）。明らかに登記簿上の地目と実際の土地の使用状況とが異なる場合には、その実際の土地の使用状況を基にして同一用途に供したかどうかの判定を行うようです。

　したがって、譲渡した駐車場用地は元々地目が宅地であり、いつでも建物敷地として利用できる状態にあったとすれば同一用途要件は充足していると考えられます。

④　価額については時価が1億円と8,500万円で差額が1,500万円算出されますが、1億円の20％以内であり価額差要件を充たしています。

以上のとおり、①～④の要件を充足していますので、交換による圧縮記帳の規定を適用することができます。

なお時価における差1,500万円については、A社が貴社に、いわゆる交換差金として1,500万円支払う必要があります。

〔圧縮限度等〕

1．貴社の場合

　簿価5,000万円の土地を時価8,500万円の土地プラス差金1,500万円で交換していますので、1億円で譲渡したことになり、粗利益は5,000万円となります。ここで譲渡経費として鑑定評価料99万円と収入印紙1万円の合計100万円がかかっていますので、譲渡益は（1億円－5,000万円－100万円＝4,900万
　　　　　　　　　　　　　（時価）　　（簿価）　　（譲渡経費）

円）と算出されます。

次に圧縮限度額の算出については、まず、取得資産の価額（時価）に対応する譲渡原価・費用を次のとおり計算し、

（5,000万円 + 100万円） × $\dfrac{8,500万円}{8,500万円 + 1,500万円}$ = 4,335万円
（譲渡資産帳簿価額）（経費）　　　（土地時価）（現金受領）　（取得資産の価額に対応する譲渡原価・費用）

となり、圧縮限度額は、次のとおり計算されます。

8,500万円 － 4,335万円 ＝ 4,165万円
（取得した土地の価額）（取得資産の価額に対応する譲渡原価・費用）（課税繰延利益）

仕訳は、

① 　現金　　1,500万円　／　土地　　　　　　　5,000万円
　　 土地　　8,500万円　／　現金（譲渡費用）　　100万円
　　　　　　　　　　　　／　譲渡益　　　　　　4,900万円
② 　土地圧縮損　4,165万円　／　土地　　　4,165万円

となり、土地の最終的な帳簿価額は、

8,500万円 － 4,165万円 ＝ 4,335万円

となります。

以上のとおり、貴社の場合、当期の譲渡利益4,900万円のうち圧縮記帳により、4,165万円が課税繰延べとなります。

2．A社の場合

簿価8,000万円の土地と現金1,500万円で1億円の土地と交換取得していますので、譲渡益は次のとおり400万円が算出されます。

　　譲渡価額10,000万円（※）－簿価8,000万円－経費1,600万円（仲介料等100万円＋差金1,500万円）＝譲渡益400万円

圧縮限度額は、

第5章　その他の損金（外貨建取引・圧縮記帳を含む）をめぐる税務判断

$$10,000万円 -（8,000万円 + 100万円 + 1,500万円）= 400万円$$
$$\begin{pmatrix}\text{取得した}\\\text{土地の価額}\end{pmatrix}\quad\text{（帳簿価額）}\quad\text{（経費）}\quad\text{（支払差金額）}\quad\text{（譲渡益）}$$

※譲渡対価として時価8,500万円の土地と現金1,500万円の支払い＝時価1億円の土地を取得＝譲渡収入1億円

となり、仕訳は、以下のようになります。

① 　土地　　1億円　　／　　土地　　　8,000万円
　　　　　　　　　　　　　　現金　　　1,600万円
　　　　　　　　　　　　　　譲渡益　　　400万円

② 　圧縮損　400万円　／　土地　400万円

よって土地の帳簿価額は9,600万円になります。以上のように、A社の場合は当期の譲渡利益400万円が圧縮記帳により課税繰延べとなります。

　貴社の取引例では、子会社への出資が70％なので上記のような結果になりますが、100％子会社では法人税法第61条の11に規定する完全支配関係のある法人間の取引の損益計算、ひいては法人税法施行令第122条の12第3項の適用があるケースもありますので注意して下さい。

▶ ポイント

　圧縮限度額計算においては、譲渡経費として鑑定料や印紙代、仲介手数料等がないかどうか検討することが重要になります。明らかに登記簿上の地目と実際の土地の使用状況とが異なる場合には、その実際の土地の使用状況を基にして同一用途に供したかどうかの判定がされますので、地目・宅地の駐車場の使用状況には注意が必要です。

参考法令等

法人税法第50条、第61条の11

法人税法施行令第92条、第92条の２、第93条、第122条の12
法人税基本通達10―６―７（取得資産を譲渡資産の譲渡直前の用途と同一の用途に供したかどうかの判定）、10―６―９（譲渡資産の譲渡に要した経費）

第 5 章　その他の損金（外貨建取引・圧縮記帳を含む）をめぐる税務判断

117　二筆の土地合筆に伴う交換圧縮の可否

当社は隣接する土地の所有者である子会社 A 社と当社の所有する土地を一筆の土地にして、共同出資で当該敷地にビルを建設する計画を進めています。

　一筆の土地にするにあたって所有形態を共有持分とすることにしましたが、税務上何か留意すべきことがありますか。

　なお、共有持分割合については各々の所有土地を時価評価し、その評価額の割合を持分割合にする予定です。各社の土地はこれまで本社事務所として使用してきた土地で、計画を実行するにあたって事務所を各自の負担で解体する予定です。

一筆とする手続きの過程で土地の交換が行われますが、税務的には交換は時価で譲渡及び取得をしたものとされますので、交換により譲渡する資産の帳簿価額よりも時価が高いときは、その差額は譲渡益として課税されます（国税庁タックスアンサー No.5600）。この場合、税務上、何も手当しなければこの譲渡益はそのまま課税されますが、その交換が一定の要件を満たすときは、圧縮限度額の範囲内で交換により取得した資産の帳簿価額を減額し、損金の額に算入する圧縮記帳の適用を受けることができますので、この交換圧縮による圧縮額の損金算入規定（法法50）の適用可否につき、検討をお勧めします。

＊　　　　　　　　＊

　若干税務の問題とは離れますが、貴社の計画に沿って、隣接する貴社の土地と A 社の土地とを合筆した上で共有とする手続きを推測すると、合筆するには、不動産登記法第41条（合筆の登記の制限）により、合筆前に両土地の貴社と A 社との共有持分は同じでなければなりませんから、まず、両土

地の貴社とA社との持分割合が等しくなるように、それぞれの土地の一部を交換しなければなりません。この交換は、仮に両土地の時価の割合が、貴社4に対しA社6であると仮定して、貴社の土地の6/10をA社に譲渡し、同時に貴社はA社土地の4/10を譲り受けるイメージですが、交換としては、貴社土地の6/10とA社土地の4/10の交換となります。これを登記すれば、それぞれの土地の共有持分は貴社4/10、A社6/10となり、不動産登記法第41条（合筆の登記の制限）の制限である「表題部所有者又は所有権の登記名義人が相互に持分を異にする土地の合筆の登記」をクリアすることになります。制限をクリアしましたので、この2筆の土地を合筆して一筆の土地にすれば貴社が意図した一筆の土地の共有が実現します。

　要するに、このような経過を辿ると想定すると、この過程で土地の交換が行われますので、貴社、A社とも簿価との関係で譲渡益が発生する可能性があり、発生するなら交換圧縮による圧縮額の損金算入規定（法法50）の適用可否を検討する価値があると考えます。

　なお、持分割合は両土地とも合筆前の時価で評価した上でその割合を計算します。

　また、交換も譲渡の一形態であることは、所得税の判例ではありますが「『資産の譲渡』とは、有償無償を問わず資産を移転させるいっさいの行為をいうものと解すべきである。」（昭和50年5月27日最高裁判決）とされており、交換も資産を移転させる行為ですから資産の譲渡とされます。

　本件の場合、法人税法第50条の適用要件の主なものは、以下のとおりです。
1. 該当する土地を各社が1年以上所有していたこと
2. 交換のために取得したものでないこと
3. 交換土地の譲渡の直前の用途と取得土地の用途が同一であること
4. 交換により生じた差益金の額が20％を超えていないこと
5. 確定申告書に明細書を添付すること

これらの要件を備えれば交換資産として資産の圧縮が可能です。ご質問の

第5章　その他の損金（外貨建取引・圧縮記帳を含む）をめぐる税務判断

交換内容を見ますと、上記5の明細書の添付要件はさておき、いずれも該当すると思われますので、交換により取得した資産の圧縮額の損金算入規定の適用の可否につき、検討をお勧めします。

▶ポイント

　時価で交換（譲渡）しますので、帳簿価額との差額は譲渡益になります。したがって圧縮記帳をしないと譲渡益に課税されますので、法人税法第50条の交換により取得した資産の圧縮記帳をし明細書を添付して確定申告します。また、持分割合を算出する際は各合筆前の土地の時価を用いることが必要です。隣接する土地ですが、形状や位置関係により面積当たりの時価が異なることも考えられ、面積按分すると異なる持分割合になる可能性がありますので、各土地の時価額で持分割合を算出して下さい。

参考法令等

法人税法第50条、不動産登記法第41条

参考判決例等

昭和50年5月27日最高裁判決（民集29巻5号・TAINS・Z081-3567）

▶ Q108〜Q134

118 売買目的外の有価証券の売却損

当社は、コロナショック前に購入し、その後下落した上場株について含み損を抱えたまま現在に至っています。当期は利益が出ているのでその範囲内で同株式を売却し、含み損を顕在化したいと考えていますが、クロス取引と見なされると売却損が否認されると聞きました。どのくらいの売りと買いの間隔が空いていればよろしいか教えて下さい。

なお当社では、所有の株式は取引先のもので期末までには同じ株数を持っていることが必要になっています。また売買は証券会社を介して通常の取引で行う予定です。なお、相場から判断して1,000万円近く売却損が出ます。

通常の売買を行うとすれば、市場価格で売却・購入することになると考えますが、売却が先か購入が先かは問わずに売却価額と購入価額が同一となるように設定されていたり、売却の決済日と購入の決済日との間に係る金利調整のみを行った価額となるように設定されているときは、その売却はなかったものとされます。ですから、どのくらい間が空いていればよいかという間隔の問題ではありません。

企業会計上、売買として認められるのは、実質売却がされて金融資産の消滅の認識要件が備わったかどうかに関わることになります。

この点、金融商品に関する会計基準Ⅲ2に、
「金融資産及び金融負債の消滅の認識
(1) 金融資産の消滅の認識要件
8．金融資産の契約上の権利を行使したとき、権利を喪失したとき又は権利に対する支配が他に移転したときは、当該金融資産の消滅を認識しなければならない。
9．金融資産の契約上の権利に対する支配が他に移転するのは、次の要

件がすべて充たされた場合とする。
 (1) 譲渡された金融資産に対する譲受人の契約上の権利が譲渡人及びその債権者から法的に保全されていること
 (2) 譲受人が譲渡された金融資産の契約上の権利を直接又は間接に通常の方法で享受できること
 (3) 譲渡人が譲渡した金融資産を当該金融資産の満期日前に買戻す権利及び義務を実質的に有していないこと」
の条件が明示されています。

税務上は法人税基本通達2—1—23の4（売却及び購入の同時の契約等のある有価証券の取引）に規定されているように、
 ① 売却をした有価証券の買戻しや再購入をする同時の契約があること（本文）
 ② 同時の契約がない場合であってもこれらの契約があらかじめ予定されたものであり、かつ売却価額と購入価額が同一となるように設定されているとき（注1・前段）
 ③ 売却の決済日と購入の決済日との間に係る金利調整のみを行った価額となるように設定されているとき（注1・後段）
などは、その売却はなかったものとして取り扱うと明記されています。

以上の会計、税務上の取扱いからいえば、売りと買いを別々の契約とし成り行き売却する一方、後日成り行きで同銘柄の株を購入することで、クロス取引とみなされることを避けることができるのではないかと考えます。しかし、結果として売却価額と購入価額が同じになってしまったときは、やはり売却損否認のリスクはゼロとはいえません。

▶ Q108〜Q134

▶ ポイント

　売却と購入の同時契約や同一価格による取引は、税務上なかったものとして取り扱われます。間隔の問題ではありませんが前月に売却し当月に購入するなど、時期をずらして同一価格にならないように手当することが重要です。

参考法令等

法人税基本通達2—1—23の4（売却及び購入の同時の契約等のある有価証券の取引）
金融商品に関する会計基準
金融商品に関する実務指針

第5章　その他の損金（外貨建取引・圧縮記帳を含む）をめぐる税務判断

119 グループ会社の有価証券の評価損

Q 当社は5年前にA社（第三者）と共同で、当社が70％、A社が30％出資して資本金1,000万円の子会社を設立しました。しかしながら、赤字続きで債務超過になりそうになった2年前に、当社とA社とで各々の持分割合で100％増資をしました。

その後、2年経っても改善が見られずA社と協議をして清算をしようとしていますが、この出資金1,400万円については評価損を計上しようと考えています。これは可能でしょうか。2年前の増資前の1株当たりの純資産額は5,000円、当期末の1株当たりの純資産額は2万1,000円です。当社の帳簿価額は1株当たり10万円となっています。

A 評価損の計上は認められません。

＊　　　　　　　＊

ご質問の子会社株式は、いわゆる非上場有価証券に当たり、20％以上の支配関係にありますので、同時にいわゆる企業支配株式等に当たることになります。

非上場有価証券の評価損が認められるためには、資産状態が著しく悪化したことと、その価額が著しく低下したこととの2つの要件が必要とされます（法令68①二ロ）。

著しい資産状態の悪化とは、期末の1株当たりの純資産価額が取得時の純資産価額をおおむね50％以上下回ること（法基通9－1－9（市場有価証券等以外の有価証券の発行法人の資産状態の判定）(2)）、著しい価額の低下とは、期末の帳簿価額が取得時の価額のおおむね50％相当額を下回ることとなり、かつ、近い将来その価額の回復が見込まれないことをいいます（法基通9－1－11（市場有価証券等以外の有価証券の著しい価額の低下の判定）、9－1－7

294

(市場有価証券等の著しい価額の低下の判定))。さらに、企業支配株式等の場合は、その価額(時価)は通常の価額に企業支配に係る対価の額を加算した額とされています(法基通9―1―15(企業支配株式等の時価))。

まず、第1の要件である資産状態が著しく悪化したかどうかを判断するため、1株当たりの純資産価額の推移を時系列的に示します。

　　設立時　1株当たり50,000円払込　⇨　1株当たり純資産価額　50,000円
　　増資直前　　　　　　　　　　　　　　　　　　　　　　　　　5,000円
　　増資直後　1株当たり(5,000円+50,000円払込)÷2株　⇨　27,500円
　　当期末　　　　　　　　　　　　　　　　　　　　　　　　　21,000円

資産状態が著しく悪化したかどうかは、当期末の純資産価額21,000円と取得時の純資産価額の比較により判断しますが、増資がありましたので取得時の純資産価額は増資により修正された増資直後の純資産価額27,500円とを比較して判断することになります。

　　当期末の純資産価額21,000円－増資修正後取得時純資産価額27,500円
　　=△6,500円
　　△6,500円÷27,500円=△23.6％

結果は、23.6％の低下であり、著しく資産状態が悪化したとはいえませんので、価格の低下を検討するまでもなく、評価損を計上することはできません。

なお、仮に価格の低下も検討するとした場合ですが、株式の価額を法人税基本通達9―1―13(市場有価証券等以外の株式の価額)(4)により純資産価額を参酌して通常取引される1株当たりの価額とすると、1株当たりの価額の推移は上記純資産価額の推移と一致しますので、期末の帳簿価額は取得時の価額の50％を下回っておらず、著しい価額の低下は認められません。

なお、本件子会社株式は企業支配株式等に該当することに留意する必要があります。

企業支配株式等とは、端的に20％以上の株式を保有する場合のその株式等をいいます(法令119の2②二)。

企業支配株式等の価額は、株式等の取得がその企業支配株式等の発行法人の企業支配をするためにされたものと認められるときは、通常の価額に企業支配に係る対価の額を加算した額とされています（法基通9－1－15）。増資の際、直前純資産価額が5,000円のところ50,000円の払込みをしていますので、設例の増資がその企業支配株式等の発行法人の企業支配をするためにされたものと仮定すると、この中に企業支配に係る対価が含まれていることになり、その金額は取得の対価が通常の価額を超える部分と考えられ（仙台地裁昭和51年9月13日判決）、

　（払込金額50,000円－通常の価額5,000円）÷2株＝1株当たり22,500円
となります。上記のとおり、企業支配株式等の価額は通常の価額に企業支配に係る対価の額を加算した額とされていますから、仮に通常の価額が零であったとしても、当期末の企業支配株式等の価額は次のとおり、22,500円となります。

　通常の価額0円＋企業支配に係る対価22,500円＝22,500円
　したがって、価格の低下は次のとおり計算されます。

　当期末の企業支配株式等の価額22,500円－期末帳簿価額100,000円
　＝△77,500円
　△77,500円÷100,000円＝△77.5％

このように、価額の面では50％以上の低下が見られ、しかも、近々子会社清算も視野にあるため近い将来価格の回復が見込まれないとしても、上記のとおり、資産状態が著しく悪化したとはいえませんので、評価損の計上は認められません。

▶ Q108〜Q134

▶ ポイント

　評価損計上の可否を判断するにあたっては、資産状態が著しく悪化したかどうかと価額が著しく低下したかどうかを見極める必要があります。さらに企業支配株式等の場合は、通常の価額に企業支配に係る対価の額を加算して企業支配株式等の価格としなければなりません。

参考法令等

法人税法第33条
法人税法施行令第68条第１項第二号、第119条の２第２項第二号
法人税基本通達９－１－７（市場有価証券等の著しい価額の低下の判定）、
　９－１－９（市場有価証券等以外の有価証券の発行法人の資産状態の判定）、
　９－１－11（市場有価証券等以外の有価証券の著しい価額の低下の判定）、
　９－１－12（増資払込み後における株式の評価損）、９－１－13（市場有価証券等以外の株式の価額）、９－１－15（企業支配株式等の時価）

第5章　その他の損金（外貨建取引・圧縮記帳を含む）をめぐる税務判断

120 弁護士に渡した期末契約の着手金

当社は、このたび取引先との代金の支払いについて先方より訴訟を提起されました。そこで弁護士に50万円を着手金として支払い、訴訟における弁護を依頼しました。公判はまだ開かれていませんが、この50万円は一時の費用計上でよろしいでしょうか。

業務の遂行上生じた紛争または当該業務の用に供されている資産につき生じた紛争を解決するために支出したものは、支出した時の損金に計上できます。通常着手金というと、法廷での公判が始まっていないなどから、手付金と同様の処理を求められるように見えますが、弁護士報酬における着手金は弁護士が手続きを進めるために支払うもので公判とは関係ありません。所得税の収入すべき時期の判決ですが、「着手金は、ほかの種類の弁護士報酬と異なり、事件等の結果のいかんにかかわらず、委任事務処理が開始される前に支払を受けるものであり、その金額も受任時に確定されることによれば、弁護士が依頼者から事件等を受任した時点で収入の原因となる権利が確定するとみるのが自然である」（東京地裁平成20年1月31日判決）と判示しています。

また、所得税基本通達37—25（民事事件に関する費用）においても、紛争を解決するために支出した弁護士の報酬その他の費用は、その業務に係る所得の金額の計算上必要経費に算入するとされています。ただし、損金算入時期は、基本的には事案の内容に応じて判断されます。

▶ ポイント

資産（棚卸資産等を含む）の取得価額を構成するもの以外の紛争に係る弁護士への着手金は、支出時の一時の損金になります。

参考法令等 ●

所得税基本通達37―25（民事事件に関する費用）

参考判決例等 ●

平成20年１月31日東京地裁判決（ＴＡＩＮＳ・Z258-10880）（原告控訴・平成20年10月30日東京高裁判決で原審引用、上告不受理確定（所得税着手金の収入すべき時期））

121 「委託料」として海外子会社に支払った親会社社員給与

日本法人A社は業務多忙につき、時差の関係で日本の夜間は米国の昼間であるため、A社の夜間業務を米国で行えば深夜業務等の労働問題とはならない利点を活かし、社員を形式上米国子会社B社に出向させ、現地の日中に業務をさせています。その際、米国ビザの関係からB社に対し給与相当額をB社への業務委託料として送金し、B社は同額を社員に支出しています。この場合、B社への「委託料」は税務上損金として認められますか。

親会社A社と米国子会社B社との間で業務委託契約が締結されていることを前提にすれば、その委託料が実態として出向者に対する給与相当額であるとしても業務委託料として妥当である限り日本において損金性を否認されることはないと考えられます。

なお、B社において出向社員への給与支払いでこの業務受託から利益が出ないとすると、米国において移転価格税制上の問題となる可能性があります。また、B社はA社の業務を行うわけですから、業務内容によっては米国においてA社のPEと認定されるリスクもあることに留意すべきでしょう。出向社員については米国で役務提供する以上、その給与は原則として米国で課税対象となります。

▶ Q108〜Q134

▶ ポイント

　課税当局の調査の際には、移転価格税制上の問題、米国における PE（恒久的施設）認定の問題に留意する必要があります。

参考法令等

国税庁▶タックスアンサー No.2883（恒久的施設（PE））
日米租税条約第5条（恒久的施設）

第5章 その他の損金（外貨建取引・圧縮記帳を含む）をめぐる税務判断

122 自己株式の社員持株会への低額譲渡の適否

当社は、このたび社員の意識高揚策として社員持株会（任意組合）を立ち上げ、自己株式譲渡により賄うこととしました。当社は特定同族会社でありますが、今回放出予定の20万株は議決権5％未満で財産評価上いわゆる「配当還元方式」でよいものと思われます。1株当たりの評価75円のものを額面50円で譲渡した場合、社員に対し給与課税等の問題が起きることはないでしょうか？
　なお規定では、従業員が離職または退職した場合には額面50円での「買戻し特約」が規定されています。

自己株式譲渡は税務上も資本等取引であり、貴社には法人税の課税問題は生じず、また持株会構成員である従業員についても、額面での「買戻し特約」により実質的に低額譲渡とはいえませんので、給与・贈与課税の問題は起きないと思われます。

▶ ポイント

　当該取引は、仮に「買戻し特約」がなければ、理論的には既存株主の1株当たりの価値が薄まったことによる贈与ともいえますが、その場合でも贈与税基礎控除範囲内であれば課税問題は起きません。

参考法令等

法人税法第22条第2項、第5項

123 海外出向者に対する子女教育費負担は出向元法人の損金と認められるか

Q 当社では、海外勤務者について海外子会社からの現地給与の他に、家族を帯同し子女を現地の学校に入学させる場合は規程により、「海外教育手当」として、親会社である当社が一定額を負担し国内の本人口座に振り込んでいます。この場合の負担金は留守宅手当と同様、当社の損金として認められますか？ また現地の学校に対する寄附金は、当社からの一般寄附金となるのでしょうか。

海外出向者に従来どおりの労働条件を保証するため、出向元法人（以下、「親会社」という）が出向先法人（以下、「子会社」という）との給与条件の較差補填に該当するものを支給する場合、親会社の損金と認められることとなっています（法基通9―2―47）。

＊　　　　　　　＊

　本来、出向者に係る費用負担は、この較差補填に該当するもの以外は子会社が負担するのが原則であり、ご質問の「子女教育費負担」が親会社の較差補填と認められるか、子会社への寄附金と認定されるかが税務上のポイントです。

　国内外を問わず子女教育費用は本来は社員の個人負担であって支給すれば給与に該当し、原則子会社が負担すべきでしょうが、親会社が海外勤務の特殊性に配慮して独自に支給する給与については、子会社に負担を求める理由はないでしょう。一種の給与条件の較差補填と考えられます。

　結論的にいえば、子会社に「子女教育費負担」規程が存在しないことを前提に、親会社が独自に定めた「海外教育手当」（給与）は、給与条件の較差補填として親会社の損金として認められる可能性はあると思われます。そこで、下記に留意する必要があります。

① 現地教育事情及び子会社の規程の有無
② 現地進出他社の状況（押しなべて現地他社子会社が負担している場合は貴社の場合も子会社負担が妥当）

親会社からの「子女教育費負担」の支払いは出向後に実行されます。この場合、出向者は非居住者となっており、日本国内での勤務がなければ日本での源泉徴収義務はないこととなります。

なお、現地学校に対する寄附金は、親会社からの寄附金ではなく、出向者個人からの寄附金になると思われます。現地学校への直接の支払いなら、原則として貴社の寄附金でしょう。ただし、本来社員が負担すべきである寄附なら較差補填に該当しない場合は社員に対する給与扱い（原則出向先負担）も考えられます。国内での取扱いになりますが、授業料が免除となる会社からの寄附について、社員に給与課税しないとした例もあります（TAINS・個別 S530406直審3—68）。

▶ポイント

　上記事実内容を確認の上、較差補填と説明あるいは証明できることが肝要で、その上で出向者本人に支給することが必要条件です。

参考法令等

法人税基本通達9—2—47（出向者に対する給与の較差補填）
所得税法第5条第2項
所得税法第161条第1項第十二号
昭和53.4.6直審3—68「アメリカンスクールの寄附金募集に関する課税上の取扱いについて」（TAINS・個別 S530406直審3—68）

124 間接補助金と圧縮記帳の関係

 当社は、今般、環境省から補助金の交付を受けた一般社団法人（非営利法人）から補助金の交付を受け、補助金の対象となった固定資産を取得しました。
　この補助金は固定資産の取得に充てられるための補助金でしたが、環境省から直接交付を受けたものではないので、法人税法第42条に規定する国庫補助金等には当たらないことになるのでしょうか。

 大方、法人税法第42条に規定する国庫補助金等に該当すると考えられますが、間接補助金等には国以外の者が相当の反対給付を受けないで交付する給付金で、（国からの）補助金等を直接または間接にその財源の全部または一部とし、かつ、当該補助金等の交付の目的に従って交付するものが挙げられていることから（補助金等に係る予算の執行の適正化に関する法律第2条第4項第一号）、財源の一部が国からの補助金等でないことも想定され、その場合には実質的に国庫補助金等とはいえない補助金が含まれていることになりますので、確実に法人税法上の国庫補助金に該当するかどうかは、個別に補助金を交付した団体に確認するか、国税当局に確認する必要があるでしょう。
　なお、中小企業庁は多数の支援事業（間接補助金）を展開しており、その募集要領によると、参考として「…支援事業における圧縮記帳の考え方について」と題して「本補助金のうち固定資産の取得及び改良に充てるための補助金については、圧縮記帳が認められる旨の回答を国税庁から得ております」と付記している例が多く見られます。
　法人税法第42条の国庫補助金等は、「国又は地方公共団体の補助金又は給付金その他政令で定めるこれらに準ずるもの」と規定され、法人税法施行令

第5章　その他の損金（外貨建取引・圧縮記帳を含む）をめぐる税務判断

第79条に国または地方公共団体の補助金または給付金の他に国庫補助金等に該当するものとして第一号から第十号の助成金、補助金等が規定されています。

　環境省が実施する補助事業の執行方式には、環境省が執行する直接補助事業と、環境省が非営利法人等に補助金を交付し、同法人等が執行する間接補助事業または基金事業があります。ご質問のケースはこの間接補助事業で、貴社は間接補助事業者に当たると考えられます。確かに、間接補助事業者として貴社が受ける補助金は直接国等から交付を受けるものではなく、また、法人税法施行令第79条各号に該当するものではないので、形式的には法人税法第42条の国庫補助金等には該当しないように見受けられます。

　補助金の内容については明確ではありませんが、しかし、貴社が受けた補助金は「補助金等に係る予算の執行の適正化に関する法律」及び「同施行令」に基づく間接補助金であることは通知書の文言から明確になっていますから、貴社は同法第3条第2項に定める「補助事業者等及び間接補助事業者等は、補助金等が国民から徴収された税金その他の貴重な財源でまかなわれるものであることに留意し、法令の定及び補助金等の交付の目的又は間接補助金等の交付若しくは融通の目的に従って誠実に補助事業等又は間接補助事業等を行うように努めなければならない」旨の責務もあります。

　したがって、ご質問の補助金は、大方、法人税法上の国庫補助金であると考えられますが、間接補助金はその定義によると、前述したように財源の一部が国からの補助金でないこともあり得ますので、圧縮記帳の適用を誤りなく行うためには交付団体あるいは国税当局に確認することをお勧めします。

▶ポイント

　間接補助金の場合、「補助金等に係る予算の執行の適正化に関する法律」及び「同施行令」に該当する補助金であるかどうかを交付要綱、交付規定等から確認するとともに、その財源の全部が国からの補助金であるかどうか、交付団体に確認することが、ポイントになります。国税当局に法人税法上の国庫補助金に当たるかどうか確認すればさらに確実です。

参考法令等

法人税法第42条（国庫補助金等で取得した固定資産等の圧縮額の損金算入）

法人税法施行令第79条（国庫補助金等の範囲）

補助金等に係る予算の執行の適正化に関する法律第2条第4項第一号、第3条第2項

補助金等に係る予算の執行の適正化に関する法律施行令

国税庁HP「質疑応答事例」法人税▶（間接交付された国又は地方公共団体の補助金で取得した固定資産の圧縮記帳の適用について）

「2024年度　エネルギー対策特別会計における補助・委託等事業（2024年2月　環境省）

第5章 その他の損金（外貨建取引・圧縮記帳を含む）をめぐる税務判断

125 国庫補助金の収入計上すべき時期及び圧縮記帳

当社は、経済産業省の中小企業省力化投資補助事業に対する補助金を申請をして補助金の交付1,000万円を受けます。決算期を跨いでの入金になりますが、どのように処理したらよろしいでしょうか。
なお、補助金で購入した設備について同額を圧縮する予定です。
補助金交付までのスケジュールは、以下のとおりです。
1．令和X年10月　交付申請
2．令和X＋1年3月　中小企業省力化投資補助金交付決定通知書受領（【資料】参照）…当社の決算月　令和X＋1年3月…
3．令和X＋1年6月　製品導入同月代金支払い
4．令和X＋1年7月　実績報告
5．令和X＋1年8月　実績の確認及び確定通知
6．令和X＋1年9月　補助金請求書
7．令和X＋1年9月　補助金入金

貴社は令和X＋1年3月に上記「2」の補助金交付決定通知書を受領していますので、法人税基本通達2－1－42（法令に基づき交付を受ける給付金等の帰属の時期）の本文、注書き、いずれの補助金等にも該当しませんが、決定通知により受給の権利は確定したと考えられ、令和X＋1年3月期に当該補助金を収益に計上すべきと考えられます。この決定通知書は「補助金等に係る予算の執行の適正化に関する法律（以下、「適正化法」という）第6条及び第8条に基づき通知を受けたものですが、別途、8月に適正化法第15条（補助金等の額の確定等）に基づく「確定通知」も受けています。しかし、この確定通知は、税務におけるいわゆる権利の確定の概念を含むものではなく、同条に「補助事業等の成果の報告を受けた場

合においては、報告書等の書類の審査及び必要に応じて行う現地調査等により、その報告に係る補助事業等の成果が補助金等の交付の決定の内容及びこれに附した条件に適合するものであるかどうかを調査し、適合すると認めたときは、交付すべき補助金等の額を確定し、当該補助事業者等に通知しなければならない」と規定されているように、金額の確定のみに関係し、受給の権利の確定には関係しないと考えられますので、上記決定通知書の受領の日を含む事業年度の収益に計上すべきと考えられます。

当該補助金の対象となった製品は収益に計上する令和X+1年3月期の翌期に取得しますので、令和X+1年3月期においては、補助金等相当額を収益に計上するとともに法人税法第43条第1項を適用して同条に規定する金額について特別勘定を設ける方法等により損金に算入することができるものと考えます。なお、同条において、「その国庫補助金等の返還を要しないことが当該事業年度終了の時までに確定していない場合に限る」とされていますが、適正化法第15条による「確定通知」は令和X+1年8月ですので問題ありません（法基通10―2―1（注））。

翌期には補助金が交付され該当資産も取得されますので、特別勘定等を取り崩して圧縮記帳をすることになります（法法44）。

▶ポイント

補助金交付決定通知書を受けた事業年度において収益に計上することになります。同補助金で資産について圧縮記帳をする場合は、補助金の収益計上と圧縮損（特別勘定繰入損）の計上を同じ事業年度で処理する必要があります。

参考法令等

法人税法第43条（国庫補助金等に係る特別勘定の金額の損金算入）、第44条

(特別勘定を設けた場合の国庫補助金等で取得した固定資産等の圧縮額の損金算入)

法人税基本通達10―1―1（特別勘定の経理）、10―2―1（返還が確定しているかどうかの判定）、2―1―42（法令に基づき交付を受ける給付金等の帰属の時期）

補助金等に係る予算の執行の適正化に関する法律第6条（補助金等の交付の決定）、第8条（決定の通知）、第15条（補助金等の額の確定等）

▶ Q108〜Q134

【資料】

（様式第１）

番　　　号
令和６年３月　　日

補助事業者　法人番号又は個人事業主管理番号
補助事業者名　　A　社
販売事業者　法人番号
販売事業者名

独立行政法人中小企業基盤整備機構
理事長　名

中小企業省力化投資補助金
交付決定通知書

　令和　　年　　月　　日付け第　号をもって申請のありました中小企業省力化投資補助金については、補助金等に係る予算の執行の適正化に関する法律（昭和30年法律第179号。以下「適正化法」という。）第６条第１項の規定に基づき下記のとおり交付することに決定しましたので、適正化法第８条の規定に基づき通知します。

記

1．補助金の交付の対象となる事業の内容は、令和　　年　　月　　日付け第　　号で申請のありました中小企業省力化投資補助金交付申請書（以下「交付申請書」という。）記載のとおりとします。
2．補助事業に要する経費、補助対象経費及び補助金の額は、次のとおりとします。
　　　　補助事業に要する経費　　金　　　　　円
　　　　補　助　対　象　経　費　　金　　　　　円
　　　　補　助　金　の　額　　　　金　　　　　円
・補助事業実施期間は、次のとおりとする。
　　　補助事業の開始日：交付決定年月日
　　　補助事業完了期限日：〇〇〇〇年〇〇月〇〇日
3．本通知に対して不服があり交付の申請を取下げようとする場合は、補助金の交

付を受けるまでにその旨を記載した辞退届を、電磁的方法により販売事業者の確認を受けたうえで、事務局に提出し、その承認を受けなければなりません。
4．交付申請を含む事務局へ提出する申請情報（電子申請により事務局へ提出される情報も含む）を、事務局が別途定める期日までの間、事務局の要求があったときは、いつでも閲覧に供せるよう保存しておかなければなりません。
5．（補助事業者名）は、適正化法、補助金等に係る予算の執行の適正化に関する法律施行令（昭和30年政令第255号）及び中小企業省力化投資補助金交付規程（以下「交付規程」という。）の定めるところに従わなければなりません。
　なお、これらの規定に違反する行為がなされた場合、次の措置が講じられ得ることに留意してください。また、補助事業者等の不正経理等の防止に万全を期していただけますようお願いします。
⑴　適正化法第17条第1項若しくは第2項の規定による交付決定の取消し、第18条第1項の規定による補助金等の返還又は第19条第1項の規定による加算金の納付
⑵　適正化法第29条から第32条（地方公共団体の場合は第31条）までの規定による罰則
⑶　相当の期間補助金等の全部又は一部の交付決定を行わないこと。
⑷　中小機構の所管する契約について、一定期間指名等の対象外とすること。
⑸　補助事業者等の名称及び不正の内容の公表
6．補助金に係る消費税及び地方消費税相当額については、交付規程の定めるところにより、消費税及び地方消費税仕入控除税額が明らかになった場合には、当該消費税及び地方消費税仕入控除税額を減額することとなります。

126 宝飾販売謝礼金の支払いの税務上の適否

当社は、大手デパート等の売り場において宝飾品を取り扱っています。昨今のインバウンド景気で中国人観光客を引き入れてもらうため、仲介人Ａと契約を取り交わし販売金額の１％を支払うこととしました。このＡは貿易会社に勤務する傍ら人脈を活かして仕事を行っているようですが、これが副業としているものなのか、また個人申告の有無については不明です。なお、Ａは日本に居住する中国人です。

この場合、当社が支払う販売手数料は税務上どう取り扱われるでしょうか？

また源泉徴収は必要性も併せてご指導下さい。

仲介人Ａの情報提供によって成約し、その対価として金品を提供した場合、一定の要件を満たせば貴社は仲介手数料として損金算入して問題ありません。

Ａが仲介を業としているかは不明ですが、仮に、Ａが仲介を業としていない場合であっても、①金品の交付が締結された契約に基づくものであること、②役務提供の内容が具体的に明らかにされていてかつその役務提供を受けていること、③交付した金品の額が役務の内容に照らし相当であることの要件を満たしていれば、交際費等には該当せず、正当な対価として扱われます（措通61の4(1)―8）。交際費認定された場合は、貴社の規模（おそらく資本金１億円超）では損金不算入となります。

なお、Ａは中国籍の方のようですが、経歴等から所得税法における居住者と仮定しますと、Ａへ支払う情報提供料は所得税法第四編源泉徴収に定める源泉徴収の対象ではないと考えられます。

また、令和５年10月１日からインボイス制度が開始されています。Ａが

インボイス（適格請求書）の発行事業者でない場合は、仕入税額控除が制限されますので、Aの請求書等がインボイスかどうか確認しておきましょう。

> **▶ポイント**
>
> 　正式に契約を取り交わし取引条件等を定めておくことが、後々「謝礼金等」として交際費課税の認定を受けないための知恵です。

参考法令等 ••

租税特別措置法第61条の4第6項（交際費等の範囲）
租税特別措置法関係（法人税編）通達61の4(1)—8（情報提供料等と交際費等との区分）
所得税法第四編　源泉徴収

▶ Q108〜Q134

127 代表者からの借入金に対する資本金への振替（ＤＥＳ）処理の適否

 当社（同族会社）は、業績不調により長い間債務超過の状態が継続しており、この間、短期運転資金等は代表者からの借入金でまかなっていますが、その残高は１億円にも達しています。

このため、高齢である代表者の相続税対策、つまり、相続に至った場合に当社への貸付金１億円がそのまま財産として評価されることとなるため、ＤＥＳ（Dept Equity Swap：債務の株式化）を実施し貸付金の一部について法人に対し債務免除して貸付金を圧縮したいと考えています。この場合、当社のように債務超過に陥っている会社の株式の時価はどのように取り扱われるのでしょうか。

（発行株式数）×（額面金額）は、最低限度増資金額として認められると考えていますが…。

 税務上、ＤＥＳにおける債権の評価は時価ですので、貴社の財務内容を斟酌し適正な価額に引き直した上で、株主及び株式発行会社の処理が行われます。したがって、単純に消滅する債務の金額と同額が増加する資本金等として認められるわけではありませんので留意して下さい。一般に会社の財務内容が悪化した場合に行われるのがＤＥＳですので、評価によっては、法人側からすれば債務消滅益の金額に増減を生ずることとなり、また個人の側からしますと債権譲渡損益に影響することになります。

▶ ポイント

新株は債権を適正に時価評価した上で、割り当てることになります。
（ＤＥＳの課税関係の詳細については次の**Q128**参照）。

第5章 その他の損金(外貨建取引・圧縮記帳を含む)をめぐる税務判断

参考法令等 ・・・

法人税法施行令第8条第1項第一号
法人税基本通達2—3—14(債権の現物出資により取得した株式の取得価額)

128 貸付金を現物出資する場合の課税関係

Q オーナー社長が会社に対して有している貸付金6,500万円（時価5,000万円）を現物出資する場合（Dept Equity Swap：DES）の課税関係について説明して下さい。なお、会社は同族会社で、債務超過の状態ではないものの資本金額の3分の1ほどの繰越欠損金があり、株主は社長のほか2名で、いずれも社長の親族です。

A 貸付金については時価評価し、増加資本金等の額との差額（貸付金（借入金）の帳簿価額のうち資本金等の額とされなかった額）につき、社長においては債権譲渡損を、会社においては債務消滅益を認識することになります。また、DESが時価より著しく低い価額での現物出資に該当する場合、DESにおいて社長が取得する株式の時価が貸付金の時価を上回る場合及び社長が取得する株式の時価が貸付金の時価を下回る場合には、社長と既存株主の間に贈与があったとして贈与税が、あるいは、社長に対する所得があったとして所得税が課される場合があります。

＊　　　　　　＊

　DESにおいては、債務者企業側は、自己の株式を交付した場合に増加する資本金等の額は、給付を受けた金銭以外の資産の価額（注：時価）とされている（法令8①一）ことから、会社においては、借入金の時価を資本金等の額とし、借入金帳簿価額と時価の差額について債務消滅益を認識することとなります。また、債権者（個人）の場合も、有価証券の取得価額に関する規定（所令109）から、社長においては、交付を受けた有価証券の価額は貸付金の時価相当額となり、貸付金の帳簿価額との差額について債権譲渡損を認識することになると考えます。

　以下、①貸付金の時価評価の方法、②新規発行株式の評価方法、③貸付金

第5章　その他の損金（外貨建取引・圧縮記帳を含む）をめぐる税務判断

の時価に見合う新規発行株式の数と新規発行株式の時価との関係について説明した上で、④社長、会社、既存株主の課税関係について説明します。

① 貸付金の時価評価の方法については、法令・通達に明確な規定がないため、返済能力や弁済可能額を合理的に見積もるということになると考えますが、会社が有する資産の全部の処分価額を基にした弁済見込額も貸付金の時価として認められるべきと考えます。

　なお、国税庁への平成22年2月15日付「企業再生税制適用場面においてDESが行われた場合の債権等の評価に係る税務上の取扱いについて（照会）」（国税庁回答：平成22年2月22日）においては、「合理的に見積もられた回収可能額に基づいて評価することが妥当」としています。また、日本税理士会連合会の平成18年12月作成の「現物出資等における財産の価額の証明等に関する実務」では、金銭債権の評価における留意点の掲示があり、「金銭債権の内容は将来の給付であるから、回収可能性と回収期日までの期間を考慮した現在価値を検討する必要がある。（以下、省略）」（同冊子・改訂版9ページ）と説明されています。

② 新規発行株式の評価方法は、原則として、DES実行後において、財産評価基本通達179の「1株当たりの純資産価額（相続税評価額）」または選択により「類似業種比準価額×0.5 ＋ 1株当たりの純資産価額（相続税評価額）×0.5」に基づき求めることになると考えます（所基通23〜35共―9（株式等を取得する権利の価額）、59―6（株式等を贈与等した場合の「その時における価額」）、法基通9―1―13（市場有価証券等以外の株式の価額）、9―1―14（市場有価証券等以外の株式の価額の特例））。この場合、「類似業種比準価額」は、直前期末から課税時期の間に新株の発行があることから、次の算式により修正することとなります（評基通184㈡）。

$$\left(\begin{array}{c}180\text{《類似業}\\\text{種比準価額》}\\\text{の定めにより}\\\text{計算した価額}\end{array}\right) + \left(\begin{array}{c}\text{割当てを受け}\\\text{た株式1株に}\\\text{つき払い込ん}\\\text{だ金額}\end{array}\right) \times \left(\begin{array}{c}\text{株式1株に対}\\\text{する割当株式}\\\text{数}\end{array}\right) \div \left(\begin{array}{c}1 + \text{株式1株}\\\text{に対する割当}\\\text{株式数または}\\\text{交付株式数}\end{array}\right)$$

▶Q108〜Q134

③　貸付金の時価に見合う新規発行株式の数（a）は、DES実行後の会社の1株当たりの価額（β）との関係で決まることから、次の算式で計算することができると考えます。
　　i)　$a = $ 貸付金の時価／β
　　ii)　$\beta = \{($修正前類似業種比準価額＋貸付金額面金額／$a \times a$／既存株式数$) \div (1 + a$／既存株式数$)\} \times 0.5 + \{$純資産価額／（既存株式数$ + a$）$\} \times 0.5$
　　　(注)　純資産価額はDES実行後の価額です。

④　以上のことを踏まえて、貸付金6,500万円（時価5,000万円）を現物出資した場合の社長・会社・既存株主の課税関係を仕訳で示せば以下のとおりです。
（万円）

社長の仕訳	会社の仕訳
有価証券　5,000／貸付金　6,500 債権譲渡損　1,500／ (注)　金銭債権は譲渡所得の基因となる資産に該当せず雑所得の必要経費となります。	借入金　6,500／資本金等の額　5,000 　　　　　　　／債務消滅益　1,500 (注)　債務消滅益は青色繰越欠損金及び期限切青色繰越欠損金と相殺できます。

　ところで、DESにおいては、社長が取得する株式の時価は貸付金の時価と釣り合っていることが必要ですから、以下はDESを離れての考察になりますが、社長が取得する株式の時価が貸付金の時価を上回る場合には「有利発行」に該当し、逆に社長が取得する株式の時価が貸付金の時価を下回る場合は「高額引受」に該当するとされ、社長と既存株主の間に贈与があったとして贈与税が、あるいは、社長に所得があったとして所得税が課される場合があります（所法36、同令84③、同基通23〜35共—6（株式等を取得する権利を与えられた場合の所得区分）、同7（株式と引換えに払い込むべき額が有利な金額である場合）、相法9、同基通9—4（同族会社の募集株式引受権））。
　また、時価より著しく低い価額で現物出資があった場合に、同族会社の株

式が増加したときにおいては、当該現物出資をした者から既存の株主に贈与があったものとして取り扱うとされていることから、これに該当する場合には贈与税の問題が発生することになります（相法9、同基通9－2（株式又は出資の価額が増加した場合））。

⑤　最後に、DESを実施する目的としては会社の財務強化もあるでしょうが、相続税対策という場合もあると思われます。DESの実行に相続税の節税以外の合理性・必要性が認められない場合には、税務当局が相続税法第64条（同族会社等の行為又は計算の否認等）を適用する可能性が高いことにも留意する必要があります。

▶ ポイント

DESの際に発行される株式の時価及び貸付金の時価について、適正な評価が求められていることに留意して下さい。

参考法令等

所得税法第36条

所得税法施行令第84条、第109条

法人税法施行令第8条第1項第一号

相続税法第9条、第64条

所得税基本通達23～35共―6（株式等を取得する権利を与えられた場合の所得区分）、7（株式と引換えに払い込むべき額が有利な金額である場合）、23～35共―9（令第84条第3項本文の株式の価額）、59―6（株式等を贈与等した場合の「その時における価額」）

法人税基本通達9―1―13（市場有価証券等以外の株式の価額）、9―1―14（市場有価証券等以外の株式の価額の特例）

相続税基本通達9―2（株式又は出資の価額が増加した場合）、9―4（同族会社の募集株式引受権）

129 国庫補助金の交付を受けて建物を取得。その後、事業の用に供せずに期末を迎えた場合の圧縮記帳

当社は国庫補助金を受けて建物を新築取得しましたが、建物と接している道路の拡張工事が遅延して、期末までに事業の用に供することができませんでした。この場合、国庫補助金の圧縮記帳はできますか。

圧縮記帳できます。

*   *

　法人税法第42条第1項において、国庫補助金の交付を受け、当該事業年度においてその国庫補助金等をもってその交付の目的に適合した固定資産の取得または改良をした場合において、その固定資産につき、その取得または改良に充てた国庫補助金等の額に相当する金額の範囲内でその帳簿価額を損金経理により減額した金額に相当する金額は、当該事業年度の所得の金額の計算上、損金の額に算入する旨規定されています。

　すなわち、国庫補助金で取得した固定資産の圧縮記帳できる要件には、当該固定資産を事業の用に供することは規定されていません。

▶ポイント

　国庫補助金等の交付を受けて、法人税法第42条第1項、第43条第1項の規定の適用を受けるには、圧縮記帳、または特別勘定を設けて損金算入するか、あるいは、剰余金の処分により積立金として積み立てればよく（法令80）、必ずしも取得した固定資産等を事業の用に供する必要はありません。

第5章 その他の損金(外貨建取引・圧縮記帳を含む)をめぐる税務判断

法人税法第42条、第43条
法人税法施行令第80条

130 子会社の経営危機

Q 当社の90％出資の子会社は、連年赤字を出して債務超過に陥っています。
資金的には親会社である当社が銀行に保証枠を提供しているので、すぐに倒産ということにはなりません。今は金利が安いので、銀行からの借入れでも利息は自力で支払っていますが、今後金利が上昇したり、保証枠を超えるような状況になれば資金が逼迫し、経営危機に陥ることも想定されますので、とりあえず、債務超過が解消するまで資金支援を考えていますが、この支援は寄附金になるのでしょうか。

現状、債務超過とはいえ子会社は貴社の庇護のもとで、経営危機に陥っているとは認められないと考えます。今後貴社が債務超過を解消するなど、子会社を再建するのであれば、支援する前に子会社の再建計画を作る必要があります。その再建計画が合理的なものであるなど支援することについて相当な理由があるかないかが、寄附金になるか、支援損として損金になるかの分かれ目になります。子会社の再建を目的とする支援の場合は、法人税基本通達9－4－2（子会社等を再建する場合の無利息貸付け等）で判断されます。

*　　　　　　　　*

仮に子会社の整理を視野に入れているのであれば、法人税基本通達9－4－1（子会社等を整理する場合の損失負担等）では「その損失負担等をしなければ今後より大きな損失を蒙ることになることが社会通念上明らかであると認められるためやむを得ずその損失負担等をするに至った等そのことについて相当な理由があると認められる」ものでなければならないとされています。

第5章　その他の損金（外貨建取引・圧縮記帳を含む）をめぐる税務判断

　なお、法人税基本通達9―4―2における再建計画が合理的な再建計画かどうかの判断基準については、
　・子会社は経営危機に陥っているか、倒産の危機にあるか
　・損失負担等を行うことは相当か
　・損失負担等の額は合理的であるか
　・整理・再建管理はなされているか
　・損失負担等をする支援者の範囲は相当であるか
　・損失負担等の額の割合は合理的であるか
などが挙げられます。
　なお、利害の対立する複数の支援者の合意により策定されたものと認められる再建計画は、原則として、合理的なものと取り扱う、とされていますので（法基通9―4―2注書）、他の支援者との協議が合理的再建計画策定の早道と考えます。

▶ポイント

　まず、経済合理性のある再建計画を作成することが必要ですが、自社で合理的かどうかを判断するのは極めて困難です。国税局の審理課等で事前照会に応じていますので利用されることをお勧めします。また、状況は千差万別ですが、子会社等を再建する場合の損失負担等について国税庁HPに多数の相談事例、文書回答事例が掲載されていますので参考になります。

参考法令等

法人税基本通達9―4―1（子会社等を整理する場合の損失負担等）、9―4―2（子会社等を再建する場合の無利息貸付け等）

131 全額回収不能の事実認定

当社では、期首に発生した取引先の売掛金200万円が滞っており、今期中に貸倒処理をしたいと考えています。当該取引先が不渡りを出したという情報で即取引先に臨場したのですが、すでにもぬけの殻で社長をはじめ役員も行方不明になっており、家主に確認したところ不渡りを出した日に債権者が多数押しかけて金目のものはすでに持ち去り、今はこのとおり何もないという説明でした。その後何の音沙汰もないとのことで、登記簿から社長の自宅を訪ねるも、夜逃げ同然に引き払ったとのことで、家主も退去に伴う修繕費がもらえないとこぼしていました。このような場合は回収不能として貸倒処理は認められますか。

法人税基本通達9―6―2（回収不能の金銭債権の貸倒れ）において「法人の有する金銭債権につき、その債務者の資産状況、支払能力等からみてその全額が回収できないことが明らかになった場合には、その明らかになった事業年度において貸倒れとして損金経理をすることができる。」とされています。
　このことから貴社の売掛債権について検討しますと、担保物がないことを前提に、取引先は不渡りを出し、倒産して社長も行方不明であること、社長の自宅も引き払っており、到底売掛金を回収することは不可能と考えられますので、回収不能が明らかとなった当期において、貴社の貸倒処理は認められるものと考えます。

　　　　　　　　　　＊　　　　　　　　　　＊

　平成16年12月24日最高裁判所判決では、「金銭債権の全額が回収不能であるか否かは債務者の資産状況、支払能力等の債務者側の事情のみならず、債権額と取立費用との比較衡量、債権回収の強行によって生ずる他の債権者と

のあつれきによる経営的損失等といった債権者側の事情、経済的環境等も踏まえ、社会通念に従って判断すべきである。」と判示しており、貴社の債権の取立ては社会通念上明らかに不可能である、といえるでしょう。

▶ポイント

　貸倒れを計上する以上、取立ての方法や手段においてどれだけのことを行っていたかが回収不能の判断ポイントになると考えますので、貸倒れを計上する前には、回収に向けて努力とその経過を記録しておくこと、及び証拠資料の保存がポイントになります。

参考法令等

法人税基本通達9―6―2（回収不能の金銭債権の貸倒れ）

参考判決例等

平成16年12月24日最高裁判決（銀行がいわゆる住専に対して行った債権放棄による損失の損金算入時期・納税者勝訴）

132 売掛債権を過年度に回収不能と判断したが、会社都合上担保物を処分しないまま会計上不良債権（貸倒引当金計上）とし、時効成立後の事業年度に、書面による債権放棄通知書送付完了をもって行う別表4減算は認められるか？

Q 当社は畜産飼料製造販売を行っております。約10年前に某県に所在する得意先である養豚業者（以下、「A社」という）が豚価の低迷や円安に伴う飼料価格の高騰のため債務超過に至り、当社のA社に対する売掛金も回収不能（有税による貸倒引当金経理）な状況に至りました。A社は当社主導で休眠会社としましたが、その理由は当時、当社が「A社の状況を察知していたにもかかわらず、サポートしなかった」等の某県での風評被害を回避するため、A社の代表者の担保権（不動産＝評価は債権の1％程度）を行使しないことはもとより、代表者を当社の関連会社に雇用させたという経緯があります。

このたび、関連会社の操業停止を機会にA社に対する債権放棄通知書を送付した上、A社を清算させ、当社は2025年（令和7年）3月期において別表5の不良債権額を取り崩し、別表4で減算処理したいと考えています。なお、A社代表者に対する土地の担保権は時効（売掛金5年）の成立と併せ行使せず解除しました。

当期当社の貸倒れとしての損金算入は認められるでしょうか？

一連の経緯から当期における書面に基づく債権放棄通知書の送付及びA社清算に伴う経理はやむを得ないものとして是認されると思われます。

第5章　その他の損金（外貨建取引・圧縮記帳を含む）をめぐる税務判断

　確かに貴社は10年前に手続的には税務上貸倒れの処理が可能であったにもかかわらず、地域的風評等を考慮し、個人の保証債務の履行をしないまま有税による貸倒引当金経理は、恣意性が認められ問題なしとはいえません。

　しかしそれはそのような弾力的対応をしないと、貴社が某県において今後より大きな損失を被る恐れを懸念したものであれば、当時強制的措置を回避したことは社会通念上やむを得ないものと思われます。

　また担保権については実行しないまま解除したことは疑義があるところですが、債権に対して微小であること及び当初の経緯からして寄附金の認定に至らない余地はあると思われます。

> **▶ポイント**
> 　金銭債権の全部の切捨てをした場合の貸倒れの損金算入時期は、「その事実の発生した日の属する事業年度」ですので留意が必要です。

参考法令等 ・・・・・・・・・・・・・・・・・・・・・・・・・・・・・・

法人税法第22条第3項第二号、第4項
法人税基本通達9―6―1（金銭債権の全部又は一部の切捨てをした場合の貸倒れ）、9―6―2（回収不能の金銭債権の貸倒れ）

参考判決例等 ・・・・・・・・・・・・・・・・・・・・・・・・・・・

平成20年6月26日国税不服審判所裁決（売掛債権の回収できないことが明らかになる日は、破産終結決定がされた日であるから、当該事業年度後の事業年度において貸倒損失として損金に算入することはできない。）

▶ Q108~Q134

133 貸付債権について代物弁済されたときの処理

当社はA社に対して1億円の貸付債権がありましたが、A社は投資の失敗から不渡りを出してしまいました。貸付けにあたってA社の社長から連帯保証をとっていたところ、1億円のA社への貸付けについて、A社社長から保証債務を履行したいとの申し出があり、A社社長の自宅の土地建物で代物弁済してもらうことになりました。近隣の不動産業者によると土地の時価相場は5,000万円、建物は200万円です。当社は建物は要らないのですが、代物弁済によって取得した土地建物は資産に計上する予定です。貸付金との差額4,800万円は貸倒処理してよろしいでしょうか。

A社の資産状況が不明ですが、他に弁済に充てることができる資産がないために不渡りを出したとの前提で考えても、1億円の貸付金について時価5,200万円の土地建物で代物弁済を受けた場合、残りの4,800万円について債権放棄すると寄附金（贈与）とみなされる可能性があります。

　つまり、土地建物の時価評価額が5,200万円であるとして、残額4,800万円を貸倒処理することができるかどうかは、残額が回収不能といえるかどうかにかかっています。回収不能による貸倒損失の計上については前問で触れましたが、本問の場合、A社社長が連帯保証をしていますので、A社のみならずA社社長の個人資産からも回収不能であることを明らかにする必要があります（令和2年に民法の連帯保証に関する規定が改正されましたが、本問においては改正の影響はないものとします）。

　代物弁済により資産を取得した場合、取得した減価償却資産の取得価額は法人税法施行令第54条第1項第六号に規定する価額となりますので「その取得の時における当該資産の取得のために通常要する価額＋当該資産を事業の

用に供するために直接要した費用の額」となり、減価償却資産以外の資産の取得価額については、法人税基本通達7―3―16の2（減価償却資産以外の固定資産の取得価額）で、法人税法施行令第54条の「規定及びこれに関する取扱いの例による」と規定されていることから、いずれも「通常要する価額」＝時価となります。

通常会社が倒産して社長個人の自宅等を提供して、債権者に弁済するということは他に弁済に充てることができる資産がないとも想定されますが、想定だけでは税務調査において否認される可能性がありますので、資産調査は避けて通ることができません。

A社社長に他に資産がない、あるいはあっても他の債務の担保等に入っていて他の債務の弁済が優先され回収不能であることが明らかであれば、貸倒損失の計上は認められます。

▶ポイント

代物弁済を受けるときは、対象資産の時価評価が必要です。貸付債権等に連帯保証が付いている場合は、保証人の資産状態も貸倒損失の計上に影響します。

参考法令等

法人税法施行令第54条第1項
法人税基本通達7―3―16の2（減価償却資産以外の固定資産の取得価額）

134 法人税額から控除される特別控除額

当社では今般、租税特別措置法の税額控除を申告の際に取り込む予定で各種資料を取り揃えていますが、合計すると、法人税額を上回るほどになりました。この場合、法人税は還付されるのでしょうか。

残念ながら、租税特別措置法による特別控除額については、当期の法人税額を超えても還付はありません。

＊　　　　　　＊

　法人税の額から控除される特別控除額について定めた租税特別措置法第42条の13では「法人が一の事業年度において次の各号に掲げる規定のうち2以上の規定の適用を受けようとする場合において、その適用を受けようとする規定…による税額控除可能額…の合計額が当該法人の当該事業年度の所得に対する調整前法人税額…の100分の90に相当する金額…を超えるときは、当該各号に掲げる規定にかかわらず、その超える部分の金額…は、当該法人の当該事業年度の所得に対する調整前法人税額から控除しない。」とされていますので、特別控除額は調整前法人税額の90％までとなります。なお当期における調整前法人税額超過額については、一定の条件のもとに、翌期以降繰越税額控除に関する規定を適用できることになっています。

　追って、中小法人、中小企業者等を対象とした特別控除規定等については、中小法人等であっても「適用除外事業者」に該当する場合は適用できませんので留意が必要です。「適用除外事業者」とは、基準年度（その事業年度開始の日前3年以内に終了した各事業年度をいいます。以下同じ）の所得金額の合計額を各基準年度の月数の合計数で除し、これに12を乗じて計算した金額（設立後3年を経過していないことなどの一定の事由がある場合には、一定の調整

第5章　その他の損金（外貨建取引・圧縮記帳を含む）をめぐる税務判断

を加えた金額）が15億円を超える法人をいいます（措法42の4⑲ハ）。

> ▶ポイント
>
> 　租税特別措置法の税額控除は、多くの場合、特別償却と選択適用できる制度になっていますので、その選択権を使い、切り捨てになる税額控除を選択しないなどの工夫をする余地があります。

◆参考法令等

租税特別措置法第42条の13（法人税の額から控除される特別控除額の特例）
租税特別措置法第42条の4第19項第八号（適用除外事業者）

第6章

グループ法人及び組織再編成をめぐる税務判断

135 兄弟関係にある会社同士のグループ法人税制の適否

当社は、ホールディングカンパニーとしてＡ社とＢ社を100％保有しています。このたびＢ社が不況で債務超過となったため、業務遂行維持可能な支援をＡ社から行いたいと考えています。この場合、兄弟関係にある法人からの支援についても、グループ法人税制の適用があるのでしょうか。

グループ法人税制の適用対象となっているのは、100％完全支配関係にある法人です。また100％所有は、一の者による直接支配だけでなく、ご質問のように、一の者との間に当事者間の完全支配の関係がある法人相互の関係も対象になります（次ページ図参照）ので、適用対象となります。

この点、法令は完全支配関係について、次のように定義しています。
「完全支配関係：一の者が法人の発行済株式等の全部を直接若しくは間接に保有する関係として政令で定める関係（以下この号において「当事者間の完全支配の関係」という。）又は一の者との間に当事者間の完全支配の関係がある法人相互の関係をいう」（法法２十二の七の六）。

本問のケースは、この定義の後段で規定する「一の者との間に当事者間の完全支配の関係がある法人相互の関係」に当たりますので、グループ法人税制の適用があります。

本問の場合、一の者については法人であるホールディングカンパニーとなっていますが、一の者が法人以外（個人グループ等）の場合には、取扱いが異なるケースがありますので留意して下さい。

第6章 グループ法人及び組織再編成をめぐる税務判断

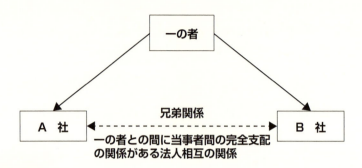

> ▶ポイント
>
> 　グループ法人税制は一の者との間に「当事者間の完全支配の関係」及び「当事者間の完全支配の関係がある法人相互の関係」にある100％グループに適用されます。

参考法令等

法人税法第2条第十二号の七の六
法人税法施行令第4条の2第2項

▶ Q135〜Q146

136 短期外貨建預金を適格合併により引き継いだときの処理

当社は適格合併を行い、子会社を吸収合併しました。その際、子会社が所有していたドル建普通預金（口座開設時為替レート：100円／１ドル）を引き継いでいます。当期末にこのドル建普通預金をどう処理したらよろしいでしょうか。

なお、換算方法は両社とも法定換算法を採用しています。

被合併法人の最後事業年度
　ドル建預金　50,000ドル
最後事業年度期末の為替レート　108円／１ドル（T.T.M.）
　被合併法人の最後事業年度における為替差益
　　８円×50,000ドル＝400,000円
当社引継価額
　ドル建預金　50,000ドル
　帳簿価額　　5,400,000円
　今期末レート　105円／１ドル（T.T.M.）
　期末残高　　40,000ドル

貴社は期末に40,000ドルの預金を持っていますが、まず被合併法人の最後事業年度において為替差益として計上した400,000円を戻入処理することになります（法令122の８③）。

次に、当期末に法定換算方法である期末時換算法に基づいて残高40,000ドルを１ドル当たり105円で換算して、為替差益を５円（今期末レート105円／ドル－口座開設時レート100円／ドル）×40,000ドル＝200,000円と算出し期末に計上することになります。

337

第6章　グループ法人及び組織再編成をめぐる税務判断

> ▶ **ポイント**
>
> 　適格合併により移転を受けた、いわゆる短期外貨建預金については被合併法人の最後事業年度において計上した為替差損益を戻入処理することになっています。

▶ **参考法令等**

　法人税法第61条の9第1項第三号、第2項

　法人税法施行令第122条の4第五号、第122条の7第一号、第122条の8第3項、第122条の8第5項

137 組織再編成税制における行為又は計算の否認

平成28年2月の一連の最高裁判決を受け、新聞で報道された組織再編成税制における「行為又は計算の否認」について、どういうことをしたら税務上否認を受けるのか概要を教えて下さい。

まず、法人税法第132条の2（組織再編成に係る行為又は計算の否認）は要旨次のように規定しています。

「その法人の行為又は計算で、これを容認した場合には、…法人税の負担を不当に減少させる結果となると認められるものがあるときは」、これがいわゆる「租税回避行為」といわれるものです。平成28年2月最高裁判決は、いわゆるIDCF事件とヤフー事件の二つの事件判決ですが、いずれも地裁、高裁判決が支持されていますので、地裁判決から租税回避行為の例を紹介します。平成26年3月18日東京地裁の判決は、組織再編成税制を利用した租税回避行為の例として、以下の行為を挙げています（同判決・第3当裁判所の判断・2法132条の2の意義（争点1）について・(2)組織再編税制の概要・ウ（第二段落）））。

「① 繰越欠損金や含み損のある会社を買収し、その繰越欠損金や含み損を利用するために組織再編成を行う。
② 複数の組織再編成を段階的に組み合わせることなどにより、課税を受けることなく、実質的な法人の資産譲渡や株主の株式譲渡を行う。
③ 相手先法人の税額控除枠や各種実績率を利用する目的で、組織再編成を行う。
④ 株式の譲渡損を計上したり、株式の評価を下げるために、分割等を行う。」

したがって、これらの類型に該当する場合は否認を受ける可能性が大きくな

るといえるでしょう。

　組織再編成に係る行為計算否認規定創設の趣旨については「その行為の形態や方法が相当に多様なものと考えられることから、これに適正な課税を行うことができるように包括的な組織再編成に係る租税回避防止規定が設けられた。」と説示するとともに（同判決・第3当裁判所の判断・2法132条の2の意義（争点1）について・(2)ウ（第二段落後段））、「税負担減少効果を容認することが組織再編税制の趣旨・目的又は当該個別規定の趣旨・目的に反することが明らかであるものに限り租税回避行為に当たるとして否認できる旨の規定であると解釈すべきものであり」（同判決・第3当裁判所の判断・2法132条の2の意義（争点1）について・(3)イ（最後段2））、と適用にあたっての要件についても説示し、規定の濫用を戒めています。

▶ ポイント

　税負担減少効果を生ずる行為計算が租税回避以外に目的がないと認められるかどうかが判断の分かれ目になります。なお、実務上、税務調査の否認に結びつくには、金額の多寡も二つめの要素になるものと考えます。

参考法令等

法人税法第132条の2

参考判決例等

平成26年3月18日東京地裁（ヤフー事件判決・TAINS・Z264-12435）
平成26年3月18日東京地裁（IDCF事件判決・TAINS・Z264-12436）

138 グループ法人間での業務委託料の支払い

当社は同族法人で、子会社各3社から業務委託料を取っています。各社から一律毎月10万円です。同じビルにいることから、一般管理費の節約のため、経理事務や支払事務、預金の入出金管理等を行う事務を当社が行っていますが、税務調査の際にはどのような点に注意すべきでしょうか。

税務調査においては、業務委託の内容とその代金の合理性について追求されます。
① 業務委託の内容、業務の発生場所、担当者、担当者からの業務内容の説明、各当事者間での具体的書類のやり取り
② 代金の算出にあたっての根拠及び業務代金の決算状況
③ 契約書の有無
④ 業務委託における証票類の保存状況

①〜④などを総合的に判断して、業務の実態があるのかどうか代金が妥当であるかどうかについて調査されますので、しっかり備えておくことが重要です。

なお、一般的にグループ法人間での役務提供取引については、次のようなものが考えられます。
 1.経営計画や戦略の資料作成に関するもの
 2.予算の作成・管理に関するもの(記帳代行を含む)
 3.会計・税務または法務に関するもの
 4.債権の管理または回収に関するもの
 5.情報通信システムの運営運用保守または管理に関するもの
 6.資金管理や支払代行に関するもの

7．製造・購買物流に関するもの
8．従業員の雇用または教育に関するもの（人事管理を含む）
9．広告宣伝費等の企画立案に関するもの
10．所有固定資産の維持・管理に関するもの

　これらの役務提供の対価については、役務提供者のコストを関係するグループ会社間で売上や利益などに基づいて按分したり、事務量の見積りによる積上げ計算をしたりして合理的な配賦が求められますので、取引対価の算出には具体的役務提供の切り出しと、それに伴って発生するコストを基礎資料として備えることが肝要かと考えます。

▶ポイント

　通常の業務委託であれば即否認ということはありませんが、期末などで業務委託料を増加させたりすると利益調整を疑われますので注意して下さい。契約書はあるものの役務提供がなく寄附金と認定され、重加算税が賦課されたケースがありますので特に役務提供の裏付資料を残すことが肝要です（平成23年8月23日国税不服審判所裁決）。

参考法令等

法人税法第22条、第37条

参考判決例等

平成23年8月23日国税不服審判所裁決

▶ Q135～Q146

139 グループ親法人の資本金等額が5億円を超える場合、子法人の交際費の定額控除制度の適用

　当社は親会社が100％出資する資本金1億円の株式会社ですが、親会社の資本金等の金額が5億円を超える場合は、交際費の定額控除制度の適用は受けられないとのこと。800万円の定額控除は受けられませんか。

　なお親会社の資本金等の内訳は、資本金4億円、資本準備金6億円、合計10億円となっています。

　貴社は法人税法で定める大法人による完全支配関係がある普通法人に該当しませんので、800万円の定額控除を受けることができます。

*　　　　　　　*

　租税特別措置法第61条の4第2項で定める800万円の定額控除を受けられない法人として、同項第1項に、法人税法第66条第5項第二号または第三号に該当する法人が規定されています。

　つまり、800万円定額控除が受けられない法人は、大法人との間に当該大法人による完全支配関係がある普通法人、または、普通法人との間に完全支配関係があるすべての大法人が有する株式及び出資の全部を当該すべての大法人のうちいずれか一の法人が有するものとみなした場合において当該いずれか一の法人と当該普通法人との間に当該いずれか一の法人による完全支配関係があることとなるときの当該普通法人、となります。

　ここで、大法人とは、「資本金の額又は出資金の額が5億円以上である法人」「相互会社」「受託法人」と規定されています（法法66⑤二）。貴社の親会社は、相互会社、受託法人ではなく、資本金の額が4億円で5億円以上の法人でもありませんから大法人には該当しません。

343

したがって、貴社は800万円の定額控除適用を受けることができることになります。

法人税には、資本金の額の定義はありませんが、会社法第911条第3項に登記すべき事項が定められており、同項第五号に「資本金の額」があります。つまり、租税特別措置法を含む法人税法上の資本金の額も登記した資本金の額で判断することになります。一般的には財務諸表に記された資本金の額で判断して差し支えないでしょう。

▶ ポイント

資本金等の額は法人税法施行令第8条に規定されているとおりですが、「資本金の額」とは異なるので注意して下さい。

参考法令等

法人税法第2条第九号、第66条第6項

法人税法施行令第8条

租税特別措置法第61条の4

会社法第445条第2項、第911条第3項第五号

140 適格分社型分割における移転資産の中古耐用年数の適用

当社は事業の効率化のため適格分社型分割を行い、不動産賃貸業のうち住宅部門を別会社にすることにしました。この際、建物等の資産を分割継承会社に移転しましたが、これら移転した資産について建物等の減価償却資産については、中古資産の耐用年数の特例は適用できるのでしょうか。

減価償却資産の耐用年数等に関する省令（以下、「耐用年数省令」という）第3条第1項に規定する中古資産の（見積）耐用年数によることができます。法人税法第62条の3において、適格分社型分割による承継法人への資産の移転については「当該分割承継法人に当該移転をした資産及び負債の当該適格分社型分割の直前の帳簿価額による譲渡をしたものとして、当該内国法人の各事業年度の所得の金額を計算する。」とされています。また法人税法施行令第48条の3では「分割法人…から移転を受けたもの又は他の者から特別の法律に基づく承継を受けたものである場合には、当該減価償却資産は、当該分割法人等又は他の者が当該減価償却資産の取得をした日において当該移転又は承継を受けた内国法人により取得をされたものとみなして前二条の規定を適用する。」とされていますので、法人税法施行令第48条、第48条の2（減価償却資産の償却の方法）に規定する方法を適用して計算する場合には、分割法人等が取得をした日において承継法人が取得したとみなして計算ができることになります。さらにまた耐用年数省令第3条第1項では「法人税法施行令第13条各号（減価償却資産の範囲）に掲げる資産の取得をしてこれを個人の業務又は法人の事業の用に供した場合」の耐用年数については、同項に規定する中古資産の耐用年数を用いることができる旨定めています。

すなわち、適格分社型分割によって分割承継法人に移転した資産は法人税法第62条の３第２項や法人税法施行令第48条の３、同123条の４の規定振りから移転により「取得」したものと解されることから、この耐用年数省令第３条第１項により中古資産の（見積）耐用年数を用いることができます。

　なお、耐用年数省令第３条第１項では「（中古）資産の取得」に続くかっこ書きにおいて、適格分割型分割による分割法人からの引継ぎを含むと規定していますが、適格分社型分割による移転については「含む」と規定されていないことから、適格分社型分割による資産等の移転については、耐用年数省令第３条第１項の適用はない、すなわち、適格分社型分割においては中古資産の見積耐用年数を用いることはできないと解する向きもあろうかと考えますが、適格分社型分割関係法令では、適格分社型分割による資産の移転については、承継法人による「取得」と規定されていることから、耐用年数省令第３条第１項のかっこ書きにおいて「含む」とする必要がなかったものと考えられます。一方、適格分割型分割においては、資産の移転ではなく資産の「引継ぎ」とされていることから、これが承継法人側で取得に当たるのか明確でないところ、適格分割型分割においても中古資産の見積耐用年数を用いることができることを明らかにするためには、同項の「資産の取得」に適格分割型分割による資産の引継ぎを含むとする必要があったためと考えられます。

▶ ポイント

　適格分社型分割で減価償却資産の移転を受けた承継会社は、選択により法定耐用年数ではなく、中古資産の耐用年数の特例を受けることができます。

参考法令等

法人税法第31条、第62条の３

法人税法施行令第48条、第48条の3、第123条の4
減価償却資産の耐用年数等に関する省令第3条

第6章　グループ法人及び組織再編成をめぐる税務判断

　無対価合併における適格判定の注意点

　当社は、100％子会社A社と100％子会社B社の100％子会社C社を合併して孫会社であるC社を合併法人とし、A社を被合併法人とする合併を考えています。グループ内ですので、無対価合併による適格合併をしようと考えていますが、何か問題はありますか。

　合併孫会社C社と子会社A社を合併対象法人とする無対価合併では、適格合併に該当しませんので注意が必要です。

　完全支配関係とは、一の者が法人の発行済株式等の全部を直接もしくは間接に保有する関係または一の者との間に当事者間の完全支配関係がある法人相互の関係をいいますが（法法2十二の七の六）、合併法人であるC社と被合併法人であるA社とは、一の者（貴社）による完全支配関係にありますから、本件合併は、完全支配関係がある場合の無対価合併として適格性を判断することになります。

〈完全支配関係にある場合の無対価合併の適格要件について〉

① その合併前に、次のイからニまでのいずれかの関係があることが必要です。

　イ　合併法人が被合併法人の発行済株式等の全部を保有する関係

　ロ　被合併法人及び合併法人の株主等（その被合併法人及び合併法人を除きます）のすべてについて、その者が保有するその被合併法人の株式の数のその被合併法人の発行済株式等（その合併法人が保有するその被合併法人の株式を除きます）の総数のうちに占める割合とその者が保有するその合併法人の株式の数のその合併法人の発行済株式等（その被合併法人が保有するその合併法人の株式を除きます）の総数のうちに

占める割合とが等しい場合におけるその被合併法人と合併法人の関係
　②　合併後に同一の者と合併法人との間にその同一の者による完全支配関
　　係が継続することが見込まれること
の要件に該当しなければ適格合併にはなりません。

　本件の場合、①のイ、ロのいずれの関係にも該当しませんので適格合併となりません。

　本件の場合、合併により貴社が出資していたA社の出資に見合う株式を合併法人から割当交付を受けることによって適格合併となります。

▶ポイント

　無対価合併の場合、適格要件が別途定められていることに留意する必要があります。

参考法令等

法人税法第2条第十二号の七の六、同第十二号の八
法人税法施行令第4条の3第2項
国税庁HP「質疑応答事例」法人税▶（組織再編成）14
　「合併対価が交付されない合併（無対価合併）に係る適格判定について」

142 株主が個人である場合の無対価合併による取扱い

Q 当社は社長が100％出資する同族法人ですが、このたび社長と奥さんが半分ずつ出資するＡ社を吸収合併することになりました。Ａ社は業績不振であることから、当社と合併して経費削減などの合併効果を上げようとしています。この合併において、社長と奥さんという出資者しかおりませんので、無対価合併の手法で合併しようと考えていますが、適格合併と考えてもよろしいでしょうか。

A 貴社が予定しているＡ社の吸収合併は適格合併に該当しません。

適格合併するためには、まず法人税法第２条第十二号の八に規定する「イ　その合併に係る被合併法人と合併法人との間にいずれか一方の法人による完全支配関係その他政令で定める関係がある場合の当該合併」及び法人税法施行令第４条の３第２項第二号による「合併前に当該合併に係る被合併法人と合併法人との間に同一の者による完全支配関係（当該合併が無対価合併である場合にあっては、次に掲げる関係がある場合における当該完全支配関係に限る。）があり、かつ、当該合併後に当該同一の者と当該合併に係る合併法人との間に当該同一の者による完全支配関係が継続することが見込まれている場合における当該合併に係る被合併法人と合併法人との間の関係」を満たす必要があります。

貴社には社長が100％出資していますから、貴社は社長との間に完全支配関係があり、またＡ社は社長と奥さんが株式を保有しており奥さんは社長の親族であることから、法人税法施行令第４条の２第２項における一の者「その者が個人である場合には、その者及びこれと前条第１項（同族関係者の範囲）に規定する特殊の関係のある個人が、法人の発行済株式等の…全部を保有する場合における当該一の者と当該法人との間の関係とする」に該当し、

A社も社長との間に完全支配関係があることになります。また、無対価合併ですので、株式はもちろん株式以外の資産も交付されませんので法人税法第2条第十二号の八に規定されている適格合併の一つの要件である「被合併法人の株主等に合併法人株式又は、合併親法人株式のいずれか一方の株式又は出資以外の資産が交付されないもの」は充足していますが、無対価合併の場合はさらに、法人税法施行令第4条の3第2項第二号において追加要件が規定されています。すなわち、

　イ　合併法人が被合併法人の発行済株式等の全部を保有する関係
　ロ　被合併法人及び合併法人の株主等（その被合併法人及び合併法人を除きます）のすべてについて、その者が保有するその被合併法人の株式の数のその被合併法人の発行済株式等（その合併法人が保有するその被合併法人の株式を除きます）の総数のうちに占める割合とその者が保有するその合併法人の株式の数のその合併法人の発行済株式等（その被合併法人が保有するその合併法人の株式を除きます）の総数のうちに占める割合とが等しい場合におけるその被合併法人と合併法人の関係

のいずれかの要件を備えていなければ適格合併とはなりません。

　貴社の案件ですと、社長と奥さんの2人の株主がいますが、この無対価合併の場合の適格判定における「株主等」は、株主または合名会社、合資会社もしくは合同会社の社員、その他法人の出資者をいう（法法2二十四）と規定されているに過ぎず、株主等と特殊の関係のある個人（親族等）の保有する株式を株主等が保有しているものとしてその判定を行うこととはされていません。したがって、ロにおける株主等は社長ひとりの持株により判定しますので、本件無対価合併はイ及びロのいずれの要件も充足しないこととなり、本件無対価合併は適格合併にはならないという結論になります。

　これは、適格合併を利用しての個人間の株の贈与を防止する規定とも考えられます。

第6章　グループ法人及び組織再編成をめぐる税務判断

> **▶ポイント**
>
> 　完全支配関係判定における「一の者」は、「一の者」と特殊の関係のある個人（親族等）の保有する株式を「一の者」が保有しているものとしてその判定を行いますが（法令4の2②）、無対価合併の適格要件を判定する場合の前示「ロ」の関係においては特殊関係者の持株は含めませんので、特に留意が必要です。

参考法令等

法人税法第2条第十二号の七の六、第十二号の八

法人税法施行令第4条第1項、第4条の2第2項、第4条の3第2項第二号

国税庁HP「質疑応答事例」法人税▶（組織再編成）15
「無対価合併に係る適格判定について（株主が個人である場合）」

143 適格分社型分割により移転を受けた土地等の固定資産税の負担

当社は、適格分社型分割により、令和6年3月に子会社（A社）に対し土地と建物を移転しました。これらの土地建物について、令和6年5月に固定資産税の納税通知書が市役所から当社宛に送付されてきました。3月に当該土地建物は子会社に移転していましたが、当社では当該通知書により租税公課として2,000万円を納付し、損金に計上しました。よろしいでしょうか。

貴社が納付した2,000万円は、貴社の租税公課として損金に計上できます。

＊　　　　　　＊

　固定資産税の賦課期日は当該年度の初日に属する年の1月1日とされていますので（地法359）、令和6年1月1日に貴社が所有していた土地建物については、固定資産税の納税義務者は地方税法第343条第1項において「固定資産税は、固定資産の所有者に課する。」と規定されており、この規定のとおり、貴社になります。A社は納税義務者にはなりません。法人の分割に係る連帯納税義務については地方税法第10条の3において規定がありますが、分社型分割の場合は除かれていますので、あくまでも、貴社が納税義務者となります。租税の損金算入の時期につきましては、法人税基本通達9―5―1（租税の損金算入の時期）において賦課課税方式による租税については、賦課決定のあった日の属する事業年度とされていますので、令和6年5月を含む事業年度に損金算入が認められることになります。

　なお、貴社が固定資産税を分割された納期に納めても、納めた日の事業年度において損金に算入できることになります。

第6章　グループ法人及び組織再編成をめぐる税務判断

> ▶ **ポイント**
>
> 　分割承継資産について賦課通知があったときには、事実上分割承継法人たるA社に土地建物は移転していますが、固定資産税の納税義務者は賦課期日に所有していた貴社であり、納付した固定資産税は貴社の損金として処理できます。

参考法令等

地方税法第343条、第359条
法人税基本通達9―5―1（租税の損金算入の時期）

▶ Q135〜Q146

144 適格合併により移転を受けた減価償却資産

当社は、子会社を適格合併により吸収しました。被合併法人から移転を受けた建物、機械装置、備品等について、減価償却費の計上はどうすればよろしいでしょうか。

子会社は、合併事業年度にも減価償却費を計上し、同時に合併事業年度末の帳簿価額に反映されていることを前提に、法人税法第62条の2第1項で、被合併法人の「最後事業年度終了の時の帳簿価額として政令で定める金額による引継ぎをしたものとして、当該内国法人の各事業年度の所得の金額を計算する」とされていますので、例えば、合併の日が10月1日で、決算期が翌年3月、減価償却の方法は法定償却方法（法令53）を採用しているとして、次のように引継ぎした場合（かっこ内は被合併法人のデータ）、

建物の引継帳簿価額　　　106,850,000円（耐用年数38年、平成20年1月取得、2億円）
機械装置の引継帳簿価額　5,191,040円（耐用年数10年、令和2年1月取得、2千万円）
備品の引継価額　　　　　925,025円（耐用年数15年、平成25年1月取得、6百万円）

合併法人である貴社の当期（3月期）の減価償却限度額の計算は次のようになります。なお、合併法人の取得価額は被合併法人子会社の取得価額です（法令54①五イ）。ただし、定率法の場合は、前期末未償却残高を計算の基礎としますので、合併初年度の合併法人の計算の基礎は被合併法人の最後事業年度の未償却残高（合併法人の引継価額）となります。

建物	200,000,000円×0.027×6/12＝2,700,000円
	引き継いだ被合併法人子会社の取得価額を基礎として、耐用年数38年、定額法償却率0.027で、償却計算を行います。
機械装置	5,191,040円×0.250×6/12＝648,880円
	引き継いだ被合併法人子会社の最後事業年度の未償却残高を基礎として、耐用年数10年、定率法償却率0.250で償却計算を行います。
	なお、機械装置は、合併法人の令和9年3月期に改定償却率による償却方法に移行する見込みです。
備品	改定償却限度額（年額）264,822円×6/12＝132,411円
	被合併法人子会社の令和4年3月期においてすでに改定償却率による償却方法に移行していますので、改定償却限度額264,822円（年額）により償却計算を行います。

　繰り返しになりますが、取得価額は、法人税法施行令第54条（減価償却資産の取得価額）第1項第五号イにより、被合併法人が償却計算の基礎とした取得価額となりますので、定額法の場合は被合併法人の取得価額を基礎として計算し、定率法の場合は、未償却残高を基礎として計算しますので、被合併法人から引き継いだ未償却残高が計算の基礎となります。耐用年数は資産の種類によって決まりますから、通常、被合併法人が採用していた耐用年数と同じになります。

　なお、耐用年数省令第3条（中古資産の耐用年数等）第1項における「取得」は、「…適格合併…による被合併法人…からの引継ぎ…を含む」とされていますので、「引継き」ながら本項の「取得」に当たり、本件適格合併により引き継いだ減価償却資産には、中古資産の耐用年数等に係る同条第一号の見積耐用年数、あるいは、第二号のいわゆる簡便法も適用できます。

　（注）　**Q140**「適格分社型分割における移転資産の中古耐用年数の適用」の例は分社型分割の例ですが、同様に見積耐用年数によることができます。

▶ Q135～Q146

▶ポイント

　適格合併においては、資産負債は引継ぎとされているので、減価償却資産については、被合併法人の取得年月日等をそのまま引き継ぎます。さらに取得とも取り扱われますので、中古資産の簡便法も適用できることになります。

参考法令等

法人税法第31条、第62条の２
法人税法施行令第48条、第48条の２、第54条第１項、第123条の３
減価償却資産の耐用年数等に関する省令第３条
国税庁HP「文書回答事例」法人税▶
　「被合併法人から適格合併により移転を受けた減価償却資産に係る償却限度額の計算について」（平成23年12月26日・大阪国税局）

145 適格分割型分割における資産・負債等の引継ぎ

Q 当社では、100％子会社A社の一部を適格分割型分割により、分割承継法人100％子会社B社に引き継ぎさせる予定です。引継資産は5,000万円、引継負債は4,000万円、引継資本金は500万円、引継資本剰余金は200万円ですが、引継利益剰余金は残りの差額300万円でよろしいのでしょうか。資本金等については、分割法人の引継簿価純資産を引継ぎ前の簿価純資産で按分した割合を使って、資本金等の金額を各々按分したものになっています。

A 適格分割型分割では、移転する資産・負債は分割直前の帳簿価額とされています（法法62の2②）。一方、分割承継法人の資本金等は、法人税法施行令第8条第1項第十五号により、分割法人の分割の日の属する事業年度の前事業年度終了の時の純資産帳簿価額を分母とし、分割直前の移転純資産帳簿価額を分子として算出された割合を分割直前の資本金等に乗じて算出された金額になります。これを算式で示せば次のようになります。

　分割承継法人の資本金等＝分割直前の資本金等×割合（分割直前の移転純資産帳簿価額／分割の日の属する事業年度の前事業年度終了の時の純資産帳簿価額）

　分割承継法人利益積立金は法人税法施行令第9条第1項第三号で、
　　分割直前の移転資産の帳簿価額－（分割直前の移転負債の帳簿価額＋増加資本金等の額）＝適格分割型分割の分割承継法人の増加する利益積立金

とされていますので、B社の引継ぎ利益積立金は300万円で差し支えないことになります。

▶ Q135〜Q146

▶ポイント

　適格分割型分割では、単純化すると分割資産・負債を帳簿価額で引き継ぎ、資本金等については分割直前の純資産額と引き継ぎされる純資産額の割合で分割直前の資本金等を按分して引継資本金等を算出し、引き継いだ純資産額からこの引継資本金等を差し引いたものが引継ぎした利益積立金になります。単純化した算式で示せば、引継利益積立金＝引継純資産額－引継資本金等の額、となります。

参考法令等

法人税法第62条の2
法人税法施行令第8条第1項第十五号、第9条第1項第三号

146 適格分社型分割における一括償却資産の引継ぎ

Q 当社は令和6年4月に当社の一事業部を完全支配関係のある子会社に適格分社型分割を行い、関係する資産負債を移転しました。
その際、当社が過去に取得した一括償却資産について、一部を分割承継法人へ引き継ぎましたが、その時の処理としてどのようなことをすればよろしいですか?
なお、当該資産は取得した時に一括して損金に算入し、別表上で、超過額を計上する処理をしています。

A 貴社(分割法人)及び子会社(分割承継法人)における必要な処理の説明の前に、まず、一括償却資産の3年償却制度について概要説明します。

本制度は、減価償却資産で取得価額が20万円未満であるもの(対象資産)を事業の用に供した場合に、所得の金額の計算上損金の額に算入する金額は、対象資産の取得価額の合計額(一括償却対象額)を36で除しこれに当該事業年度の月数を乗じて計算した金額に達するまでの金額とする制度・取扱いです(法令133の2)。

この制度において、合計の対象とした資産を一括償却資産といいます。なお、一括償却資産とは「対象資産の全部又は一部を一括したもの」とされていますので、対象となる20万円未満の減価償却資産のどれを一括償却資産の対象とするかは任意とされます。当然、一括償却資産の対象としなかった減価償却資産は通常の減価償却をすることになります。

また、一括償却資産について、途中で全部または一部につき滅失、除却等の事実が生じたときであっても、損金の額に算入される金額は、本制度で計算した損金算入限度額に達するまでの金額となり(法基通7-1-13)、除却

損を計上することはできません。譲渡した場合も同じく3年償却を続けることになります。

次に、処理手続きを貴社と子会社に分けて説明します。

貴社における処理手続き

貴社（分割法人）においては、「適格分割等による期中損金経理額等の損金算入に関する届出書」を、適格分割等の日以後2月以内に納税地の所轄税務署長に提出した場合に限り、分割事業年度において次の算式による金額を限度として一括償却資産の減価償却費を損金算入できます（法令133の2②③、法規27の17の3、法規27の18）。

この届出書には、申告書別表に定める書式に期中損金経理額等の計算に関する明細を記載して添付しますので、この計算明細書に記載された一括償却資産が引継ぎ対象資産となります。

一括償却対象額×分割等の日の前日までの月数／36

したがって、貴社において、分割事業年度に3年償却制度による減価償却費を損金算入するにはこの届出書を期日までに提出することが必要です。提出しなかった場合には、分割事業年度において一括償却資産の減価償却費を損金算入することはできません（法令133の2①、第1項で「一括償却資産」の定義から分割承継法人に引き継いだものは除かれています）。

また、本制度においては、3年償却の途中で譲渡しても譲渡損は認められませんので、本分社型分割による資産の移転がみなし譲渡とされても、譲渡損は計上できませんが（法基通7—1—13）、適格分社型分割においては分割直前の帳簿価額による譲渡とされていますので（法法62の3①）、ご質問の場合、譲渡損は生じません。

「適格分割等による期中損金経理額等の損金算入に関する届出書」を提出しない場合は、上記のとおり、分割事業年度において分割法人には一括償却資産に係る3年償却制度による償却は認められませんが、引き継ぐ一括償却

資産に関して、「適格分割等による一括償却資産の引継ぎに関する届出書」を、適格分割等の日以後2月以内に納税地の所轄税務署長に提出する必要があります（法法133の2⑦⑧、法規27の19）。この届出書により引き継ぐ一括償却資産が特定されます。

　記載要領は次のとおりです。
(1) 「分割承継法人等に引き継ぐ一括償却資産」の各欄は、適格分割等により分割承継法人等に引き継ぐ法人税法施行令第133条の2第7項第二号ロに規定する一括償却資産について、その一括償却資産が生じた事業年度毎に記載します。
(2) 「帳簿価額」欄は、適格分割等の直前の帳簿価額を記載します。
(3) 「一括償却対象額」欄は、適格分割等により分割承継法人等に引き継ぐ一括償却資産に係る法人税法施行令第133条の2第1項に規定する一括償却対象額（分割法人、現物出資法人または現物分配法人の各事業年度において生じた一括償却資産の取得価額の合計額をいいます）を記載します。

　上記「適格分割等による一括償却資産の引継ぎに関する届出書」の提出による取扱い（法令133の2⑦）は特例ですから、これを提出しない場合は原則取扱いとなります。

　原則取扱いは、法人税法第62条の3（適格分社型分割による資産等の帳簿価額による譲渡）に戻り、分割直前の帳簿価額による譲渡とされますので、一括減価償却資産の引継ぎはありません。引き継がずに譲渡の原価となります。

　といっても、分割承継法人（子会社）の一括償却資産の取得価額は、法人税法第62条の3第1項に規定する帳簿価額に相当する金額、すなわち、分割法人の分割の直前の帳簿価額に相当する金額となります（法令123の4）。また、分割承継法人における一括償却資産の償却については、次の「子会社における処理手続き」のとおりです。

子会社における処理手続き

　子会社（分割承継法人）においては、特別な手続きは必要ありません。

子会社において、損金経理額とされる金額は次のとおりです。A及びBについては、分割法人から情報の提供を受ける必要があります。

A．分割法人等の分割等の日の属する事業年度の期中損金経理額として帳簿に記載した金額（法令133の2⑨）
B．分割法人等の分割等の日の属する事業年度前の損金算入限度超過額（お問合せの別表上で処理した損金算入限度超過額・法令133の2⑨）
C．分割法人等の帳簿価額より低い金額で受入れ処理した場合のその差額に相当する金額（法令133の2⑩）

その上で、子会社において分割の日を含む事業年度の損金算入限度額の計算は次のようになります（法令133の2①、分子当該事業年度の月数については月数に関するかっこ書きによります）。

一括償却対象金額（分割法人等における取得価額）
×分割等の日から事業年度終了の日までの月数／36

▶ポイント

一括償却資産の適格分割における引き継ぎ上、重要な手続きは、「適格分割等による期中損金経理額等の損金算入に関する届出書」（計算明細書の添付）または「適格分割等による一括償却資産の引継ぎに関する届出書」の提出で、所定の期日までに提出することが必要です。

参考法令等

法人税法第62条の3（適格分社型分割による資産等の帳簿価額による譲渡）
法人税法施行令第123条の4（適格分社型分割における分割承継法人の資産及び負債の取得価額）、第133条の2（一括償却資産の損金算入）
法人税法施行規則第27条の17の3（適格分割等による一括償却資産の引継ぎに関する要件）、第27条の18（適格分割等により引き継ぐ一括償却資産に係る期中損金経理額の損金算入に関する届出書の記載事項）、第27条の19（適

格分割等による一括償却資産の引継ぎに関する届出書の記載事項)
法人税基本通達7—1—13（一括償却資産につき滅失等があった場合の取扱い）

第7章

繰延資産をめぐる税務判断

147 贈与した広告宣伝用資産の贈与側の処理

Q 当社では、40か所の販売店に広告宣伝用資産として当社ロゴの付いたショーケースと棚をセットにして配ることにしました。40セットを一括発注し、1セット当たり25万円で合計1,000万円かかりましたが、期末までにはすべて配り終えることができました。この1,000万円の税務上の処理はいかがしたらよろしいでしょうか。なお1セットの内訳は、ショーケースが15万円、棚が10万円でした。

A 期末までにすべてのセットを配り終えているとのことですが、その支出の内容を検討すると、このセットは貴社の製品を販売する販売店に対して贈与した広告宣伝用資産を購入した費用ですので、繰延資産に該当し（法令14①六ニ）1セット当たりの取得単価が20万円以上となっていますので、一時の損金として処理することはできません（法令134）。

＊　　　　　＊

　広告宣伝用に使うショーケースと棚のセットを贈与したもので法人税法第2条第二十四号、法人税法施行令第14条第1項第六号ニ「製品等の広告宣伝の用に供する資産を贈与したことにより生ずる費用」と認められることから、繰延資産に該当します。各店舗へ贈与した資産の価額が20万円以上となっていますので、法人税法施行令第134条における「支出する金額が20万円未満」（少額な繰延資産）に該当せず、一時の費用として損金算入することはできません。繰延資産として計上し、法人税法第32条、法人税法施行令第64条第1項第二号により、繰延資産の償却計算をすることになります。償却期間については、法人税基本通達8―2―3（繰延資産の償却期間）により、広告宣伝の用に供する資産を贈与したことにより生ずる費用は、その資産の耐用年数の10分の7に相当する年数（その年数が5年を超えるときは、5年）

となります（法基通8―1―8）。本件の場合、減価償却資産の耐用年数等に関する省令第1条及び同別表第1「器具及び備品」欄、1の「陳列だな及び陳列ケース」の「その他のもの」に該当し、耐用年数は8年となりますが、当該備品を贈与したものであることから前掲通達8―2―3（繰延資産の償却期間）の「広告宣伝の用に供する資産を贈与したことにより生ずる費用」のかっこ書きを適用して5年で償却することになります。

法人税基本通達8―3―8（支出する費用の額が20万円未満であるかどうかの判定）による判定については、広告宣伝用資産の贈与の場合、20万円未満の少額資産に該当するかどうかは1個または1組毎に支出する金額により判定するとされています。貴社が贈与した備品は、ショーケースと棚のセットで構成されたものであり、一体となって、広告宣伝効果を発揮するものと認められますので、20万円以上と判定されます。しかし、例えば看板とショーケースのような各資産別個のものを贈与した場合には、看板代とショーケース代それぞれの支出金額が20万円未満かどうかで繰延資産が少額であるかどうかを判定することになります。

> ▶ ポイント

広告宣伝用資産の現物を供与した場合は1個、1組毎に少額な繰延資産かどうかを判断しますが、当該資産を取得することを条件に資金提供した場合は、法人税法施行令第134条により支出金額合計で判断されます。

> 参考法令等

法人税法第2条第二十四号、第32条
法人税法施行令第14条第1項第六号ニ、第64条、第134条
法人税基本通達8―1―8（広告宣伝の用に供する資産を贈与したことにより生ずる費用）、8―2―3（繰延資産の償却期間）、8―3―8（支出する費用の額が20万円未満であるかどうかの判定）

148 入札価格をゼロとして落札した場合の原価相当額の処理

 当社はシステム開発やその他を業としています。このたび新規顧客開拓のためシステム開発ソフトについて、入札価格をゼロとして参加し、結果落札しました。

　ゼロとした理由は、この受注に成功すれば将来システムの管理やメンテナンスの請負契約が発生し、結果としてトータルで相当な利益が見込まれると予測され、その意味では先行投資的意味合いがあったからです。

　この場合、落札までに生じた主に人件費や材料費、その他経費等5,000万円の原価相当額は税務上どのように考えればよいのでしょうか。

 一般的には、広告宣伝目的でゼロないし些少の金額で落札した場合の費用は無償または著しく低い対価で費用を投じて完成させた資産（ソフト）を提供することになりますので、「広告宣伝の用に供する資産を贈与したことにより生ずる費用」（法基通8―1―8）に該当し、その資産の耐用年数の10分の7に相当する年数（その年数が5年を超えるときは5年）によることとなります（法基通8―2―3）。しかしながらご質問では、落札後の取引上のメリットを享受するための落札と認められますので、要した費用は繰延資産の「開発費」に該当し、任意償却となると思われます（法令64①一）。繰延資産となる開発費には本問のような「市場の開拓のために特別に支出する費用」も含まれます。

第7章　繰延資産をめぐる税務判断

▶ポイント

　営利企業である限り、何らかの思惑なしにゼロで入札参加することはあり得ません。したがって、入札に参加した背景事情につき繰延資産に該当しないかどうかの検討が必要です。

参考法令等

法人税法第2条第二十四号、第32条第1項
法人税法施行令第14条第1項第三号、第64条第1項第一号
法人税基本通達8―1―8（広告宣伝の用に供する資産を贈与したことにより生ずる費用）、8―2―3（繰延資産の償却期間）

▶ Q147〜Q151

149 繰延資産の償却開始時期

当社は、オペレーションリースにて機械を5年間リースすることにしました。その際、設置にあたって電気配線や設置場所の免震装置の導入など、設置に係る付随費用は当社で負担することになっており、これらの費用1,000万円を支出しました。この1,000万円は繰延資産に当たると考えていますが、機械本体の納入は付随費用を支出した後の3か月後の予定です。いつから償却すべきでしょうか。機械の耐用年数は11年になります。

貴社が負担する設置費用1,000万円は、繰延資産の意義及び範囲に係る、法人税法施行令第14条第1項第六号ロに規定する「資産を賃借し又は使用するために支出する権利金」等に当たり繰延資産に該当します。
　法人税基本通達8―1―5（資産を賃借するための権利金等）(2)に規定する「電子計算機その他の機器の賃借に伴って支出する引取運賃、関税、据付費その他の費用」に当たります。次いで、償却開始の時期については、1,000万円は機械設置に関してこの賃借機械を利用するためのものと認められますので、法人税基本通達8―3―5（固定資産を利用するための繰延資産の償却の開始の時期）において「法人が繰延資産となるべき費用を支出した場合において、当該費用が固定資産を利用するためのものであり、かつ、当該固定資産の建設等に着手されていないときは、その固定資産の建設等に着手した時から償却する。」と規定されていることから当該機械が事業の用に供された時から、賃貸借期間の5年で均等償却すべきものと考えます（償却年数については法人税基本通達8―2―3（繰延資産の償却期間）に基づいて算出）。

第7章 繰延資産をめぐる税務判断

> **▶ポイント**
>
> 賃借した固定資産を利用するために支出した費用は繰延資産に該当し、賃借物件の利用開始とともに償却していくことになります。

参考法令等

法人税法施行令第14条第1項第六号ロ

法人税基本通達8―1―5(資産を賃借するための権利金等)、8―2―3(繰延資産の償却期間)、8―3―5(固定資産を利用するための繰延資産の償却の開始の時期)

150 寄附金と繰延資産

 当社は工場建設に絡んで、県知事からの都市計画法に基づく開発許可を受け、市役所との間で開発行為に関する協議を行った結果、新工場建設予定地の周辺にある市所有の用水路の拡幅整備工事も行いました。これは、当該開発許可を受けるためには必要な工事であり、この工事によって、新設工場を水害から防止することができます。しかし工場地下を縦断する用水路を暗渠化して通路として利用することから、利便性は向上するものの、その対象資産はそもそも市の所有でもあり、開発許可を受けるための市への寄附金として処理することにしましたが、税務上問題はありますか。

 工場建設に絡んでの開発許可を受けるための支出とのことです。その内容について検討しますと、用水路の拡幅整備と同水路の暗渠化により工場地下を通路として利用できることや、これら工事が将来工場での水害の防止にも寄与することなどを考慮すると、単に市へ無償で贈与したものとはいえず、拡幅整備し、暗渠化することによって、新設工場が便益を受けることも明らかであるといえ、そしてこの工事による工事費用の支出の効果は1年以上に及ぶと認められます。

したがって、これら工事費用は法人税法施行令第14条第1項第六号イ「自己が便益を受ける公共的施設又は共同的施設の設置又は改良のために支出する費用」に該当するといえます。

　　　　　　　＊　　　　　　　＊

本件用水路の拡幅整備・暗渠化工事は開発許可を受ける条件として行ったものですから、法人税基本通達8―1―3（公共的施設の設置又は改良のために支出する費用）に規定する「自己の必要に基づいて行う公共的施設の設置

等」に当たり、さらに、当該工事が新設工場の利用に便益をもたらすことが明らかで、対価性が認められるため寄附金とはいえず、繰延資産に該当することになります。

用水路整備費用が寄附金か繰延資産かで争った平成19年12月19日福岡高裁の判決（上告不受理・確定）は同様の趣旨の判断を示していますが、一方で地裁判決は、寄附金に該当するとの判断でした。ことほど左様に特別の便益を受けているかどうかの判断には難しいものがあります。

> **▶ポイント**
>
> 　開発案件に伴う国や地方公共団体への各種負担金については、自己の必要に基づいて行うものや、著しく利益を受けるものかどうかが寄附金か繰延資産か、あるいはまた土地等の取得価額か判断の分かれ目になります。

参考法令等

法人税法第37条第7項
法人税法施行令第14条
法人税基本通達8−1−3（公共的施設の設置又は改良のために支出する費用）

参考判決例等

平成19年12月19日福岡高裁判決

151 賃貸建物に借主が敷設した建物附属設備の取扱い

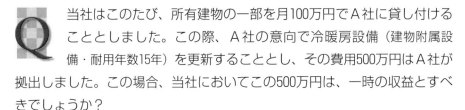

当社はこのたび、所有建物の一部を月100万円でＡ社に貸し付けることとしました。この際、Ａ社の意向で冷暖房設備（建物附属設備・耐用年数15年）を更新することとし、その費用500万円はＡ社が拠出しました。この場合、当社においてこの500万円は、一時の収益とすべきでしょうか？

なお賃借期間は５年です。また賃貸借契約上では、再更新は可能となっています。

Ａ社との賃貸借契約上、５年以内に退去した場合に拠出金を返還する等の約定がなければ、返還を要しない金銭等の授受ですから、資金を受領したと認められる時の一時の収益となります（法基通２－１－40の２乃至２－１－41）。

ちなみに、冷暖房設備設置費用はＡ社が負担したとのことですが、負担の方法如何に関わらず設備は貴社の資産となります。負担の方法としてＡ社が貴社に支払ったのであれば、資金受領の際の貴社の仕訳は、借方：現預金／貸方：雑収益となります。資産の取得は前後するかも知れませんが、取得時に、借方：建物附属設備／貸方：現預金等、となるでしょう。Ａ社が工事会社に直接支払ったのであれば、資産取得時に、借方：建物附属設備／貸方：未払金、Ａ社が工事会社に工事代金を支払った時に、借方：未払金／貸方：雑収益、となるでしょう。

なおＡ社においては、資産を賃借するために支出する権利金等に該当すると思われます。

第7章　繰延資産をめぐる税務判断

> **▶ポイント**
>
> 　貴社が拠出を受けた附属設備費用は契約で返還等の特約がない限り、一時の収益となります（法基通２－１－40の２、２－１－41）。契約内容条件に留意が必要です。

参考法令等

法人税法第２条第二十四号

法人税法施行令第14条第１項第六号ロ

法人税基本通達２－１－40の２（返金不要の支払の帰属の時期）、２－１－41（保証金等のうち返還しないものの額の帰属の時期）、８－１－５（資産を賃借するための権利金等）、８－２－３（繰延資産の償却期間）

第8章

国際取引をめぐる税務判断

▶ Q152～Q158

152 海外子会社移転価格税制適用による親会社修正経理の適否

 当社は工作機械を製造販売する法人で、親会社100％出資の海外子会社を経由して主に欧米を中心に販売しています。このたびＡ国にある子会社が税務調査を受け、課税当局から営業利益が２％と異常に低いとの指摘がありました。日本親会社からの仕入価格が高いからだと指摘され、その結果、営業利益を５％に引き直し、過去５期にわたって遡及して邦貨で２億円の追徴課税を受けました。

当社においては、Ａ国（租税条約締結国）との取引に関して日本の当局に事前確認をしていなかった事情はありますが、子会社との協議でＡ国課税当局との摩擦は現地での営業政策上得策ではないと考え、この追徴課税を受け入れて、日本の税務当局に相互協議の申立てを行いませんでした。

その後、当社は、親会社の責任として子会社に対する過年度売上修正損処理を行い、追徴課税金額相当額を送金しました。この場合、親会社である当社に課税問題が生ずる懸念はありませんか？

 ご質問の事例のように外国子会社が受けたＡ国課税当局からの追徴課税によって、結果として二重課税となっている場合は、一般的に当局に対し「相互協議の申立書」の提出を行って、租税条約の相互協議条項に基づく対応的調整により、二重課税の排除を図ります（租税条約等実施特例法の施行に関する省令12）。相互協議の結果、合意により日本親会社の課税標準等で減額されるものがあるときは合意の翌日から起算して２か月以内に更正の請求を行い、合意の範囲で救済されることになっています（租税条約等実施特例法７）。

このような救済手続きが定められている以上、この手続きを経ずに、任意に送金をしても損金とは認められません。任意の送金は贈与（寄附金）と取

り扱われ、国外関連者に対する寄附金として全額損金不算入となります。

> **▶ポイント**
>
> 　移転価格税制に基づく二重課税については、租税条約に相互協議条項があり、これによって二重課税の排除を図ります。任意に利益（課税所得）を減額しても認められません。

参考法令等

租税条約等実施特例法第7条（租税条約に基づく合意があった場合の更正の特例）

租税条約等の実施に伴う特例法の施行に関する省令第12条（租税条約の規定に適合しない課税に関する申立て等の手続）

租税特別措置法第66条の4第3項（国外関連者との取引に係る課税の特例）

153 移転価格課税に係る減額更正を受けた場合の還付加算金等

日本で移転価格課税を受け、租税条約に基づく相互協議の成立により当該移転価格課税に係る減額更正を受けた場合の還付加算金及び還付利子税等につき、国税通則法、法人税法及び地方税法上の取扱いにつき説明して下さい。

還付加算金は、国税の場合も地方税の場合も、移転価格課税に係る追加税額の納付日の翌日から付されます。この還付加算金については、還付を受けた日の属する事業年度の益金に算入することとなります。また、確定申告書の提出期限の延長の適用を受けている場合に、減額更正に伴い還付される当該延長期間に係る利子税（国税）及び延滞金（地方税）についても、それぞれ、還付を受けた日の属する事業年度の益金に算入することとなります。

　　　　　＊　　　　　　　＊

　日本で移転価格課税を受け、租税条約に基づく相互協議により当該移転価格課税に係る税額を減額する合意が成立した場合には、更正の請求に基づくのではなく職権による減額更正が行われることとなります。この減額更正により還付される税額は、「更正決定等により納付すべき税額が確定した国税に係る過納金」に該当することから、その過納金に係る国税の納付があった日の翌日からその還付のための支払決定の日までの期間につき還付加算金が付されます（通則法58①一イ）。

　国税において減額更正が行われた場合には地方税においても減額更正が行われますが、この減額更正により還付される税額は、「更正決定等により納入すべき額が確定した地方団体の徴収金に係る過納金」に該当することから、その過納金に係る地方団体の徴収金の納付または納入があった日の翌日

から還付のための支出を決定した日までの期間につき還付加算金が付されます（地法17の4①）。

　上記の過納金は、日本が行った課税に係る相互協議の合意に基づき国が行った更正に係る法人税額に基づいて道府県知事が更正したことに伴い生ずる過納金ですから、租税条約実施特例法第7条第1項の合意を前提とする地方税法第72条の24の11第1項（租税条約の実施に係る還付すべき金額）及び第2項（租税条約の実施に係る還付すべき金額とみなす）の適用はありません。上記実施特例法第7条第1項の合意は、相手国等の法令に基づき内国法人を含む相手国居住者等の課税標準等につき相手国で更正等が行われ、国内で合意に基づく更正の請求により更正された場合の合意を指しますが、本問のケースは日本で移転価格課税を受けています。

　なお、還付加算金については、還付を受けた日の属する事業年度の益金に算入することとなりますが、留意すべきは、減額更正に伴い還付を受ける国税に係る利子税及び地方税に係る延滞金（申告期限の延長期間に対応する部分）についても益金算入が必要であること、特に、地方税の場合には、国税の利子税に相当する部分も延滞金と規定されていることです（地法65、72の45の2、327）。

▶ポイント

　還付加算金及び還付利子税等は、すべて益金に算入することになります。

参考法令等

国税通則法第58条第1項
地方税法第17条の4第1項第一号、第65条、第72条の45の2、第327条

154 製品等貸付けの場合のPE認定リスク

当社は所有する製品(装飾品)を米国の法人に貸し付け、米国法人は当社から借り受けた製品を一般顧客に貸し付けています。なお、当社は当初の契約締結時を除き米国法人に社員を派遣しておらず、米国に「恒久的施設」に含まれるとされる「事業の管理の場所」等を有していません。当社が貸し付けた製品を常時米国で保有することでPE認定のリスクはありますか。

製品(装飾品)を貸付けのために保有するだけでは、日米租税条約第5条が規定する要件及びOECDモデル租税条約第5条のコメンタリーが定めるPEの構成条件を満たさないと認められることから、PEに認定されるリスクは極めて低いと思われます。

*　　　　　　　　*

日米租税条約第5条では、「恒久的施設」(PE)とは、事業を行う一定の場所であって企業がその事業の全部または一部を行っている場所をいうとしています。日米租税条約第5条と同様の規定であるOECDモデル租税条約第5条のコメンタリー(以下、「モデル条約コメンタリー」)の6では、「恒久的施設」の定義には、次の3つの条件が含まれるとしています。

① 「事業を行う一定の場所」、すなわち、premises(建物・土地・構内)、場合によっては、機械もしくは設備といった施設(facility)の存在。

② 事業を行う場所は「一定(fixed)」でなければならない。すなわち、ある程度恒久的に、別個の場所(distinct place)に設けられなければならない。

③ 「事業を行う一定の場所」を通じて事業が行われること。これは、通常、何らかの形でその企業に従属している者(個人:personnel)が、そ

の一定の場所が存在する国でその企業の事業を行うことを意味する。

モデル条約コメンタリーの36では、さらに、一方の国の企業が、他方の国に貸付けのための一定の場所を保有せずに、当該他方の国の企業に、施設、産業上、商業上もしくは学術上の設備（ICS 設備）、建物、あるいは無形資産を貸し付ける場合には、貸し付けられた当該施設、ICS 設備、建物、または無形資産は、その契約が当該 ICS 設備等の単なる貸付けに限定される限り、それ自体では、貸主の「恒久的施設」を構成しないとしています。

貴社の貸付けは設備等ではありませんが、その製品が単なる貸付けに限定されており、以下のとおり、PE を構成するための3つの条件のいずれをも満たさないことから、PE に認定されるリスクは極めて低いと思われます。

イ　貴社は米国において、上記①にいう premises、facility を有していないため、「事業を行う一定の場所」を有しているとはいえないこと。

ロ　貴社は米国において、上記②にいうある程度恒久的な、distinct place を設けていないため、「一定（fixed）」の場所を設けているとはいえないこと。

ハ　貴社はその製品の米国法人への貸付けにおいて、自己の社員を米国に派遣していないため、「事業を行う一定の場所」を通じて事業を行っているとはいえないこと。

▶ポイント

　米国での PE 認定の有無は、日米租税条約第5条と OECD モデル租税条約第5条のコメンタリーの6の「恒久的施設」の定義の3条件に該当するかどうかが鍵となります。

　子会社に貸し付けただけで、その後の管理を子会社が行い貴社として特定のアクションを起こしていない限り、PE とは認定されないと思います。

▶ Q152〜Q158

参考法令等

日米租税条約第5条

OECDモデル租税条約第5条のコメンタリー6、36

第8章 国際取引をめぐる税務判断

国外勤務中の給与に係る外国所得税の負担に対する源泉徴収

当社は、国外勤務を終えて日本に帰国した社員の国外勤務中の給与に係る外国所得税を納付しましたが、当社に所得税の源泉徴収の義務がありますか。

課税当局の見解は居住者に対する給与（賞与）の支払いであるから源泉徴収の義務があるというものですが、外国所得税の納付に係る給与は帰国した社員の外国居住者期間における役務提供の対価（国外源泉所得）であることから、所得税法の規定からも、また、租税条約の規定からも、貴社には源泉徴収の義務はないと考えます。

*　　　　　　　*

　本件の解釈については、議論のあるところも残されており、少し検討してみます。
　本件に関する課税当局の見解は、①帰国した社員は日本の居住者であること、②法人は、当該居住者が自ら納付すべき個人所得税を納付しており、当該社員が受ける当該税金相当額の経済的利益は、所得税法第36条第1項により、同法第28条に規定する賞与の支払いがあったこと、そして、③法人は、国内において居住者に対して給与等の支払いをしていることから、所得税法第183条第1項の規定により所得税の源泉徴収をする必要がある、というものです。
　しかし、給与等の所得がどこで発生し、いずれの国が課税権を有するかについては、小松芳明氏がその著書『租税条約の研究』で、「給与等の報酬は、その人的役務が行なわれた国で発生する。すなわち、所得源泉地は役務提供地とされ、そこで課税を受ける。この考え方は、諸外国のほとんどすべてが容認するところで、わが国の所得税法及びOECDモデル条約も上記の

ように定めている。A国の居住者がA国において勤務を行なう場合には、たとえその成果がB国で実現したとしてもB国で課税されることはない」としています。

　そうすると、貴社による外国所得税の納付に係る給与（以下、「本給与」）は、帰国した社員の外国居住者期間内の役務提供に係る対価ですから、役務提供地である外国で発生し（国外源泉所得）、そこで課税を受けますが、たとえそれが（社員の帰国後に）日本で支払われたとしても、日本での勤務がない限り、日本で課税されることはないことになります。

　課税当局の課税理由の③は、本給与は、所得税法上「課税所得の範囲」内の所得であるとの前提に立つものですが、以下で説明するとおり、本給与は「課税所得の範囲」外の所得であり、租税条約上も日本に課税権はないと考えます。

　一に、所得税法第8条は、納税者区分が異動した場合の「課税所得の範囲」について「居住者又は非居住者であった期間に応じ、それぞれの期間内に生じた所得に対して課する」としていますが、本給与は、上記のとおり、役務提供地である外国において（役務提供時）に発生しており、外国居住者期間中に日本での勤務がない限り、課税所得の範囲外の所得となります。労務の対価である給与は、人的役務が行われた国・地域以外で発生することはありません（支払国にはその所得源泉〔役務提供〕がないため、発生することはない）。

　二に、OECDモデル租税条約の第15条（給与所得条項）では、「一方の締約国の居住者がその勤務について取得する給与等については、勤務が他方の締約国で行われない限り当該他方の締約国に課税権はない」としており、日本が締結した租税条約においても同様の規定が置かれています。そして、モデル租税条約の規定について解説した「OECDモデル租税条約の第15条に関するコメンタリーの2.2」では、給与所得に対し源泉地国が課税できる要件は、当該所得が当該源泉地国内の勤務から生ずるもしくは当該勤務に基因することとしています。さらに、この要件は、当該給与が、使用人に対

し、いつ支払われるか（may be paid to）、いつ権利確定するか（credited to）、あるいはそれ以外の方法により確定的に使用者のものとなる（otherwise definitely acquired）かに関わらず適用されるとしています。

　すなわち、租税条約の給与所得条項は、（日本の）非居住者の、その非居住者期間中に役務提供したことに基因する所得に対する課税権の有無は、その役務提供が日本で行われたか否かを基準として判断するとしており、権利確定の時期または支払いの時期は、課税権の有無には影響しないとしているのです。いわんや、A国の居住者期間中の役務提供に基因する所得をB国に帰国後に受け取れば、B国も課税できるなどとは規定していません。

　三に、本給与に対する課税に類する事案に国税不服審判所の裁決がありますが、同裁決では、所得税法第8条の「それぞれの期間内に生じた所得」の解釈につき、同法第36条の規定から「支払時点」を「生じた時点」と捉えていると思われます。しかし、所得税法第36条はその前に規定されている同法第8条の「課税権の範囲」内の所得であることを前提に担税力の観点から「課税適状時期」を規定するものであり、この規定を「課税権の範囲」を画する「生じた」の判断に用いることはできないと考えます。担税力をどの時点で判断するかの基準と、そもそもその所得に対し日本に課税権があるかどうかの判断基準は全く異なるものだからです。なお、裁決事例を読む限り、租税条約の検討は一切行われていません。

　四に、国家の課税権について、水野忠恒氏はその著書『国際課税の理論と課題』で、「国家は課税権の範囲（課税管轄）を定めるに当たってまったく制限がないというものではない。課税をするには、国家との何らかの経済的結びつきが要求されるのである。…このことは、企業や投資家が国家から受ける利益やサービスが存在することを意味する」としています。このように、課税権の行使には国家との経済的結びつきが求められるところ、本給与については、社員の外国居住者期間中における外国での役務提供の対価につき、社員は役務提供の期間中において日本国から何らの利益やサービスを受けていません。そうすると、本給与に対する日本での課税は、経済的結びつ

き無き課税となってしまいます。

　最後に、国税庁「タックスアンサー」No.2518は、帰国後の給与・賞与の支払いに源泉徴収義務があるとする理由に、居住者に対しては国外源泉所得にも課税されることを挙げており、同様の理由を挙げた書籍が多くみられます。しかし、これは、納税者が日本の居住者である場合には、その居住者期間中は日本との間に強い経済的結びつきがあるため、その納税者が居住者期間中に国外で役務提供を行った対価についても日本が課税権を有するのであり、その納税者が日本の居住者でなかった期間に外国において役務提供した対価（日本国からの利益・サービスを受けない環境・状況下において稼得した国外源泉所得）にまで、支払いがあったことを理由として、課税権を及ぼし得ることを規定するものではないと考えます。

▶ポイント

　国外勤務を終え、日本に帰国する社員の国外勤務中の給与に係る外国所得税の納付については、できるだけ帰国前に法人が直接納付することをお勧めします。

　納付した外国所得税が、国外関連者への寄附とされる場合も考慮する必要があります。

参考法令等

所得税法第8条、第28条、第36条第1項、第183条第1項
OECDモデル租税条約第15条
国税庁▶タックスアンサー No.2518
　「海外出向者が帰国したときの年末調整」

156 日印租税条約「技術上の役務に対する料金」の解釈

Q 当社は、インド法人の買収のためその資産価値やリスク等の調査をインドの法律・会計事務所に依頼し、調査料を支払いました。日印租税条約では「債務者主義」が採られており、「技術上の役務に対する料金」もその対象となっていると聞きましたが、この調査料の支払いについて当社に所得税の源泉徴収の義務がありますか。

A 日印租税条約において「技術上の役務に対する料金」につき「債務者主義」が採られていることにより、所得税法上、インドでの役務提供に係る対価が国内源泉所得となるかについては疑問があります。しかし、仮に国内源泉所得となるとしても、弁護士、公認会計士等がその持つ専門的知識を活用して行う役務提供については、経営的もしくは技術的性質の役務に該当せず、また、コンサルタント業務とも異なることから、「技術上の役務に対する料金」に該当せず、貴社に源泉徴収の義務はないと考えます。

* *

　日印租税条約が採用する「債務者主義」が所得税法第162条の規定により同法に取り込まれるか（源泉地が置き換わる）どうかは、その規定内容から大いに疑問のあるところですが、ここでは「技術上の役務に対する料金」の範囲に絞って検討します。

　日印租税条約第12条第4項では、「この条において、『技術上の役務に対する料金』とは、技術者その他の人員によって提供される役務を含む経営的若しくは技術的性質の役務又はコンサルタントの役務の対価としてのすべての支払金をいう」としています。

　次に、所得税法施行令第282条では、所得税法第161条第1項第六号（国内

源泉所得）に規定する政令で定める事業は、次に掲げる事業とする、として以下の3種類の事業を掲示しています。
① 俳優、音楽家その他の芸能人又は職業運動家の役務の提供を内容とする事業
② 弁護士、公認会計士、建築士その他の自由職業者の役務の提供を内容とする事業
③ 科学技術、経営管理その他の分野に関する専門的知識または技能を有する者の当該知識または特別の技能を活用して行う役務の提供を内容とする事業

この規定の仕方から、上記②と③は別のものであり、よって、③の「その他の分野」に①及び②が入ることはない、すなわち、科学技術や経営管理等の分野における専門的知識または技能は、弁護士等が持つ専門的知識とは別のものと位置付けていると解されます。

ちなみに、インドにおける判決・裁決では、ISO（国際標準化機構）による品質マネジメントシステムの監査といった professional services は、「技術上の役務に対する料金」に該当しないとしています（Hon'ble 審判所裁決：2012.6.7　TUV Bayren（India）Ltd. 事件）。

以上から、インドにおいて行われる役務提供のうち professional services に該当するものの対価は「技術上の役務に対する料金」には含まれないと考えてよいでしょう。

▶ポイント

日印租税条約「技術上の役務に対する料金」については、本邦の所得税法に規定されている国内源泉所得の規定にある「弁護士、公認会計士、建築士その他の自由職業者の役務の提供を内容とする事業」は該当しないものと考えられますので、源泉の必要はないことになります。

第8章 国際取引をめぐる税務判断

参考法令等

所得税法第161条、第162条
所得税法施行令第282条
日印租税条約第12条第4項

157 海外出張と海外子会社技術支援における寄附金認定

当社100％出資のタイにおける子会社は当社の技術支援を受けて、自動車部品を製造しています。技術支援にあたっては、当社と子会社の間で契約書を締結し、売上の７％のロイヤルティを受領しています。その他に、子会社の要請で技術者を派遣した場合は、派遣料と人件費相当額の実費を請求することになっています。また、当社技術担当役員で、子会社の副社長に就任している者もいます。要請に基づいて派遣した技術者については、きちんと契約どおり実費相当額を請求していますが、技術担当の役員が行く場合には、当社の役員として技術の指導がうまくできているかどうかを検証するために行くので、この場合は子会社に請求をしていません。海外子会社支援として寄附金に認定されることはないでしょうか。

子会社の要請がない場合、貴社の役員が貴社の業務、例えば子会社の技術レベルや技術支援契約に基づく支援がうまくできているかどうかの検証については、貴社の業務として正当なものといえますので、例えば、派遣する技術者と同行するにしても、その業務の内容は別のものといえます。税務調査において、その役員の現地での業務を明らかにできるような、出張報告などを記録しておくことが必要かと考えます。

　　　　　　　　＊　　　　　　　＊

　租税特別措置法第66条の４第３項において、法人税法第37条第７項を引用して国外関連者に対する寄附金は損金算入が認められていませんが、この寄附金は「金銭その他の資産又は経済的な利益の贈与又は無償の供与」とされていますので、本件のように、親会社、あるいは取引先としての業務は海外子会社への寄附には当たらないものと考えられます。

第 8 章　国際取引をめぐる税務判断

> **▶ポイント**
>
> 　出張業務がどのようなものであるか、出張命令書や同報告書などを記録し整理しておくことが重要です。

参考法令等

法人税法第37条第 7 項
租税特別措置法第66条の 4 第 3 項

158 外国子会社等の業態の変更

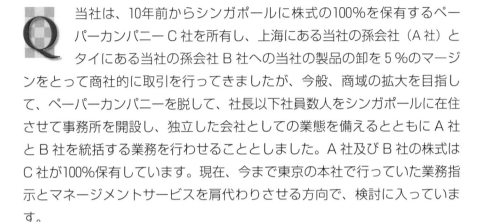

当社は、10年前からシンガポールに株式の100％を保有するペーパーカンパニーＣ社を所有し、上海にある当社の孫会社（Ａ社）とタイにある当社の孫会社Ｂ社への当社の製品の卸を５％のマージンをとって商社的に取引を行ってきましたが、今般、商域の拡大を目指して、ペーパーカンパニーを脱して、社長以下社員数人をシンガポールに在住させて事務所を開設し、独立した会社としての業態を備えるとともにＡ社とＢ社を統括する業務を行わせることとしました。Ａ社及びＢ社の株式はＣ社が100％保有しています。現在、今まで東京の本社で行っていた業務指示とマネージメントサービスを肩代わりさせる方向で、検討に入っています。

Ａ社はＣ社から当社製品を輸入するかたわら、日本人駐在員向けのアパート経営を行い、Ｂ社はＣ社から仕入れた当社の製品をタイ国内及びインドネシア・ベトナム・マレーシアに輸出しています。Ｃ社にはすでに３億円が留保されていますが、これらはすべて当社の所得に加算済みですが、これからは両社を統括する会社として、輸出国との間にあまり時差のないシンガポールの地勢的利点を生かし、物流面でも、香港経由の物流をシンガポールに一部振り分けるなどして、Ｃ社に効率的な物流をさせていく予定です。

Ｃ社の取引には製品の卸以外の取引はありません。Ｃ社は統括会社として外国子会社合算税制における適用除外（免除）の判定は受けられるでしょうか。

Ｃ社は統括会社として外国子会社合算税制における適用除外（免除）により御社において合算は要しないと見込まれます。

外国子会社合算税制は、外国関係会社がペーパーカンパニーである

場合や経済活動基準のいずれかを満たさない場合に、その外国関係会社の所得相当額を内国法人の所得とみなして課税する制度です（「令和6年度税制改正の解説」689ページ引用・一部修正）。

　Ｃ社は、事務所を開設し業務運営に必要な人員も配置されるようですから、ペーパーカンパニーには該当しない前提で検討します。

　Ｃ社が本税制における合算課税の対象となるかどうかは、経済活動基準すべてを充足するかどうかにかかっています。

　なお、所在地国における税負担率が20％以上の場合は、経済活動基準如何に関わらず合算の対象になりませんが（措法66の6⑤二）、シンガポールにおける税負担率は20％未満で経済活動基準を満たさない場合は合算課税の対象になるものとします。

　いわゆる経済活動基準には次の4つの基準があります（措法66の6②三イ、ロ、ハ、措令39の14の3⑰、⑱、⑳）。

・事業基準（主たる事業が株式の保有等の一定の事業でないこと）
・実体基準（本店所在地国に主たる事業に必要な事務所等を有すること）
・管理支配基準（本店所在地国において事業の管理、支配及び運営を自ら行っていること）
・非関連者基準または所在地国基準
　非関連者基準（主として関連者以外の者と取引を行っていること）
　所在地国基準（主として本店所在地国で事業を行っていること）

　事業基準では、Ｃ社の主たる事業が株式の保有等でないことが要件です。Ｃ社は、Ａ社Ｂ社の株式を保有していますが、卸売業も営んでいますので、株式の保有等と卸売業のどちらが主たる事業かは、それぞれの事業に属する収入金額または所得金額の状況、使用人の数、固定施設の状況等を総合的に勘案して判定することになりますが（措通66の6－5）、卸売業が主たる事業であるとしますと、事業基準は充足することになります。

　実体基準では、Ｃ社が、卸売業に係る活動を行うために必要となる固定施設（事務所、店舗、工場など）を有していることが要件ですが、必要な固定

施設を有しているかどうかは、主たる事業の業種や業態、主たる事業に係る活動の内容等を踏まえて判定することとされています（措通66の6－6）。事務所を開設するとのことですので実体基準は充足するものとします。

　管理支配基準は、その事業の管理、支配及び運営を自ら行っていることが要件ですが、「事業計画の策定等を行い、その事業計画等に従い裁量をもって事業を執行することであり、これらの行為に係る結果及び責任が当該外国関係会社に帰属していることをいう」とされています（措通66の6－7）。これも社長以下数人の人員が配置されるとのことですので管理支配基準も充足するものとします。

　Ｃ社の主たる事業である卸売業の場合、所在地国基準の検討は不要で、非関連者基準を検討することになります。Ｃ社は、Ａ社Ｂ社に御社製品を卸売りしており、Ａ社Ｂ社ともにＣ社の100％子会社で典型的な関連者ですから、非関連者基準は充足せず合算課税の対象になるように見えます。

　一方、卸売業を主たる事業とする統括会社が被統括会社との間で行う取引は関連者取引とされないことから（措令39の14の3㉚）、Ｃ社が統括会社、Ａ社Ｂ社が被統括会社に該当すれば、非関連者基準は充足すると見込まれます。Ｃ社には、Ａ社Ｂ社を統括する業務を行わせる予定とのことですので、この点、さらに検討します。

　ここで、「統括会社」とは、一の内国法人（注：御社）によってその発行済株式等の全部を直接または間接に保有されている外国関係会社で次に掲げる要件を満たすものとされています（措令39の14の3⑳）。

一　当該外国関係会社に係る複数の被統括会社（外国法人である二以上の被統括会社を含む場合に限る）に対して統括業務を行っていること。

二　その本店所在地国に統括業務に係る事務所、店舗、工場その他の固定施設及び当該統括業務を行うに必要と認められる当該統括業務に従事する者（専ら当該統括業務に従事する者に限るものとし、当該外国関係会社の役員及び当該役員に係る法人税法施行令第72条各号に掲げる者を除く）を有していること。

A社B社が被統括会社に該当すれば、C社は事務所等固定施設を有し、必要な人員も配置されるので、「統括会社」に該当すると見込まれます。
　A社B社は、C社がその株式の100％を保有する会社であり、そもそも御社製品を輸入輸出している会社ですから、「被統括会社」に該当するでしょう（措令39の14の3⑱）。
　ここで、「統括業務」とは、「外国関係会社（注：C社）が被統括会社との間における契約に基づき行う業務のうち当該被統括会社の事業の方針の決定又は調整に係るもの（当該事業の遂行上欠くことのできないものに限る。）であって、当該外国関係会社が二以上の被統括会社に係る当該業務を一括して行うことによりこれらの被統括会社の収益性の向上に資することとなると認められるもの」とされているところ（措令39の14の3⑰）、A社B社を統括して効率的な物流を図るとしていますので両者の収益性の向上に資することは目に見えており、C社の業務は「統括業務」に当たると考えられます。
　以上を要約すると、卸売業を主たる事業とするC社の業務は統括業務に当たり、被統括会社であるA社B社との取引は関連者取引に含まれないことから、非関連者基準も充足することになると見込まれます。
　これで、経済活動基準すべてを充足することになりますので、本税制における合算課税の適用はないと見込まれます。
　ここまで、御社グループの事業展開予定を前提に検討しましたが、実際に合算課税の適用が免除されるかどうかは、今後事業を進めた結果に起因する事実関係に左右されることは言うまでもありません。
　なお、平成22年度税制改正で創設された統括会社に係る取扱いと同時に規定された本制度の適用除外を受けるための要件として設けられていた確定申告書への書面添付要件及び資料等の保存要件は、平成29年度改正で廃止されましたが、これらの要件に代えて、税務当局が求めた場合に、外国関係会社が経済活動基準を満たすことを明らかにする書類等の提示または提出がないときには、経済活動基準を満たさないものと推定することとする規定が設けられました（措法66の6④）。提示または提出がないときは、その外国関係会

社は、経済活動基準を充足しないものと推定されますので、資料等の保存が不要となったわけではないことに留意が必要です。

また、御社とC社との間の取引については、C社が国外関連者に該当することから、移転価格税制上の問題はないか留意が必要でしょう。

▶ポイント

> 外国子会社合算税制の適用免除を受けるためには、実態を備えた経済活動を行う必要があります。

参考法令等

租税特別措置法第66条の6（内国法人の外国関係会社に係る所得の課税の特例）、第66条の4（国外関連者との取引に係る課税の特例）

租税特別措置法施行令第39条の14の3（特定外国関係会社及び対象外国関係会社の範囲）

租税特別措置法関係（法人税編）通達66の6―5（主たる事業の判定）、66の6―6（主たる事業を行うに必要と認められる事務所等の意義）、66の6―7（自ら事業の管理、支配等を行っていることの意義）、66の6―8（事業の管理、支配等を本店所在地国において行っていることの判定）、66の6―11（被統括会社の事業の方針の決定又は調整に係るものの意義）、66の6―12（被統括会社に該当する外国関係会社の経済活動基準の判定）、66の6―13（被統括会社の事業を行うに必要と認められる者）、66の6―14（専ら統括業務に従事する者）、66の6―16（全てに従事していることの範囲）、66の6―17（事業の判定）

【執筆】

安藤 孝夫
　1993年～2005年　東京国税局調査部（主査・総括主査）
　2006年～2011年　西新井・芝・豊島特別国税調査官（法人調査担当）
　2012年7月退職　同年8月税理士登録

野田 扇三郎
　1989年～1996年　東京国税局調査部（主査・国際専門官・調査総括課課長補佐）
　2002年　税務大学校研究部教授
　2004年　東京国税局調査第一部・特別国税調査官
　2005年　東京国税局調査第二部・統括国税調査官
　2006年　東京国税局調査第二部調査総括課長
　2007年　葛飾税務署長
　2009年7月退職　同年8月税理士登録
　2016年4月～　聖学院大学・大学院 客員教授

山内 利文
　1989年～2005年　東京国税局調査部（主査・総括主査）芝・麹町税務署
　2006年～2009年　芝・船橋・足立特別国税調査官（法人調査担当）
　2009年7月退職　同年8月税理士登録

新版 Q&A 法人税〈微妙・複雑・難解〉事例の税務処理判断

2024年12月20日 発行

著 者　安藤 孝夫・野田 扇三郎・山内 利文 ⓒ

発行者　小泉 定裕

発行所　株式会社 清文社

東京都文京区小石川1丁目3-25（小石川大国ビル）
〒112-0002　電話 03(4332)1375　FAX 03(4332)1376
大阪市北区天神橋2丁目北2-6（大和南森町ビル）
〒530-0041　電話 06(6135)4050　FAX 06(6135)4059
URL https://www.skattsei.co.jp/

印刷：亜細亜印刷㈱

■著作権法により無断複写複製は禁止されています。落丁本・乱丁本はお取り替えします。
■本書の内容に関するお問い合わせは編集部までFAX（03-4332-1378）又はメール（edit-e@skattsei.co.jp）でお願いします。
■本書の追録情報等は、当社ホームページ（https://www.skattsei.co.jp/）をご覧ください。

ISBN978-4-433-70984-6